總策畫　林慶彰　劉楚華
主　編　翟志成
紀念錢穆先生論文集

景印香港
新亞研究所

新亞學報

第一至三十卷
第二六冊・第十六卷（上冊）

新亞研究所
NEW ASIA INSTITUTE OF ADVANCED CHINESE STUDIES

景印香港新亞研究所《新亞學報》（第一至三十卷）

景印本・編輯小組

景印香港新亞研究所《新亞學報》第二六冊

第十六卷（上冊）目次

美洲白銀與明清間中國海外貿易的關係　全漢昇　頁 26-13
《郭之奇年譜》　饒宗頤　頁 26-35
桐城派前期作家對時文的觀點與態度　鄺健行　頁 26-105
錢穆賓四先生行誼述略　嚴耕望　頁 26-127
采薇新探　陳紹棠　頁 26-145
無錫榮氏的教育事業　李木妙　頁 26-159
關於虞集的二三事　勞延　頁 26-185
儒家倫理美德系統的詮釋及其與中國現代化之關係　劉國強　頁 26-213
明初四朝田賦的折納物　林燊祿　頁 26-235

新亞學報第十六卷（上）

紀念錢穆先生論文集

新亞研究所

景印本・第十六卷（上冊）

新亞學報

第十六卷（上）

新亞研究所

紀念錢穆先生論文集

選堂題

錢穆先生遺像

（1895—1990）

新亞學報編輯略例

（一）本刊宗旨專重研究中國學術，以登載有關中國歷史、文學、哲學、教育、社會、民族、藝術、宗教、禮俗等各項研究性的論文爲限。

（二）本刊由新亞研究所主持編纂，外稿亦所歡迎。

（三）本刊年出兩期，以每年二月八月爲發行期。

（四）本刊文稿每篇以五萬字爲限；其篇幅過長者，當另出專刊。

（五）本刊所載各稿，其版權及翻譯權，均歸本研究所。

新亞學報第十六卷（上）目錄

美洲白銀與明清間中國海外貿易的關係……全漢昇……一
郭之奇年譜……饒宗頤……二三
桐城派前期作家對時文的觀點與態度……鄺健行……九三
錢穆賓四先生行誼述略……嚴耕望……一一五
采薇新探……陳紹棠……一三三
無錫榮氏的教育事業……李木妙……一四七
關於虞集的二三事……勞延煊……一七三
儒家倫理美德系統的詮釋及其與中國現代化之關係……劉國强……二〇一
明初四朝田賦的折納物……林燊祿……二二三

美洲白銀與明清間中國海外貿易的關係

全漢昇

一

自一四九二年（明孝宗弘治五年）西班牙政府派遣哥倫布發現美洲新大陸後，移殖美洲的西班牙人，對那裏異常豐富的貴金屬礦藏，從事大規模的開採；而貴金屬中的白銀，更是長期大量生產。自一五〇〇至一八〇〇年，南美洲和墨西哥的白銀產量，佔世界總額的百分之八十以上。在十六世紀世界銀礦產額中，秘魯佔百分之六一・一，墨西哥佔百分之一二・一，合共佔百分之七三・二；在十七世紀，秘魯佔百分之六三，墨西哥佔百分之二四・一，合共佔百分之八七・一；及十八世紀，秘魯佔百分之三二・五，墨西哥佔百分之五七，合共佔百分之八九・五。[1]

當美洲銀礦大量生產的時候，太平洋西岸的中國，白銀卻因供不應求而價值非常昂貴。明代（1368-1644）中國流通的貨幣，本來以「大明寶鈔」爲主。明朝政府於洪武八年（1375）開始發行寶鈔，初時流通情況良好，但到了中葉左右，因爲發行太多，價值不斷低跌，大家爲着免受損失，市場交易都爭着用銀而拒絕用鈔。當社會上對銀需要激增的時候，政府曾設法開採銀礦來增加銀的供應，但事實上中國銀礦蘊藏並不豐富，每年白銀產額有限。由於求過於供，銀的價值特別增大。

從生活在銀價特別昂貴地區的中國商人看來，銀產豐富的西屬美洲，是世界上擁有最强大購買力的市場。同時自新航路發現後，歐人航海東來，海洋交通較前便利，由於超額利潤的吸引，中國商人自然乘機拓展海外貿易，大量輸出中國貨物，從而把自美洲經太平洋運往菲律賓，及經大西洋運往歐洲，再輾轉運到東方來的銀子，大部分賺取回國。

本文將分別探討在十六至十八世紀間美洲白銀運往歐洲，再轉運到東方來，及自墨西哥運往菲律賓的情況，然後進而攷察明、清間中國海外貿易所受的影響。

二

關於十六、七世紀美洲白銀的生產與輸出，過去西洋經濟史家根據西班牙官方入口登記的數字來加以探討，數字不免偏低。近年學者們開始注意美洲白銀大量走私出口的情況，對美洲白銀產額及出口額重新加以估計，數字較前增大許多。

西屬美洲的銀礦生產，以位於秘魯南部的波多西（Potosi，今屬Bolivia）銀礦爲最豐富，在一五八一至一六〇〇年，每年平均產銀254,000公斤；再加上秘魯其他銀礦每年產銀46,000公斤，墨西哥每年產銀74,300公斤，西屬美洲每年一共產銀374,000公斤，或374公噸。[2]

西班牙人在美洲採煉得來的白銀，一部分作爲政府的稅收，一部分通過貿易的關係，每年都一船一船的運回本國。根據官方的登記，由一五〇三至一六六〇年，西班牙自美洲輸入白銀16,886,815公斤，或16,886（+）公噸，每年約平均輸入一百噸多點。[3]在這一百餘年間，西官方每年登記的銀入口額，前後並不相同。由一五九一至一六○○年，西每年平均自美洲輸入銀270,763公斤，或270（＋）公噸；及一六四一至一六五○年，減爲105,643公斤，或105（＋）公噸。[4]根據這些記載，有些人以爲，十七世紀美洲銀礦產額可能減少，故西班牙每年銀入口額跟着下降。但事實上，十七世紀美洲各港口的白銀走私出口，非常猖獗，數量越來越大。[5]把官方登記數字及走私估計數字合併在一起來攷慮，阿特曼（Artur Attman）教授判斷，在十七世紀，每年自美洲運往歐洲的白銀，約爲208噸至325噸，而不是一百噸多點，同時他又估計十七世紀美洲每年產銀約爲三百餘噸。[6]

由於美洲白銀的大量輸入，西班牙國內流通的銀幣，因數量激增而價值下跌，從而物價上漲，在十七世紀頭十年內約爲一百年前的三・四倍。[7]當西班牙物價上漲的時候，歐洲其他國家物價比較低廉，便向西大量輸出貨物來獲利，結果西自美洲輸入的銀子因貿易入超而流出國外。[7A]

葡萄牙和西班牙的距離最近，後者因貿易逆差而輸出的白銀，自然有不少流入葡國。除一般貨物外，葡人又獨佔非洲黑奴貿易，高價賣給西人。美洲本土的印第安人，自舊大陸各種傳染病菌傳播到那裏後，缺乏抵抗能力，死亡人數甚多。西人開發美洲天然資源，深以勞力供應不足爲苦，須長期向葡人購買大批黑奴，故他們持有的銀子，有不少爲葡人賺回本國。[8]

葡萄牙因貿易出超而自西班牙輸入的美洲白銀，並沒有長期留在國內，而沿着新發現的好望角航道大量運到東方來。航海東來的葡人，發現歐、亞兩洲銀價高低不同，自歐洲出發前往中國，銀越往東方去，購買力越大。因爲利之所在，自本國航海東來的葡船，自然載運大量白銀出口。根據有關資料的記載，在十六世紀八十年代，葡人每年運往遠東的白銀，多至一百萬篤卡（ducat，過去歐洲許多國家通用的貨幣），或約32,000公斤。[9]

西班牙自美洲輸入的銀子，除由葡人轉運到東方來貿易外，又有一部分爲荷蘭人運走。十七世紀中葉左右，荷蘭一個國家的船舶噸位，有歐洲其他國家合起來那麼多。由於造船技術進步，同樣大小的商船，荷船比其他國家的船少用百分之二十的水手。[10]因爲水道運輸便利，荷蘭阿姆斯特丹（Amsterdam）發展成爲歐洲最大的貨物集散中心，自三十年戰爭（1618-1648）結束後，由於對西貿易大量出超，每年都以由三十至五十艘船隻組成的運銀船隊（Silver Fleet），駛往西班牙港口，把銀運走。根據一六五四年十月十六日的報刊報導，有荷船五艘，自加地斯（Cadiz，西班牙西南部海港）返荷，船上載有價值一千萬荷盾的美洲白銀。又據一六八三年一位荷蘭官員的報告，荷每年約自西輸入銀一千五百萬至一千八百萬盾。在十七世紀中葉前後，西船每年自美洲運回銀子，約有百分之十五至二十五給荷船運走，有些估計更高至百分之五十。[11]

十六世紀末葉，荷蘭海上勢力東來，開始打破葡人對歐、亞間貿易的壟斷。荷蘭東印度公司於一六〇二年成立，在爪哇下港（Bantam）設立商館，其後更以巴達維亞（Batavia）爲基地來經營東方貿易。因爲亞洲白銀價值遠較歐洲爲大，荷蘭自西班牙輸入的銀子，有不少轉運到東方來。在一六〇三年，荷向東印度輸出的白銀，約爲輸出貨物價值的五倍；及一六一五年，輸出銀多至爲貨物價值的十五倍。[12]由一七〇〇至一七五〇年，荷向巴達維亞輸出貨物共值100,600,131荷盾，約佔輸出總值三分之一少點，輸出貴金屬（以銀爲主）共值228,265,232盾，約佔輸出總值三分之二以上。[13]

除葡、荷以外，西班牙自美洲輸入的銀子，也運往英國，再由英國轉運到東方來。英國東印度公司於一六〇〇年成立，比荷蘭東印度公司還要早兩年，但在十七世紀初期運往東方的銀子遠比荷蘭爲少。例如自一六〇一至一六二四年，英國東印度公司共向遠東輸出銀2,500,000篤卡（750,000鎊），而荷蘭光是在一六一八年便向東印度輸出銀五十萬篤卡。[11]

根據各國自西班牙輸入美洲白銀，再轉運往東方貿易的資料，最近有學者估計，在十七世紀，由歐洲運往東方的銀子，約共一萬五千噸至一萬六千噸。[15]

三

十六世紀西屬美洲出產的白銀，初時由西班牙船運回本國，再由葡萄牙船沿着好望角航道轉運往東方。及十六世紀中葉後，西班牙帝國自美洲擴展至菲律賓，大帆船在墨西哥與菲島間的航運，更把美洲白銀經太平洋直接運到東方來。

西班牙人自墨西哥出發，橫渡太平洋，於一五六五年開始征服菲律賓羣島。西班牙政府因爲以美洲作基地來從事對菲島的統治與殖民，必須加强美、菲間的連繫，故自一五六五至一八一五年，前後兩個半世紀之久，每年都派遣一艘至四艘（以兩艘爲多）載重由三百噸至一千噸（有時重至二千噸）的大帆船（galleon），橫渡太平洋，來往於墨西哥阿卡普魯可（Acapulco）與菲律賓馬尼拉（Manila）之間。由於太平洋上大帆船的長期航運，美洲與菲島間的貿易自然發展起來。在美洲輸出的各種物產中，產量豐富的白銀，因爲本身價值較大，體積、重量較小，能夠負擔得起比較高昂的運費，自然成爲大帆船運往菲律賓的主要輸出品。

若干年前，作者在〈明清間美洲白銀的輸入中國〉一文中，根據有關記載，說在十六、七、八世紀間，每年由大帆船自美洲運往菲律賓的銀子，有時多至四百萬西元（peso，西班牙銀元），有時只有一百萬西元，但以二、三百萬西元的時候爲多。[16]到了一九八六年，索扎（George Bryan Souza）博士在他的著作中，對大帆船自美運銀赴菲的數額，重新加以研究。他估計自一五九〇至一六〇二年，大帆船由新西班牙（墨西哥及其附近的廣大地區）輸入菲律賓的白銀，共約六千七百萬西元，或2,010,000公斤；自一六〇二至一六三六年，共約八千萬西元，或2,400,000公斤；自一六三六至一六四四年，共約七百萬西元，或210,000公斤。把以上三個數字加在一起，自一五九〇至一六四四年，菲島共輸入美洲白銀154,000,000西元，或4,620,000公斤（4,620公噸）。[17]

一九八七年六月，符臨（Dennis O. Flynn）教授在日本東京慶應大學舉辦的貴金屬歷史研討會中，提出一篇論文，也對十七世紀大帆船自美運菲銀數加以估計。他說，根據官方登記的數字，自一五八一至一八〇〇年，由新西班牙運往菲律賓的白銀，一共只有1,123公噸。可是，事實上，美、菲間白銀走私猖獗。[18]在十七世紀初期，把官方登記及逃稅私運的數字加起來，每年自美運菲的銀子共約128噸。由此推算，在十七世紀，自美運菲的銀子共約13,000噸，只比同一個世紀自歐洲運往東方的銀子略少一些。[19]

四

自新航路發現後，西屬美洲盛產的白銀，一方面經大西洋運往歐洲，再轉運往東方各地，他方面又經太平洋直接運往菲律賓。對於這許多運抵東方的美洲白銀，明代中國商人最感興趣。他們長期居住在銀價特別昂貴的地區，由於鉅額利潤的引誘，自然努力擴展海外貿易，增加本國物產輸出，以便把歐洲商人帶來的銀子，大量賺取回國。

葡萄牙人於十五世紀末葉發現好望角航路，在十六世紀活躍於印度洋及西太平洋上，自一五五七年（明嘉靖三十六年）起更以澳門爲基地來從事貿易。到了一五六四年（嘉靖四十三年），廣東御史龐尚鵬報告說，自葡人到達澳門後，「日與華人接濟，歲規厚利，所獲不貲。」[20]因爲到澳門貿易的葡國商人，帶來許多銀子，具有强大的購買力，故「閩、粵商人趨之若鶩。」[21]

葡人航海東來，最先佔領印度西岸的果亞（Goa），其後到達澳門，於是發展澳門與果亞間的貿易，同時以果亞作媒介來與歐洲發生貿易關係。因爲中國商人運來各種貨物，大量賣給葡商，在一六〇〇年前後，每艘自澳門駛往果亞的葡船，載有生絲一千擔，綢緞一萬至一萬二千匹，黃金三、四擔，黃銅五、六百擔，硃砂五百擔，麝香六、七擔，黃銅手鐲二千擔，水銀一百擔，糖二、三百擔，茯苓二千擔，樟腦約二百擔，此外又載有大量的各種顏色細絲，陶瓷器，塗金色的床、桌、墨硯盒，手工製被單、帷帳等物，金鍊及其他貨品。這許多在中國各地產製出來的貨物，因澳門、印度間航運效率的提高而輸出大增。葡人在這條航線上經營的華貨出口貿易，有些商品的利潤將近爲投資的百分之二百，有些更高至百分之三百。[22]自澳門運到果亞的中國貨物，有不少在印度出售，但其中如生絲，有一部分沿好望角航道轉運往葡萄牙，另外一些商品如樟腦，更全部運葡出賣。[23]自澳門運往果亞的生絲，由一五八〇至一五九〇年，每年約共三千餘擔；到了一六三五年，有人記載每年多至六千擔，不過這個數字可能有些誇大。[24]當十六世紀葡人有效控制自歐洲至東方的航路的時候，華絲對歐輸出貿易自然長期爲葡人壟斷。

除了向印度、歐洲輸出中國貨物外，葡萄牙人又以澳門爲貿易基地，把華貨海外市場拓展至菲律賓和日本，因爲菲島自西屬美洲輸入白銀，日本銀礦生產豐富，都有强大的購買力。關於這方面的情況，上引拙著〈明代中葉後澳門的海外貿易〉一文已經論述，玆從略。

五

自葡人發現新航路後，再過半個多世紀，西班牙帝國自美洲擴展到菲律賓。因爲要加强海外帝國的連繫，在一五六五至一八一五年，西班牙政府每年都派遣大帆船橫渡太平洋，來往於墨西哥與菲島之間。大帆船把美洲盛產的白銀大量運往菲島，引起生活在銀價高昂社會中的中國商人的興趣，他們因爲利之所在，努力擴大對菲出口貿易，把在那裏的銀子賺取回國。

在另外一方面，位於大帆船航線西端的菲律賓，當西班牙人到達的時候，因爲土人文化水準低下，經濟落後，既不能滿足菲島西人生活上的需要，也沒有生產甚麼重要商品，可以大量輸往美洲。幸而和菲島距離不遠的中國大陸，資源豐富，人口衆多，生產技術進步，各種物產的豐富遠在菲律賓之上，從而可以大量輸出，以供應菲島西人的需要。關於菲律賓輸入中國貨物的情形，我們可以根據十六、七世紀間馬尼拉海關每年向中國貨物課徵的入口稅額，及其在入口稅總額中所佔的百分比，來加以攷察。

表一　十六七世紀間馬尼拉每年平均徵收的入口稅
（單位：西元）

年　代	入口稅總額	向華貨課徵的入口稅	華貨入口稅在入口稅總額中所佔的百分比
1586—90	13, 383	4, 909	36. 68
1591—95	36, 155. 5	22, 065	61
1596—1600	43, 104. 5	24, 155. 5	56. 04
1601—05	42, 982. 9	30, 304. 2	70. 5
1606—10	59, 066	46, 390. 6	78. 52
1611—15	70, 355	64, 482	91. 5
1616—20	51, 337	37, 843	73. 5
1626—30	25, 720	18, 623. 5	72. 4
1631—35	42, 194	34, 283. 8	81. 1
1636—40	31, 037	27, 483. 8	88. 6
1641—42	31, 425	28, 930	92. 06
1641—45	22, 075	18, 599. 4	84. 06

資料來源：Pierre Chaunu, *Les Philippines et le Pacifique des Iberiques,* Paris, 1960, pp. 200-205. 按表中所列由馬尼拉海關課徵入口稅的中國貨物，大部份來自中國大陸各港口，小部份來自澳門（但1641—42年例外）及台灣。

根據表一，可知自十六世紀末至十七世紀中葉，馬尼拉海關向中國貨物課徵的入口稅，在入口稅總額中每年都佔有很高的百分比，有些年份更高至百分之九十以上。由此可以推知，在馬尼拉每年輸入外貨總值中，中國貨物所佔的百分比一定非常之大。

中國商人對菲輸出的貨物，種類甚多，其中體積、重量較小而價值較大的絲貨（生絲和絲綢），更爲西班牙人所急需。當日菲島經濟落後，並沒有生產甚麼重要商品可供大帆船大量輸往美洲之用。在美洲方面，那裏銀礦生產豐富，人民購買力增大，自然要講求生活上的享受，爭着購買華貴的絲綢來縫製衣服。因此，西班牙人把自中國輸入菲島的生絲和絲綢大量運美，由於美洲市場購買力的强大，自然可獲大利，從而大帆船也因得到可靠的運費收入而能長期營運。

由馬尼拉駛往阿卡普魯可（Acapulco）的大帆船，雖然載運各種不同的貨物，但以生絲及絲綢的價值爲最大，故有「絲船」之稱。在一六三六年以前，每艘大帆船登記載運的絲綢，約爲三百箱（chest）至五百箱，但到了一六三六年，有一艘載運絲綢超過一千箱，另一艘多至一千二百箱，每箱約載緞二百五十疋、紗七十二疋，共重二百五十磅。另外有些箱子載運長統絲襪，每箱載一千一百四十雙，重二百三十磅。

除絲綢外，大帆船又自菲把大量生絲運往美洲。大帆船載運貨物（以生絲爲主）赴美，本來規定以四千包（bale，約一擔重）爲最高限額，但根據一七一四年及一七二三年的報導，卻多至一萬一千至一萬二千包。生絲運抵墨西哥，在那裏加工織造，據一六三七年的報告，有一萬四千餘人因此得到就業的機會。

運抵墨西哥的中國絲織品，主要由西班牙移民及其他富有人士來消費。除墨西哥外，有一小部分轉運往西班牙，此外又有不少運銷於中、南美洲及西印度羣島。隨着輸美數量的增加，中國絲綢不獨用來滿足美洲少數富人的物質欲望，而且由於供應增多，價格低降，又刺激了大多數人民的消費。例如美洲的印第安人、黑人及其他貧民，過去因絲綢價高而無力購買，及中國產品大量輸入，售價便宜，自然買得起來縫製衣服了。

十六世紀中葉前後，西班牙的絲織工業，不獨供應國內人民的消費，在西屬美洲的銷路也很好，故隨着海外帝國的擴張而發展起來。可是，自十六世紀後期大帆船把中國絲綢運美出售以後，原來在那裏出賣獲利的西班牙絲織品，便因中國貨的競爭而蒙受嚴重的威脅。早在一五八六年，在新西班牙市場上，遠比西班牙綫緞（taffeta）爲好的中國織錦（damask），售價低廉到不及前者的一半。其後到了一六四〇年左右，在秘魯市場上，差不多同樣的絲織品，中國貨的售價便宜到只等於西班牙貨的三分之一。經過長期的激烈競爭以後，由於售價低跌，產品滯銷，西班牙的絲織工業便由盛而衰，從而整個美洲的絲綢市場便爲中國產品所控制。[25]

六

上述自新航路發現後，葡人航海東來，中國商人乘機輸出各種貨物，由葡船運銷於印度、歐洲，其後又向菲律賓大量輸出，把西班牙人自美洲運來的銀子賺回本國。到了十七世紀，荷蘭海上勢力崛起，打破了葡人對歐、亞新航路的壟斷，到達東印度，以巴達維亞爲基地來經營東方貿易。因爲荷人自歐洲帶來大量白銀，購買力很大，中國商人當然不會錯過發財的機會，向東印度輸出各種貨物。根據一位荷蘭學者的研究，在一六二五年，載運貨物前往巴達維亞的中國商船，其噸位有如荷蘭東印度公司回航船隊（return fleet）那麼大，或甚至更大。到了一六四四年，駛抵巴達維亞的中國商船共有八艘，輸入貨物三千二百噸，但這些商船自巴達維亞運回中國的貨物，由一六三七至一六四四年，每年只有八百至一千二百噸。由於貿易順差，中國商船離巴達維亞返國，往往運走鉅額白銀。白銀長期大量輸出的結果，到了一六五三年八月，巴達維亞市場上深感交易籌碼不足，政府不得不准許使用已被剝奪貨幣資格的錢幣來交易，同時設法限制中國商人運銀出口。[26]

荷蘭商人用銀購買中國貨，轉運回本國或歐洲出售，利潤非常之大。荷海軍於一六〇三年在馬六甲海峽擄獲一艘葡萄牙船，船上生絲一千二百包，後來運往阿姆斯特丹公開拍賣，以高價成交，得價超過2.25百萬荷盾。荷蘭東印度公司於一六二一年正月在雅加達（Jacatra）購買生絲1,868荷磅（1,556斤），運往阿姆斯特丹出售，毛利爲百分之三百二十。該公司自創辦時開始，即把生絲與胡椒及其他香料並列爲最能獲利的商品來經營。在荷蘭生絲市場上，中國生絲須和波斯生絲競爭，但中國產品因品質優良，被評價較高，售賣所得的利潤也較大。除以巴達維亞爲貿易基地外，荷人自一六二四年佔據台灣後，又在那裏收購中國生絲，轉運往歐、亞各地出賣。例如在一六二七年，荷人自台灣輸往巴達維亞、荷蘭的生絲共值560,000荷盾，輸往日本的生絲共值620,000盾。[27]

除生絲外，荷人又在巴達維亞、台灣經營中國瓷器出口貿易。在荷據台灣時期，從中國大陸駛往台灣的商船，多半運載大量瓷器。在一六三八年，台灣安平港庫存的瓷器多至八十九萬件，其中除一小部分運往日本外，大部分都運往巴達維亞，再轉運往荷蘭。[28]荷蘭東印度公司於一六三六年由巴達維亞運瓷器返荷，共259,380件；一六三七年，共210,000件；及一六三九年，增加至366,000件。自一六〇二至一六五七年，荷船由巴達維亞運往歐洲的瓷器，超過三百萬件，此外又有數百萬件運銷於印尼、馬來亞、印度及波斯各地市場上。從一六〇二至一六八二年，中國瓷器的輸出量，共達一千六百萬件以上。[29]

除絲、瓷外，近代中國茶的對歐輸出貿易，也由荷人首先經營。遠在英國東印度公司於一六六九年首次運茶赴英出賣之前，荷人於一六一〇年最先把茶輸入歐洲；這些茶來自日本，但以後荷人運歐的茶都來自中國。荷人獨佔華茶對歐出口貿易，他們把茶運回本國，約於一六三五年轉運往法國出賣，於一六四五年運銷於英國，於一六五〇年運銷於德國、北歐。[30]由於消費增大，到了一七一〇年，英國還要自荷蘭輸入華茶來滿足需要。[31]自十七世紀九十年代至一七一九年，中、葡兩國商船運茶往巴達維亞，每年平均五、六百擔；自一七二〇至一七二三年，由澳門葡船運往，每年二、三千擔，再由荷船轉運回國。[32]荷蘭東印度公司每年在巴達維亞購茶價值，於十七世紀九十年代至一七一九年，約佔向華、葡商人購貨總值的百分之二十至五十；於一七二〇至一七二三年，約佔百分之五十以上至百分之九十。[33]在一七三〇年夏，有一英國商人乘船抵達巴達維亞，說那裏有來自廣州、廈門、舟山的商船二十艘，來自澳門的商船六艘，共運來華茶二萬五千擔，其中只有五千五百擔用來滿足當地人士的需要，此外全部轉運往歐洲出賣。這個估計可能有些誇大，但我們由此可以想見當日荷人經營華茶貿易的盛況。[34]

在十七、八世紀間，荷蘭東印度公司主要以巴達維亞爲基地來經營歐、亞間華茶貿易。到了一七二八年十二月五日，該公司更直接派船駛往廣州，採購茶葉及其他商品。船中載銀三十萬荷盾，做完買賣以後，於一七三〇年七月十三日返抵荷蘭。該船運回茶葉270,000荷磅（一荷磅等於1.09英磅），此外又有絲綢570疋，及瓷器若干件。把貨物拍賣，所獲淨利爲投資的一倍有多。自一七三一至一七三五年，又有十一艘荷船赴華貿易。[35]這幾年荷蘭輸入中國茶，事實上比英國還要多。[36]自一七三九年起，華茶已經成爲荷船自東方運回歐洲的價值最大的商品。[37]

自十六世紀末葉開始東來的荷蘭商人，由歐洲携來許多銀子，刺激視銀如至寶的中國商人積極拓展出口貿易，把絲、瓷、茶及其他商品大量運往荷屬東印度出賣，賺取白銀回國。上述由於中國商船長期運走白銀，在一六五三年八月，巴達維亞市場上深以交易籌碼不足爲苦，政府被迫准許已被剝奪貨幣資格的錢幣重新流通使用。到了一七四一年（乾隆六年），清朝政府因爲荷蘭殖民者在爪哇屠殺華僑事件，曾想利用「禁海」的辦法來報復。當時執政的內閣學士方苞，把擬議禁海的辦法詢問在籍侍郎蔡新，蔡卻反對這樣消極的辦法，因爲他認爲：「閩、粵洋船不下百十號，每船大者造作近萬金，小者亦四、五千金；一旦禁止，則船皆無用，已棄民間五、六十萬之業矣。開洋市鎮，如厦門、廣州等處，所積貨物不下數百萬；一旦禁止，勢必虧折耗蝕，又棄民間數百萬之積矣。洋船往來，無業貧民仰食於此者，不下千百家；一旦禁止，則以商無貲，以農無產，勢必流離失所，又棄民間千百生民之食矣。此其病在目前者也。數年之後，其害更甚。閩、廣兩省所用者皆番錢，統計兩省歲入內地約近千萬。若一概禁絕，東南之地每歲頓少千萬之入，不獨民生日蹙，而國計亦絀，此重可憂也。」結果方苞採納蔡新的意見，禁海之議並沒有實行。[38]根據蔡新的議論，我們可以推知在乾隆（1736-1795）初葉前後，因爲中國貨物對荷屬東印度的大量輸出，福建、廣東每年輸入銀多至將近一千萬兩，同時隨着中、荷貿易的發展，中國造船業、航運業及其他與輸出有關的行業，都因此而擴大投資數額，增加就業人數。這對於當日國計民生，顯然有密切的關係。

七

在新大陸發現後的長期間內，由美洲銀礦採煉出來的白銀，一方面經大西洋運往歐洲，再轉運來東方，他方面橫渡太平洋，運往菲律賓。對於這許多運抵東方的銀子，一向生活在銀價高昂社會中的中國商人，最感興趣，故努力拓展出口貿易，把銀賺回本國。

在與歐洲商人貿易的東方國家中，中國資源豐富，技術進步，其物產足以成爲國際貿易的重要商品，由他們的船舶載運回國，出售獲利。由中國商船運往馬尼拉的絲貨，由西班牙大帆船轉運往美洲，因爲物美價廉，曾經獨霸美洲絲綢市場，連原來在美洲殖民地出售的西班牙絲織品，也因敵不過中國產品的競爭而銷路銳減。向荷屬東印度輸出的華茶，在一七三〇年多至二萬五千擔，大部分由荷船轉運回歐洲出賣；自一七三九年開始，華茶更成爲荷船自東方運歐的價值最大的商品。

因爲新航路發現後海洋航運效率提高，明中葉後中國海外貿易規模之大，爲過去中外貿易所望塵莫及。舉例來說，在羅馬帝國時代，自漢帝國運往歐洲的絲綢，沿着歐亞大陸的絲綢之路來運輸，要經過廣大面積的沙漠、草原和高山。一支三十匹駱駝的駱駝隊，在路上運輸，只能馱九噸，行走速度很慢，運輸效率非常低下。經過長距離跋涉，運抵歐洲的中國絲綢，數量不大，貿易額自然有限。可是，在十六、七世紀之交，自澳門開往印度果亞的葡萄牙商船，每艘載運白絲一千擔、綢緞一萬至一萬二千疋，及大量的各種顏色細絲，再加上其他貨物，數量之大，如果拿絲綢之路的貿易來互相比較，簡直是小巫見大巫。由菲律賓開往墨西哥的大帆船，每艘載重數百噸至二千噸，被稱爲「絲船」，因爲船中載運各種貨物，以中國絲貨的價值爲最大。運抵美洲的中國絲綢，不單只滿足少數富有人士的消費，因爲供應增多，價格低廉，連大多數的印第安人、黑人及其他窮人，都買得起來縫製衣服。此外，中國出產的瓷器、茶葉及其他商品，向海外市場輸出，都獲得輝煌的成績。

由於出口貿易暢旺，白銀輸入增多，從事出口貨生產與貿易的工商業者獲利很大，同時許多人都因此而得到就業的機會。例如明、清間流行的俗語，「上有天堂、下有蘇、杭」，顯示出作爲全國重要絲織工業中心的蘇州、杭州，因產品運銷於廣大的海外市場而人民富有、經濟繁榮的景況。復次，廣東、福建兩省因海外貿易發展而輸入鉅額銀子，當然對國計民生大有裨益。明中葉後以銀代替實物來納稅的一條鞭法之所以能普遍實行，康、雍、乾三朝之所以被稱爲「盛世」，當然可以有種種不同的解釋，但中國絲、瓷、茶及其他物產的大量輸出，美洲白銀的大量輸入，顯然是其中一個重要因素。

一九八九年六月廿二日、九龍。

[附註]

1. Charles White Merrill, Summarized Data of Silver Production（U.S. Bureau of Mines, Economic Paper No. 8, Washington, D.C., 1930）, table facing p. 56. 原書未見，茲引自 Harry E. Cross, "South American Bullion Production and Export, 1550-1750"（Center for Latin American Studies, Stanford University）. Cross 論文，到了1982年於改正後發表於 J.F. Richards, ed., Precious Metals in the Later Medieval and Early Modern Worlds (Durham, N.C., 1983), pp. 397-424. 文中根據近年日本學者對十六七世紀日本白銀產額估計的提高，說在十六世紀世界銀產額中，秘魯佔百分之五七・一，墨西哥佔百分之一一・四，合共佔百分之六八・

五：在十七世紀，秘魯佔百分之六一，墨西哥佔百分之二三・四，合共佔百分之八四・四。

2. A. Kobata, "The Production and Uses of Gold and Silver in Sixteenth-and Seventeenth-Century Japan", in Economic History Review, Second Series, Vol. ⅩⅤⅢ, No. 2, August 1965, p. 247.

3. Earl J. Hamilton, American Treasure and the Price Revolution in Spain , 1501-1650, Cambridge, Mass., 1934, p. 42.

4. F.C. Spooner, "The European Economy 1609-50," in G.N. Clark, etc., eds., The New Cambridge Modern History, Vol. ⅠⅤ, The Decline of Spain and the Thirty years War 1609-48/59, Cambridge University Press, 1970, p. 79.

5. 例如自十六世紀八十年代至十七世紀四十年代，由秘魯秘密運往阿根廷，經布宜諾斯艾利斯（Buenos Aires）走私出口的銀子，每年多達一百萬至二百萬西元（peso），或25,000至50,000公斤，約為波多西銀礦每年產額的百分之十五至百分之三十。（Henry E. Cross, 前引文。）在一六五一年，有人估計，自喀勞（Callao, 秘魯港口）輸出的銀子，有百分之二五沒有向官方登記，走私出口。（John Lynch, Spain under the Habsburgs, Vol. II, Spain and America 1598-1700, Oxford, 1969, pp. 167-168.）

6. Artur Attman, American Bullion in the Eurpean World Trade, 1600-1800, Goteborg, 1986, p. 78; Dennis O. Flynn, "Comparing the Tokagawa Shogunate with Habsburg Spain: Two Silver-Based Empires," preliminary draft prepared for the Keio Conference on Precious Metals, Tokyo, June 1987.

7. Hamilton, 前引書，p. 207.

7A. 據E.E. Rich and C.H. Wilson, eds., The Cambridge Economic History of Europe, Vol. 5（Cambridge University Press, 1977），p. 31, 在十六世紀西班牙約共輸入美洲白銀二十億元，自1600至1724共輸入十五億元，即自西班牙人到達美洲後至1724年，前後共輸入銀三十五億元以上。但在1724年、西班牙只存銀一億元左右，其餘都因貿易逆差及其他原因流出國外。

8. 拙著〈三論明清間美洲白銀的輸入中國〉，《中央研究院第二屆國際漢學會議論文集》（印刷中）。

9. 同上。

10. Fernand Braudel, The Perspective of the World, Vol. 3, Civilization and Capitalism, 15th-18th Century, New York, 1986, p. 190.

11. 上引拙文。按在十七世紀六十年代，銀一両等於3.5荷盾，到了八十年代，等於4.125盾。參攷 John E. Wills, Jr., Pepper, Guns and Parleys: The Dutch East India Company and China, 1622-1681, Cambridge, Mass., 1974, p. 27.

12. M.A.P. Meilink-Roelofsz, Asian Trade and European Influence in the Indonesian Archipelago between 1500 and about 1630, The Hague, 1969, p. 375.

13. Ivo Schöffer and F.S. Gaastra, "The Import of Bullion and Coin into Asia by the Dutch East India Company in the Seventeenth and Eighteenth Centuries," in Maurice Aymard, ed., Dutch Capitalism and World

Capitalism, Cambridge University Press, 1982, pp. 222-223.

14. Geoffrey Parker,"The Emergence of Modern Finance in Europe 1500-1730", in Carlo M. Cipolla, ed., The Fontana Economic History of Europe: The Sixteenth and Seventeenth Centuries, Glasgow, 1981, pp. 528-529.

15. Flynn, 前引文。

16. 拙著〈明清間美洲白銀的輸入中國〉，《香港中文大學中國文化研究所學報》（以下簡稱《中國文化研究所學報》）第二卷第一期（香港九龍，1969），又見於拙著《中國經濟史論叢》（新亞研究所，1972）第一册，頁435-450。

17. George Bryan Souza, The Survival of Empire: Portuguese Trade and Society in China and the South China Sea, 1630-1754, Cambridge Univeraity Press, 1986, pp. 84-85.

18. 在一五九三及一五九五年，西班牙國王先後發佈敕令，規定自墨西哥運往菲律賓的銀子，每年以五十萬西元爲限。但事實上，在一六〇二年，墨西哥市議會報導，每年自墨運菲的銀子，多至五百萬西元。（拙著〈明清間美洲白銀的輸入中國〉；K.N. Chaudhuri, "The Economic and Monetary Problem of European Trade with Asia during the Seventeenth and Eighteenth Centuries," in Journal of European Economic History, Fall 1975, Vol. 4, No. 2, p. 325.）又有一位經濟史學者斷言，在一五九七年，自美洲違法運銀往馬尼拉，其價值比西班牙船自美運回本國的白銀、貨物總值還要大。（Lyle N. McAlister, Spain and Portugal in the New

World, 1492-1700, Minneapolis, 1984, p. 375.

19. Flynn, 前引文。

20. 徐孚遠等輯《皇明經世文編》（台北市國聯圖書出版有限公司影印明崇禎間平露堂刊本）第二二冊（卷三五七），頁二五一至二五二，龐尚鵬〈題爲陳末議以保海隅萬世治安事〉；顧炎武《天下郡國利病書》（廣雅書局本）卷一〇二，頁一一至一二，〈廣東〉六，嘉靖四十三年廣東御史龐尚鵬〈撫處濠鏡澳夷疏〉；拙著〈明代中葉後澳門的海外貿易〉，《中國文化研究所學報》第五卷第一期（1972）。

21. 《明史》（百衲本）卷三二五，頁二二，〈佛郎機傳〉。

22. C.R. Boxer, The Great Ship from Amacon: Annals of Macao and the Old Japan Trade, 1555-1640（以下簡稱 Great Ship）, Lisbon, 1963, pp. 181-182; The Christian Century in Japan 1549-1650, Berkely, 1967, p. 111; E.H. Blair and J.A. Robertson, eds., The Philippine Islands, 1493-1898（55 Vols., Cleveland, 1903-1909）, Vol. 19, pp. 310-311; 拙著〈明代中葉後澳門的海外貿易〉。

23. Boxer, Great Ship, p. 55; Niels Steensgaard, The Asian Trade Revolution of the Seventeenth Century: The East India Companies and the Decline of the Caravan Trade, Chicago, 1974, p. 158; 上引拙文。

24. Boxer, Great Ship, p. 6; 上引拙文。

25. 以上參攷拙著〈自明季至清中葉西屬美洲的中國絲貨貿易〉，《中國文化研究所學報》第四卷第二期（1971），又見於《中國經濟史論叢》第一冊，頁451-473;〈近代早期西班牙人對中菲美貿易的爭論〉，同上《學報》第八卷第一

期（1976）；〈略論新航路發現後的海上絲綢之路〉，《中央研究院歷史語言研究所集刊》第五十七本第二分（台北，1986）；〈明清間中國絲綢的輸出貿易及其影響〉，《陶希聖先生九秩榮慶論文集》（台北市，民國七十六年十一月十五日）。

26. Leonard Blussé, "Chinese Trade to Batavia during the Days of the V.O.C.," in Centre for the History of European Expansion, Inter-disciplinary Studies on the Malay World, Paris, 1979, Archipel 18, pp. 195, 205.

27. 上引拙著〈三論明清間美洲白銀的輸入中國〉。

28. 林仁川〈試論明末清初私人海上貿易的商品結構與利潤〉，《中國社會經濟史研究》，廈門，一九八六年，第一期。

29. C.R. Boxer, The Dutch Seaborne Empire 1600-1800（以下簡稱Dutch Seaborne）, London, 1966, pp. 174-175; 陳少冲〈十七世紀上半荷蘭東印度公司的對華貿易擴張〉，《中國社會經濟史研究》，一九八六年，第二期；陳萬里〈宋末——清初中國對外貿易中的瓷器〉，《文物》，一九六三年，第一期。陳萬里先生在他的論文中說，有關十七世紀中國瓷器輸出的數字，主要來自T.Volker, Porcelain and the Dutch East India Company（1956）。

30. G.B. Masefield, "Crop and Livestock," in E.E. Rich and C.H. Wilson, eds., The Cambridge Economic History of Europe, Vol. IV (Cambridge University Press, 1967), pp. 297-298.

31. K.N. Chaudhuri, The Trading World of Asia and the English East India Company, 1660-1760, Cambridge

University Press, 1978, p. 391.

32. Souza, 前引書，pp. 145-146.

33. 同書，p. 146.

34. Kristof Glamann, Dutch-Asiatic Trade, 1620-1740, The Hague, 1958, p. 235. 本書作者在腳注中說，根據荷蘭東印度公司的紀錄，該公司於1730年約共買茶一萬一千擔，另外多出的幾千擔茶，可能由無執照營業的人（interlopers）購買運歐。

35. Glamann, 前引書，pp. 230, 234.

36. J.H. Parry, Trade and Dominion: The European Oversea Empires in the Eighteenth Century, London, 1971, p. 85.

37. **Boxer**, Dutch Seaborne, p. 177.

38. 《漳州府志》（台南市，民國五十四年影印）卷三三，人物六，頁六四至六五，〈蔡新傳〉；蔡新《緝齋文集》卷四，原書未見，引自許滌新、吳承明主編《中國資本主義發展史》，第一卷，《中國資本主義的萌芽》（北京人民出版社，1985），頁七〇七；田汝康〈十七世紀至十九世紀中葉中國帆船在東南亞洲航運和商業上的地位〉，《歷史研究（月刊）》，一九五六年，第八期。關於乾隆初期中國因與荷蘭等國貿易而輸入鉅額白銀的情況，《清朝文獻通攷》（修於乾隆末年）的作者在卷一六乾隆十年（1745）項下也說：「福建、廣東近海之地，又多行使洋錢。……閩、粵之人稱爲番銀，或稱爲花邊銀。凡荷蘭、佛郎機（葡萄牙）諸國商船所載，每以數千萬圓計。……而諸番向化，市舶流通，內地之民咸資其利，則實緣我朝海疆淸晏所致云。」

《郭之奇年譜》

饒宗頤

此年譜稿弱冠時草創，抗戰中，播遷揭陽縣城，曾造郭氏舊居，得覩其家乘，故於世系能詳加臚列。公之著述若稽古篇，若宛在堂集，均余家中庋藏之物，先君撰潮州藝文志，時常考覽，小子侍筆硯，知之獨詳，因據以載錄。溯自軔張以來，奔走異地，先人故廬，文籍蕩盡，不可復問；而此稿棄置篋衍，綿歷星霜，忽忽四十年矣。比歲屢嘗旅遊粤地，北至乳源，西南適新州，謁六祖出生之地，甚思南極雷、廉，憑弔公晚歲循海流離轉徙之所，而人事滄桑，驟不易得。頃者漢昇先生徵稾，因取此文略加點竄，聊付剞劂。嗚呼！迭遭喪亂，積稾淪於兵燹者不可勝計，獨此塵封累載之叢殘，幸告無恙，似公之靈實呵護之。

檢謝國楨晚明史籍考重訂本，於公著述各種，隻字不提；宛在堂集東京內閣文庫猶有其書，而諸夏竟成稀本。以謝君殫極數十載之力，於公遺事尚陌生如此，故此年譜於南明史事大有裨益，刋布夫豈容緩？用誌其成稿顛末，以見一文之刋，其成毀顯晦，亦有緣遇，非可力强而致也。此稿整比謄正，賴門人鄭煒明勷助之力，不可不書。己巳端午後十日，饒宗頤識。

譜前

先生名之奇，字仲嘗，號菽子，一號正夫，又號玉溪。廣東省潮州府揭陽縣東門人。生於萬曆三十五年丁未八月十八日庚辰，於明永曆十六年、清康熙元年壬寅八月十九日己未就義，年五十有六歲。乾隆四十一年，朝定《殉節錄》，復先生原官，賜謚忠節。嘉慶二年，奉旨崇祀忠廟，兼祀鄉賢。

按：先生事蹟，詳具先生長子天禎所撰家傳，載《榕東郭氏族譜》。

郭氏之先，福建莆田人。太始祖有處士曰毅山者，其裔孫爲宋節推，官於潮，卜居海陽縣登雲都，有德於鄉。孫六人，次名曰誠，號元興，始移居揭陽縣城東關，是爲榕東郭氏之祖。

元興公有子二，其次名立，號剛直。配陳氏，生子二。長名善，字南峯，即先生之曾祖，以先生貴，累贈如先生官；配柯氏，生子一，名明作，即先生之祖父也。

明作公號靜湖，庠生。秉德禮讓，以文行顯，祀鄉賢。以先生貴，贈如先生官。生於嘉靖十八年己亥五月廿一日，卒於萬曆三十三年乙巳五月十三日，年六十七。配洪氏、陳氏。

先生父名應試，字國徵，號首鴻。靜湖公長子。邑庠生，授州同知。生平恂恂，閉門掃軌，人稱爲南極老人。生於萬曆十二年甲申八月初五日，卒於隆武二年丙戌十二月十五日，年六十三；配林氏，南安州學正林益盛（隆慶二年明經，揭陽人）孫女。

首鴻公生子八人。長用章，次即先生、三之章、四之廉，俱嫡出。五之宰、六之產、七之竑、八之音爲庶出。

長兄用章，字伯嘗，號俊夫。由府學廩生援例加勳，署補武英殿中書科中書舍人。配曾氏，子二。長錫祿，字爾功，由選貢授兵部職方清吏司員外郎；次天祝，字爾山，國學生。（《年月志》）

三弟之章，字叔嘗，號文夫。意氣軒昂，及冠食餼。隆武丙戌八月登明經，九月以禦寇守城戰死。配謝氏，子二：天禧，字寡庵，監生；天价，早卒。

四弟之廉，字季嘗，號介夫，永曆中，奉勑以兵部員外郎集義旅，應西師事，洩敗。

按：〈府志〉載之廉順治辛卯恩貢。其時選舉未興，恐後來追贈。

配方氏、洪氏，子三。天禮、天祀，俱庠生。以文學顯；另一子名天祿。

五弟之宰，字立夫，六弟之產，俱庠生。七弟之竑，字昱夫，增生；遷居棉湖。八弟之音，國學生。

先生元配林氏，海陽人；林尚書謚忠宣熙春長孫：兵部職方司主事林紹鉉長女；三加錫命一品夫人。年三十三。

繼室周氏，澄海冠隴人；庠生周艮澤三女，再加錫命一品夫人。年六十九。

繼室張氏，直隸順天府人；中極殿大學士張翼鳳長女；勑封一品夫人。年十六來歸，十九歲卒於石井。

側室陳氏，海陽人（年十七歸先生，二十五歲生天禔）。年八十六。

謝氏。

侯氏。上二人並死於壬辰馬鞍山之難，賜祭葬，褒嘉義烈，誥封淑人。

先生子四人，義子一人。

長天禎，字爾興，號二則。康熙九年歲貢，蔭尚寶司丞；娶崇禎戊辰進士浙江仁和縣知縣宋兆禴季女。年六十一。

次天禔，字爾肅，號宓庵。康熙十七年歲貢，蔭尚貢司丞；娶尚書黃奇遇女。明末從父走荒域，及父入交趾被獲，以身蔽父，刄揮其顱，血涔涔不少卻。洎父死桂林，扶櫬歸里，負土築塋，結茅廬墓。事前後母能盡孝。著有《屯園尺牘》、《溪堂詩集》。卒年七十四。按：事蹟詳〈府志・孝友傳〉及〈揭陽續志〉。

三天社，原聘右僉都御史羅萬傑女，未娶。從仲兄天禔走交趾省親，殤逝文淵舊州，年十六。蔭中書舍人。

四天禂，字爾甸，號潛園。廕徵仕郎中書舍人，娶天啟丁卯舉人兵部主事大埔楊世喬第五女。早卒。

義子天祉，從先生桂林。廕國子監生。

先生有八女，均不育。一女名玉，年十三死於壬辰颶風之變。

按：以上各人事蹟，俱據〈郭氏族譜・日月志〉。

先生墓與林夫人合葬揭陽藍田都。周夫人、張夫人墓葬官溪都鹽埕陳弔嶺，（見〈揭陽縣志〉）

乾隆四十年，賜諡忠節。《欽定勝朝殉節諸臣通諡錄》云：「文淵閣大學士、吏、兵二部尚書郭之奇，揭陽人。明亡跋涉閩、粵、滇、黔，往來萬里；聞孫可望殺嚴起恆，團聚鄉勇，守樂民所，爲陳奇策等聲援。後被執，至廣西省城，不屈死之。」

茲列先生之譜系如下：

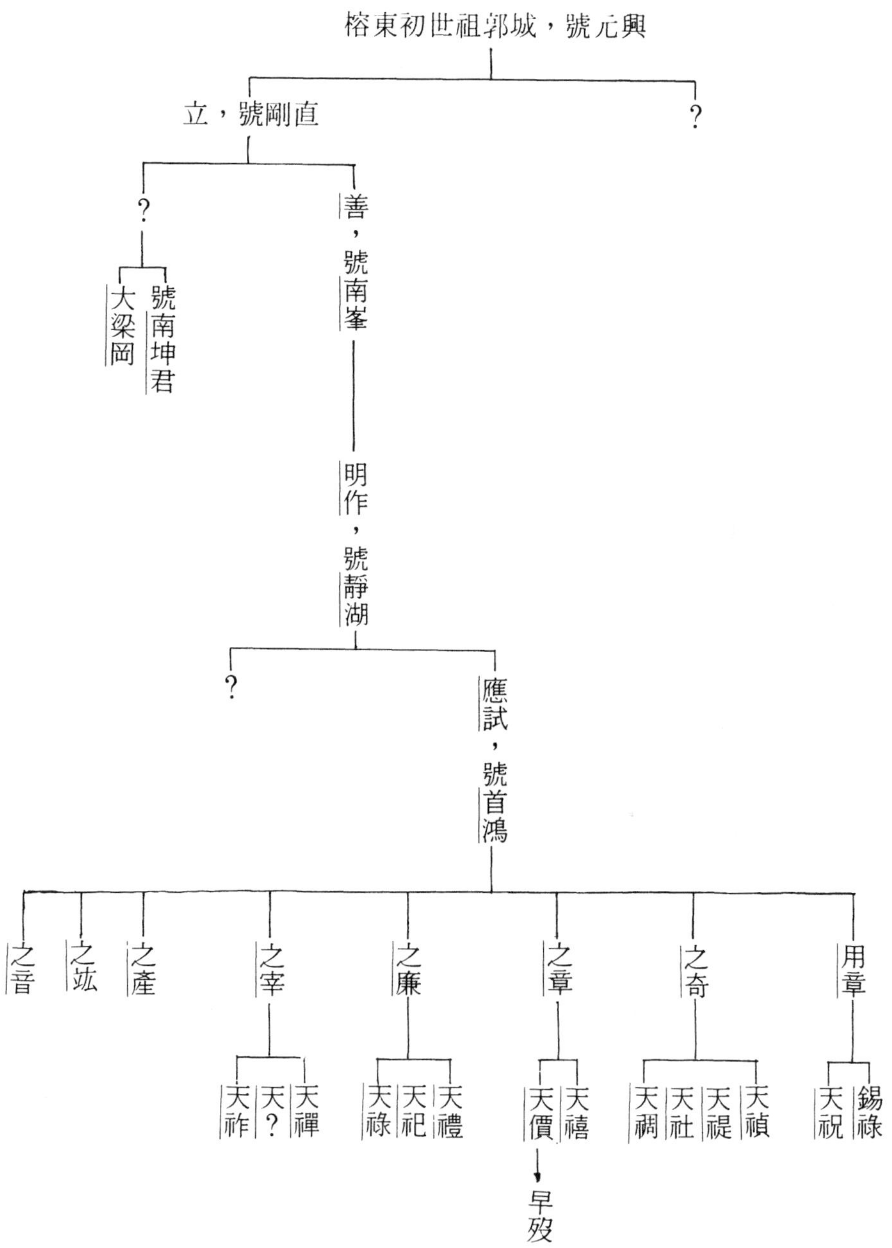
榕東初世祖郭城，號元興
立，號剛直
?
?
善，號南峯
大梁岡
號南坤君
明作，號靜湖
?
應試，號首鴻
之音
之竑
之產
之宰
之廉
之章
之奇
用章
天祚
天?
天禪
天祿
天祀
天禮
天價
天禧
早歿
天裀
天社
天禔
天禎
天祝
錫祿

年譜（西元一六〇七至一六六二）

明萬曆三十五年丁未，西元一六〇七。先生一歲。

先生於是年八月庚辰生於揭陽東門。生而不接人乳，母愛而自乳之。（〈家傳〉）

三十六年戊申，西元一六〇八。先生二歲。

八月初三日申時，室林夫人生。（〈榕東郭譜・年月志〉）

三十七年己酉，西元一六〇九。先生三歲。

側室陳氏生。（〈年月志〉）

四十三年乙卯，西元一六一五。先生九歲。

春，黃道周應潮州守詹佐雨聘，來潮。時年三十一。（〈漳浦年譜〉）

四十五年丁巳，西元一六一七。先生十一歲。

先生充邑庠生。時宗師為楊瞿崍。（〈家傳〉）

天啟元年辛酉，西元一六二一。先生十五歲。

初為詩。〈編年詩總序〉云：「憶年十五，帖括之餘，間學聲律。」

二月初九日，先生三弟之章生。（〈年月志〉）

二年壬戌，西元一六二二。先生十六歲。

食餼。宗師爲楊啟華。（〈家傳〉）

五年乙丑，西元一六二五。先生十九歲。

九月十一日，繼室周夫人生。（〈年月志〉）

七年丁卯，西元一六二七。先生二十一歲。

舉於鄉，主考爲張茂熙（丙戌進士）、曾楝（丙辰進士）。（〈家傳〉）

是年有詩二十首。

八月十一日，長子天禎生。（〈年月志〉）

崇禎元年戊辰，西元一六二八。先生二十二歲。

上進士弟。殿試以孟夏一日。（《馬上集》）

時總裁首相施鳳來，次輔張瑞圖。房師雷躍龍得先生卷，驚嘆以爲異才；與何吾騶同薦爲元卷。總裁以大英異，抑置之。既撤闈相見，雷公語何公曰：「此子姿儀朗越，弱冠負曜魄，以之進金閨，修天祿石渠之業，捨斯人其誰屬？」（〈家傳〉）

按：先生戊辰會試策問，載《耆舊集》三十四。

選授翰林院庶吉士。

先生爲歌詩，駿發踔厲，鞭撻一時，既爲同官者所忌，又嚴氣正性，不肯委隨以附權貴。宜興周玉繩、烏程溫長卿皆嫉之。（〈家傳〉）

《宛在堂文集》有〈戊辰會闈作，爲擬「上御文華殿講讀畢，召見部院諸臣，諮詢時政，俾各條陳職掌，隨出御禮，申誡大小臣工：務修實事，共佐平康」羣臣謝表〉及〈正人君子所深願文〉；闈試有〈條陳急切時宜疏〉、〈擬應詔陳言時政疏〉；館課有〈擬昭雪忤璫，被螫諸臣詔〉上下及論四篇（一、〈上下交而志同論〉，館選第十名；一、〈生知安行論〉；一、〈心存無盡性之理論〉；一、〈孔子稱伯夷、叔齊而不及伊尹、太公；孟子嘗稱之，至論百世之師，獨推夷惠而不及尹，其旨何如〉）。諸篇皆載集中。

有《怒流草》。

〈自叙〉云：「《怒流草》，何以名也？曰：『天地怒流人事錯，錯則文章一道，蓋本怒氣以生，而後天精既下，五色並見。孔曰『不懼』、孟曰『浩然』，此氣出之篇章，拂揚其華，猶令毛孔生動。吾人甫學搦管，便已腹孔胎孟，而成敗兩念縱之，竊吾氣以行焉，亦重所不忍也。壯士衝鋒，冒矢突刄，不計成敗，顧影狂奔，不在他人後矣；斬將搴旗，不屬之冒矢突刄，而屬之顧影狂奔者哉？人生墜地，我法自尊。奈何總角方弁，而奴顏婢膝；先見方城尺幅之下，備辦天下事者，伊而未之聞焉。究竟收功，此又反不償彼，亦重爲鬼揶揄也。余志疏質頑，終歲少成一文，而顧呶呶口天下事，冥行蚩詞，何敢逃譏？雖然，語有之：『萍樹根於水，木樹根於土，各有其性焉；兩木相摩而然，金火相守而流，各有其勢焉。』因其性之所賦，行其勢之所旺，而以攡其氣之所生，則《怒流草》之名，蓋取諸此。若夫鑿坎洩溪，取鐵作劍，登城而麾軍破卒，惑自有文中眞歐冶在，余吃吃，何能多言？」（《潮州耆舊集》三十四）

八月廿八日，先生四弟之廉生。（〈年月志〉）

二年己巳，西元一六二九。先生二十三歲。

給假歸省。

馮奉初撰傳云：「崇禎戊辰成進士，選庶常。明年請假歸。」《視學報政集》：「崇禎二年，給假省親。」

自燕都至白門，有〈紀行詩四十韵〉。（詩見《馬上集》，不錄。）

由浙江、閩至潮，有〈百山行五十韵〉。

詩云：「山行盡一月，踰山歷萬鄉；入山又出山，宛在山中央。〈山圖〉所未及，〈山經〉或未詳；夏山翠如滴，秋山淨若妝，冬山深如睡，春山遠更芳，不盡山四時，山情那可量？江山自嚴厲，溪山轉幽涼，神山未獲見，海山意中荒，我聞山異德，始知山各疆。朝涉東山巘，山日飛混茫；午憩南山側，山風撲面颺；晚出西山岫，山雲盡可囊；夜倚北山麓，山雨欲浮床。山嵐時結瘴，山露乍凝霜；何木不山落，何草不山黃？落木悲山末，黃草敝山旁；山木猶有枝，山草孰堪纕？此盡山糟粕，豈見山英芒？山草非芝瑤，山木愧扶桑；山樵忿斤斧，山牧自徜徉。欲窮山變化，久爲山低昂。穿穴看山鼠，撲樹突山麞；彼倆憑山鬼，依倚任山狠。遷鳥出山谷，雌雄立山梁；求山仍求友，山集又雲翔。頗怪山中物，未必與山忘。何人買山隱？何士構山堂？紫霞依山棟，碧靄吐山房；山葵供小摘，山竹表幽篁，山居雖暫許，山意豈堪償？山不厭人閒，人莫厭山長；心能與山靜，山亦與人商。久從山終始，姑使山頡頏，山朝復山暮，與山俱未遑。我僕嘆山砠，我馬鳴山岡；采山人不見，何處置山筐？山巔餘鳥道，山徑及羊腸；崔嵬極山致，屈曲探山藏。舉頭問山隱：『山書秘何方？』低顏語山客：『山柱伊毋戕。』山盤五十餘，惟有泰山當；山池二十八，或倍華山陽；彼山標千古，山以名益昌，此山阻遐僻，名晦山何妨？山之言產也，不產山無良；或曰山爲宣，非宣山曷揚；我有家山在，俟我山始彰：東山與西山，咫尺共山光；近山情可悉，遙山意可望，聊以家山緒，先矢〈百山行〉。」（亦見《馬上集》）

按：《馬上集》序：「驅車方夏仲，抵家而秋既老。」故知先生抵家在秋後。

有《初瞻集》。

〈自序〉略云：「矢詩不多，强半家思，實淒且遠，言志遂歌，終不畔於『歸去來』之旨。」（《耆舊集》）

又有《馬上集》。

〈序〉云：「思遠則心勞，撫時則意杳，弔古則神壯，感物則氣連；四者積而導廼情，情之所鍾，莫能僞也。曠之以見聞，展之以夢寐，致之以山水，配之以友朋，悠之以歲月；五者備而言廼志，志之所之，莫或雜也。天地殊觀，古今快事，不有韻人，朗之聲歌，煜之編簡，後死者安得與於斯哉？追尙往者，孰情深而言永？孰志坦而詞昌？孰達情而易性？孰惑志而干時？爲眞爲僞，爲正爲雜，未繇廋識者之眸矣。余守燕三載，塵風遊倦，白雲思深；蒙恩歸省，途歷八千里，水陸雖兼，然馬上强半也。驅車方夏仲，抵家而秋既老。積情備志，蓋匪朝夕之故；寤言嘯歌，若或速之念不及轉，私不及謀；雖意淺文輕，爲僞爲雜，亦庶幾其免夫。」（《耆舊集》三十四）

〈編年詩總序〉云：「讀書中秘，與曹允大、方肅之、劉胤平、徐九一、金正希諸同館，花磚馬背，連裾振轡，揚扢風雅，思不懈而至於古；及休沐抵里，得馮令如陶令，唱酬不輟，始有〈馬上〉之刻。」

按：先生〈宛在〉詩，斷自《馬上集》，其前作〈怒流〉、〈初膽〉二集俱不存。同舘諸人即曹勳、方拱乾、劉若宰、徐汧、金聲。馮令指馮元飆。

三年庚午，西元一六三〇。先生二十四歲。

正月，海賊犯城，先生與諸紳議城守之法。

時海賊八十餘艘，用佛朗機大銃攻城。先生與諸紳議分城戰守；另募壯丁百四十餘人，殺一賊給二十兩。十九日，開北門與戰，諸生范應龍、鄭祖紹與焉。賊退。（《揭陽縣志・兵燹》）

三月二十四日，先生募壯丁擊退豐政賊。

流賊自長樂入境。時豐政賊葉阿婆、張文斌等乘勢並入，劫藍、霖二都。先生捐貲募壯士，與知縣馮元飆率兵逐之。（《揭陽縣志・兵燹》）

先生家居。邑侯馮公元飆聘修邑志。

〈輯志舊指（下稱〈志指〉）凡例〉云：「舊志成於嘉靖年間，知縣王公鳳創稿，孝廉鄭君大崙校增，迄今幾九十年歲。庚午前令馮公元飆申請修刻，之奇以省覲家食，函帶再至，力辭不可，因敦語及馮君牒學分請諸庠士，搜尋事蹟備采；既以浪遊，未獲援筆。」

先生撰〈馮元飆傳〉：「侯字爾弢，浙慈溪人。壬戌進士，選澄海，以憂歸；後補揭邑，天啟六年任。」

秋，有〈題蘇子瞻睡鄉記後〉（《耆舊集》）。

是歲大祲。先生父應試，罄廩藏以賑饑，遠近就食者以萬計。（《郭譜・年月志》）

四年辛未，西元一六三一。先生年二十五歲。

家居，任邑志總纂。

〈志指〉：「歲辛未，署篆江公愈敏，據學呈報庠士王生陽春、謝生燾、袁生年、陳生仕清、黃生夢選，督之分纂，而以奇總其成。爲有疾，不能與聞。」

有〈謝宗鏞御冷齋詩序〉（《耆舊集》三十四）。

五年壬申，西元一六三二。先生年二十六歲。

家居，邑志成。

陳鼎新〈揭陽志序略〉：「前令馮君，早已具儀幣請郭太史爲政，而尚未爲稿。新猥承馮君後，幸太史尚居邑中，即敦請其終事，閱數月而告竣。」

冬十一月，作邑志〈凡例〉。

〈志指〉：「歲壬申諸君稿成，錄呈今令陳公鼎新，始及見副稿。再承儀幣，督奇改正增輯；遜謝不獲命，起稿秋中，告成於仲冬之晦。」又〈凡例〉云：

一、圖志所由設，本以通天下之志，達天下之情，使一道同風，治敎所開，法戒所垂，莫斯爲大。今郡邑諸志，皆不領於王官有司，故或苟且應事，其於是非理亂之故，可以招鑒明本，示之將來者多略不書，其去古遠矣。是以忘其固陋，策鞭於古今之域，定轡於時事之衡，考所學以立言，矢諸心而直著，不敢徇人，不敢欺己，奇之志也，即奇之罪也。

一、是志爲綱六，爲目三十有九，敘次之指，著於各篇之端；間或興感時事，綴以俚言，爲論、爲議、爲贊，則附各篇之末。

一、乘中人物，除科目封贈及舊誌所載者依之外，如例仕、黃耆、素行、節烈等項，俱今君酌定。

一、搜核省府志事實同異。磨勘年代後先，則楊生闓、陸生應登，勞不可泯。

一、諸志皆首著沿革，分紀災異；茲獨誌年、表事之鉅著，悉見於編年之下。

一、凡各項記序、詩賦諸文，恐厠雜事下，病於冗長，俱彙見文紀，分而類之，以便省覽。

一、舊志遺文不槪見，文獻不足，先聖憂之；茲所搜錄頗多，或不厭其煩也。

又作〈修邑志成感賦四律〉、修〈揭志〉作〈榕城八景詩〉及有〈挾改數字不得者，再吟二律〉諸篇，見《宛在堂詩集》中，《逡初集》（不錄）。

按：此志原帙久亡。據之奇〈志指〉，知原編分六紀：曰〈地紀〉、曰〈時紀〉、曰〈政紀〉、曰〈獻紀〉、曰〈文紀〉、曰〈餘紀〉。〈地紀〉分「分野」、「疆域」、「山川」、「潮汐」、「津梁」、「水利」、「墟市」、「物產」諸目；〈時紀〉分「氣候」、「年表」、「風俗」諸目；〈政紀〉分「賦役」、「職制」、「位署」、「祠祀」、「學校」、「城池」、「兵防」、「官師」、「坊表」諸目；〈獻紀〉分「選舉」、「例仕」、「封贈」、「武科」、「隱逸」、「素行」、「黃耆」及「傳記」諸目；〈文紀〉、〈餘紀〉細目未詳。

作《兵防七議》。

有〈鄉約考〉附邑志「疆域」下。其爲邑志撰傳，有知縣汪起鳳、曾應瑞、馮元飆諸傳，載〈政紀〉「官師」門下。

又鄭一統、林熙春、孫森諸傳，載〈獻紀〉中。

又爲〈廣文先生贊〉、〈林熙春贊〉、〈宋汝翼墓銘〉，皆載邑志中。

有〈宋兆論學言餘草序〉（〈耆舊集〉）。

六年癸酉，西元一六三三。先生年二十七歲。

假滿。偕兄用章晉京。（〈家傳・年月志〉）

坐失權貴，散館左遷禮部主客請史司主事、提督會同舘。

〈文集〉：「解舘，有〈聖王明教化以善俗論〉。」

方左遷時，報至，祖母嘆曰：「兒之遨於天下者早，是必不能援手於人；兒之行所志而不能干時也，吾知之稔矣；確然。寧爲此，勿爲彼。」（〈家傳〉）

七年甲戌，西元一六三四。先生年二十八歲。

三月七日，華亭董其昌爲先生撰詩序，長洲文震孟亦爲之序。（見《宛在堂集》卷首）

五月，奉使册封荊藩，即蘄州府德安王。便道歸覲。（〈家傳〉）

兄用章補武英殿中書舍人。（〈年月志〉）

八年乙亥，西元一三三五。先生年二十九歲。

六月報命，再接舘務。

先生目擊朝鮮舘垣低頹，逼邁居民，恐奸人乘機舞法，密地交通，自捐俸修築。（〈家傳〉）

十月，朝鮮入貢。又提督三閱月。（〈家傳〉）
十二月，轉本司員外郎。
九年丙子，西元一六三六。先生年三十歲。
主試河南。事竣，轉郎中。（〈家傳〉）
王鐸有〈送禮部主事郭菽子主試河南序〉。（《擬山園集》卷十三）
按：《永曆實錄》謂先生授河南□□知縣，蓋以此誤。
七月十二日，母林太安人卒，年五十二。（〈年月志〉）
有疏乞假，亦見《耆舊集》。
與兄用章痛哭回籍。（〈年月志〉）
十月廿三日，先生五弟之宰生。（〈年月志〉）庶出。
十年丁丑，西元一六三七。先生年三十一歲。
閏四月初二日，先生繼室張氏生。
十一年戊寅，西元一六三八。先生年三十二歲。
冬，服除，補原職。
十月，母林太安人歸葬普寧山步塘。（〈歷代墓志〉、〈年月志〉）
十一月初四日寅時，兄用章以喙瘡卒（狀如張素），年三十四。（〈年月志〉）

十二年己卯，西元一六三六。先生年三十三歲。

正月初十日，先生元配林夫人卒，年三十三。（〈年月志〉）

〈編年詩總序〉：「乃不幸，而有何時之哀。罷蓼居廬，繼而分荊，愴魄餘掛傷魂。閱丁丑、戊寅、己卯詩，不能事百，總附秋思之末；然閉門一室，破涕爲歌。」

按：據此，先生是時仍家居也。

十三年庚辰，西元一六四〇。先生年三十四歲。

〈詩總序〉：「庚辰出谷，携小草入長安，則有前輩蔣八公德璟、黃可遠景昉、王覺斯鐸；吾友宋文玉玫、方蕭之拱乾、徐九一汧相討論。（參〈家傳〉）

又云：「驅車而南，以近作示琴張子公亮。公亮輒憮然爲間曰：『吾於海內，罕所低首。讀先生近集，知吾家勾曲三峯，或未能與揭嶺爭高下。』」（見〈家傳〉）

按：〈家傳〉云及「休沐抵里，以詩集示張明弼先生」，知先生本年北上，後又曾返梓也。張明弼讀郭菽子近詩，時先生將視學閩中。（《張明弼文集》）

十四年辛巳，西元一六四一。先生年三十五歲。

陞福建提督學政，布政使司右參議兼按察司僉事。（〈家傳〉）

名雖擢，實體仁黨排之也。〈忠逸傳〉〈黎士弘小傳〉云：「督學閩中，蓋不得於烏程也。」

按：先生〈詩總序〉云：「辛壬癸甲，矻矻鑄人於八閩。」〈家傳〉云：「公四載學校中。」知先生主閩四載，蓋始於辛巳歲。

按試長汀學，題爲「悾而不愿，倥倥而不信」。諸生黎士弘讀牘，徵用張禹、盧杞故事，先生拔置第一，批其牘曰：「竟是烏程一幅小影。」時圓嶠尚當國，而先生置書不阿「其崖岸峻厲不以屢挫易其節」如此。按試兩期，諸生從無一人倖進者。

按：據黎氏〈小傳〉，此事繫於壬午前，故知爲辛巳事。

先生受事匝歲，詣關公廟自誓：「正文體；禁提調通揭薦，禁諸生坐保官頌德。」士風爲之一肅。

按：誓詞及禁示，俱載〈耆舊集〉。

十五年壬午，西元一六四二。先生年三十六歲。

是年閩闈得人爲盛，門下士中式五十餘人。（〈家傳〉）

李世熊〈寒支歲紀〉：「辛巳七月，學憲郭正夫之奇較訂士，拔予第一。壬午值郭公再較訂士，復拔予第一。十月郭公延予閱下南四郡歲考卷，備勞瘁。」（《寒支集》卷二目）

時鄭成功名森，爲泉州諸生，其父芝龍勢力方盛，百計乞置成功高等，得餼廩；撫按兩司亦爲緩頰，先生奮曰：「若輩鷹鸇之性，豈一廩生所能羈縻乎？」卒不許。成功僅得以二等應試。

十六年癸未，西元一六四三。先生年三十七歲。

是年榜發，捷南宮者十八人，俱先生門下士。（〈家傳〉、羅萬傑撰〈墓誌〉）

方先生視學於閩也，父戒之曰：「勿遺閩一士，愼勿以貨取於人。」故先生四載視學，孜孜罔怠，勿敢隕越，諸人士至今猶能道之。力振文風，奮興士氣。嚴絕竿牘，力杜蹊徑，雖權要弗避；提調之同心者嘉興之；館縣之傳郵者申奪之。若夫發假印林東曉等，藉贓助餉，磨勘歷科，紅案摘出，提等續八百餘名，嚴行另考；黜革三百餘名，降春社二百七十名（明制諸生考四等撻責，五等降春衿社學，六等黜退社學，訓童蒙地。弘治十六年，行府縣，立社學）；隔省改學三百餘名，黜退四十餘名，降春社五十餘名；所黜所降，幾至七百餘人。此輩非爲是不僵，則孔方有靈，娶其族可以得有力者之把持，合其謀可以與含沙之巧中（時按臨汀州揭榜，黜降稍多，有數百人在場咆哮，遞呈爲黜降者辯，先生特批斥，嚴禁乃止）。先生獨任勞任怨，務使宮牆蕪穢，廓然汰清，從前滋蔓，根株盡絕；以及劾革徇私提調，奏逐放利教官，選送衞所子弟（明制衞所生員謂之軍生，每衞軍生三十名，大衞四十名，衞各建學宮，立學官）。嚴箱學，蠹劣衿。凡花紅廪饋餼，已載裁解，設處以補其額；建按較書，捐俸置租。有言必行，有詩必果，陵援俱捐，怨勞獨矢。（〈家傳〉）

先生轉副使，尋攝按察司事，又攝兵備事。（〈忠逸傳〉）

斷强豪、平凡冤獄，修會城，弭通夷，甦疲驛，催裁站，知無不爲，爲無不力。

九月，平尤溪賊。

尤溪賊魁吳紹兄弟，集夥剽掠閩清、永福，先生約會官鄉兵，披尋窟穴，馘吳紹，隨獲賊總吳應開、賊夥林一等及首惡林定宇等。時閩清知縣羅鴻陽與賊首徐三、僞軍師羅明華等，倡率賊衆百餘人，謀與遠寇虔劉七閩，通乘署縣，示戒於九月初十日，攻劫縣治。先生乃於九月十四日辰時，督兵五百餘人，歷一晝夜，馳三百里，十五日午時到閩清，與地方官遍察地勢，分兵搜勦。先生介馬逼賊至四都筆架山上，拾騎徒步督兵圍搜，擒、斬首夥軍師共百二十八人，乃親臨各都，分里按籍，稽查保單，搜剔奸徒，遠近反側之謀，因潛消而默奪焉。（〈耆舊集〉）

十一月八日，流寇近突袁吉諸郡，益藩邕寧王亡國走閩；邵武樵川告急，全閩震動。先生抵邵武，請於撫軍；提師扼於關，謁益藩，請師國，建南賴安。

尤溪賊平月餘而袁吉告陷。贛川既困，民廼大亡其郡；當事者有奉藩封，疾趨於關。關人告逼，再危；傳烽之辰，蓋仲冬八日也。十日庚子，公誓師南郊；十二日壬寅，介馮督勁卒西馳，午至芋原；十三午抵水口；十四日泊舟需；十五日至黃田，十六日至茶陽；十七日至延平，十八日至王台，十九日抵順昌；廿日抵富屯；念一日抵拏口，申笠誅之，禁兵皆削。然廿二日抵邵郡，益藩將治駕至三山；守令曰：「藩王將疏職等拒藩，侃言『守土之臣，不知所云』。」先生曰：「樵川蕞土，將為保障全閩安危之地。」廿五日，復謁藩王，先生曰：「職等趨侍恐後，第流氛尚遠，江右有司，何以失於護衞，俾殿下造次入閩？」王意不懌，先生揖長史而言曰：「臣惟防守為首務，撫台即至於關防守。王自以意傳令旨師國，兩得之矣。」遂至於關，察險隘；隘以周知其藩，塞之阻，戒治士卒驛騷，於是內奸不得發而流氛以遠，民賴以安。（〈督兵日錄〉、〈家傳〉）

閩人思慕，建坊於詔安邑郊。學士黃道周為題其額曰『一代儒宗』，又曰『八閩山斗』。（見黎士弘撰〈小傳〉）復敍先生集略云：「正夫既以學憲治建中，士益好古，繡補龍骨，爛然比屋之下。會漁梁盜起，正夫手握兩印，朝馳浦城，暮殲其渠道。而師江右諸郡，又方怵於風鶴，藩府倉皇利用遷國；正夫身佐撫軍，提一旅西扼於關。七建之士，用有底定；如正夫者，所謂備體用，適於通變者也。今世推頽，人才愈下，文吏不武，坐爲宵旰所輕；誠得如正夫三五輩，張維振綱，天下廓然。」（《黃漳浦集》卷三十一）

按：〈漳浦集〉十六有〈答郭菽子文宗書〉，又卷三十七有〈郭正夫文宗構尊經閣詩〉及〈讀郭正夫集並觀校士有作〉二詩，併未詳爲何年所作。

崇禎十七年甲申（清順治元年），西元一六四四。先生年三十八歲。

擢太僕寺少卿。

撫院蕭奕輔、張肯堂，按院李嗣京、陸清源先後荐舉，秩滿以廉卓陞太僕寺少卿。（〈家傳〉）

三月，李自成犯居庸，進陷京師，帝崩於煤山。（見《通鑑輯覽》）

時拜命甫下而北都陷，先生聞變哀慟。羣議哭臨，而巡撫張肯堂猶援常例，欲待哀詔至乃發喪，先生力爭，帥闔士哭臨，始得成祀；時闔士猶洶洶諷議，公示禁之，乃止，然以是忤巡撫意。（羅萬傑撰〈墓誌〉、〈家傳〉、〈忠逸傳〉一）

五月，兵部尚書史可法等奉福王由崧監國於南京，以明年爲弘光元年。（〈聖安本紀〉）

是年先生第三子天祉生。（〈年月志〉）

九月，陞詹事府詹事，便道歸里。

時誣訐百出，幸巡撫陸公先以清廉卓異薦，宰相王公鐸得書，遂揭薦於上；奉端品政績之旨，特陞詹事府詹事。（〈家傳〉）

按：〈四庫提要〉五十引〈類姓登科考〉，載先生官至詹事府詹事，但書先生至崇禎末之官階。非是。

先生爲〈寵命殊常事疏〉云：「臣視學閩海……忽聞神京之變……欣逢皇上正信南離。臣方署篆建南，往按臣陸清原歿；忽於九月廿日傳來邸抄，爲特中優擢司成之請，事奉聖旨：『郭之奇諸品，復有政績，原係詞林，陞詹事府正詹事。』臣聞命之日，即擬單車星馳，亟瞻宸闕。自臣發建州，即聞汀寇數千，刈殺兵將，靡有孑遺，道師里與父臣，抱頭痛哭；自孟冬望日抵漳四分之雲霄鎮，甫一日而此鎮報陷，屠城，集衆復至數千。今臣郡且岌岌震鄰矣。俟臣鄉寇盜稍乏，臣即單車就道。」（〈耆舊集〉、〈文集〉此疏弘光元年上）

按：《長汀志》：「十七年，粵寇閻王總出沒處州部境，漸逼汀州，郡邑告急，督撫張肯堂遣兵五百救援，時賊陷汀之古城鎮，焚戮備慘。」〈疏〉中所言汀寇，當即閻王總也。

十二月，先生輸金千両助餉。

疏云：「臣於元年十二月初七日，罄產効湊，以盡臣悃，以倡義風。」事奉聖旨：『郭之奇毀家輸助，數以千計，可謂急公之最。即着下游撫臣劉柱國察收，着的當員設解赴建宣備用。』（〈耆舊集〉）

李世熊〈代郭宮詹助餉啟〉：「方今國仇未誅，司農告乏，乃擁封營窟，疾呼罔聞，心竊耻之。自惟一官茹蘗，膏不潤唇，僅餘肝膽可塗，奚有羽毛足恤？謹將祖父遺產，變措千金，聊括針頭之鐵，擬助饗士一醪。」（〈寒支集〉卷四）

弘光元年乙酉（後半歲爲隆武元年；即清順治二年），西元一六四五。先生年三十九歲。

先生在揭陽。

四月，清兵南下。二十五日陷揚州，史可法死之。（《通鑑輯覽》一百十六）

六月，兵部尙書張國維等以魯王以海稱監國於紹興。（仝上一百十七）

九軍起揭陽，僭號後漢（詳〈揭陽志·兵燹〉）。

乙酉六月，武生劉公顯，哀兵藍、霖二都，建營南塘山，號九軍賊。九軍者曾銓、馬麟殿、馬登、傅達、邱瑞、黃甲、呂忠玉也，又以潘俊爲東軍，陳雲任南軍、陳汝英爲北軍、陳侃如爲西軍，共十三軍；又以溫韜魯爲都軍、吳元爲大將、曹懋昭爲二將，共十八將，僞號後漢，僭稱大昇；立十五大營，十三大府，鑄印選官，攻城破縣，勢甚猖獗。（〈揭陽志·兵燹〉）

閏六月二十七日，禮部尙書黃道周、福建巡撫張肯堂、南安伯鄭芝龍奉唐王聿鍵，稱號於福州，號隆武，以福州爲天興府。（仝上）

七月，林學賢侵惠來，稱兵部。（〈惠來志〉）

先生遭讒去職。吏部尙書張肯堂、南安伯鄭芝龍，俱有擁立功，挾宿憾力擠先生落職。以偲憲何楷、總督萬元吉及蔣德璟、黃景昭、陸清源、童天閱、張家玉等連章昭雪，推轂賜璩，起用經筵講官，詹事府詹事兼翰林院侍讀學士。（〈家傳〉、〈忠逸傳〉）

隆武二年丙戌（淸順治三年），西元一六四六。先生年四十歲。

先生仍家居。

先生旣遭讒，家食，未有出山意。（羅萬傑撰〈墓誌銘〉）

二月十五日，奉旨，先生再捐銀一千五百兩。（〈文集〉）
命義子天祉解赴軍前。疏云：「隨將捐銀一千兩如數傾足，於正月初四日解交撫臣劉柱國。撫臣以解役未便，臣躊躇靡宣。謹冒險差臣義男自解。謹於前解千兩之外，悉索微貲，再捐五百兩；而臣父，累封中憲大夫、督學副使臣郭應試，忠愛激發，願捐貲五百兩；臣胞弟，現增侯廩生員郭之章，聞義踴躍，亦願捐貲五百兩，合臣前捐再捐，湊足二千五百兩。臣與臣父臣弟先完二千兩賫解，現在伏乞敕下御營戶部察收；更五百兩，再候措箱另解，稍展微臣一門戀主無已之寸藎。」
按：〈家傳〉：「春，二月，公捐銀二千五百兩，父捐銀五百兩，三弟之章捐銀五百兩。」〈文集〉：「七月初十日，公具奏。續完捐銀。有旨：『父子兄弟，一捐再捐，可謂一門風義。』」
蹕移延平。
帝決意出汀州入贛，與湖南爲聲援。鄭芝龍不欲聿鍵行，令軍民數萬人，遮道呼號，擁帝不得行，遂駐延平。（《通鑑輯覽》）
命戶科給事中李日煒督催汀、邵、惠、潮四府糧餉（其借助過者，准作三年預徵）。（〈思文大紀〉）
二月，上「爲恢復先審定略事」。疏略言：「今國家肇基閩南，當以江右、兩浙爲樞。竊計徽饒未靖，建撫傷殘，則兩關廣信，皆非砥道，陛下非暫住富沙，綢繆牖戶，必當移蹕章貢，號召楚江。臣愚以富沙之後戶，章貢之咽喉，莫要於汀州，蓋建昌間道抵汀，四日而遙，廣昌接連甯化。今建廣雖淺，而甯汀安堵者，敵畏閩兵之議其後也。假令閩兵失援，寇突汀境，徽饒烽火，綴我三關，則前後周章，閩地爲在箕舌，章貢斷爲外府。臣之愚計，謂下游巡撫，宜鎮汀州，漳南兵道，宜駐甯化；東連虔吉，北策建昌，指臂相連，呼應如響。陛下如暫駐富沙乎？其利有四；由此而長駕遠馭，移蹕章貢乎？其便有五。何謂四利：勳臣在關而藩籬固，撫道在汀而寢奧安，一也；轉輸供億，江閩如咫，二也；指顧千里，從枕席上過師，三也；有犬牙交錯之勢，無添兵措餉之擾，四也。何謂五便？背枕兩粵，咫尺湖廣，粵餉源源，不憂匱乏，一也；六龍臨江，士氣百倍，鞭箠江右，運掌而定，二也；江督萬元吉，才略逾羣，西江人才，忠義奮發，聞風響應，所向無前，三也；粵督楚督，東南來會，舟師順流，直抵金陵，四也；漸通襄鄧，襟帶湖淅，聯絡川貴，控引江淮，五也。計之萬全，誠無逾此。」（〈耆舊集〉三十二）

二月廿一日，奉旨。奏內盡進取情形及四利、五便、養民、政賢之說，具見留心時務。近着行在該部看議。（〈文集〉）

三月，勅惠潮巡撫劉柱國，加意綢繆三府，以爲中興根本。（〈思文大紀〉）

准禮部尚書黃錦，給假三月，往潮州與新撫臣商度機宜，然後乘勝出虔，以謝艮有所募三千之衆，聽其調用。（〈思文大紀〉）

八月，清兵越仙霞嶺。關門無一守兵，遂長驅直入。二十一日，帝自延平奔汀州。清兵奄至汀州，遂陷帝入清軍中，至福州崩。

按：隆武以失援敗，果如先生言。

張家玉來鎮平。隆武二年，請給三月假，返粵募兵，惠潮將籍餉八萬，練兵一萬，爲進取江西計。帝許之，

賜營名武興，以家玉爲監督總理；八月，至鎮平。（〈忠逸傳〉五）
是月上旬，先生弟之章膺明經。（〈家傳〉、〈年月志〉）
九月，九軍劉公顯、吳元等陷揭陽城。
九月十一日，九軍賊劉公顯連金甲賊吳元等陷縣，由新河渡北溪，五鼓入進賢門，毀文廟，拆城隍，開庫獄，焚黃册，大肆殺掠。縛執仕宦高氏，酷刑拷打，體無完膚，分據鎮營縣署，殺在籍都司黃夢選，進士許國佐、黃毅中、推官邢之桂、知縣謝嘉賓、舉人楊琪華、黃三槐、楊世俊、歲貢好鼎輔謝聯元、武舉楊德威、監生王之達、鄭之艮、例貢郭之章，諸生被殺者七十餘人。（〈揭陽縣志・兵燹〉）
九月廿二日，先生弟之章以禦九軍巷戰死，年三十六。（〈年月志〉）
時之章奉邑侯及先生令，團聚鄉勇，堵禦流寇。至是夜，聞警，帥師登陴巡守，內奸忽起，城陷。之章巷戰死之，面如生。先生爲文以祭，作詩哭之。（〈年月志〉）
同月廿五日，先生祖母陳夫人亦死於難，年八十三。（〈年月志〉）
廿八日，先生長嫂曾氏罵賊死，年四十一。（同上）
曾氏爲用章公夫人，江西東鄉知縣曾敬之女。九軍破城，將掠去，厲聲罵賊，不屈死。（事載〈揭陽志〉卷六列女）
先生父應試及先生皆被擄。
十月初十日，丁魁楚、瞿式耜迎永明王監國。十四日即皇帝位，仍稱隆武二年，以明年爲永曆元年；以肇慶

府署爲行宮。（〈南略〉）

冬至日，先生父應試出賊庭。（〈家傳〉）

之奇長子奔普寧。故人林侍御銘球輸金贖之，賊先縱應試歸普。（〈忠逸傳〉）

十一月二日，蘇觀生擁立唐王聿鐭於廣州，改元紹武。

有潮人楊明競者，詭稱精兵滿惠潮間可十萬，即特授惠潮巡撫。（《通鑑輯覽》一百十八）

鄭芝龍以福州降淸。（《粵遊見聞》）

十二月一日，先生脫虎口。依林銘球家。

先生以臘之一日脫虎口。計在寇庭八十一日，有〈九九〉之序。（〈家傳〉）序略云：「自邑陷至脫身，爲曰九九，顚沛無聊中得詩八十一律，以九九名篇，志遇也。吁嗟！予之瀕死於九者，不知其幾，與夫痛定思痛，不暇自痛，而深有痛於九者，亦不知其凡幾矣。子夜聞變，登陴巡禦，內奸蠭起，長矛及胸，幾出於不意死。子身赴濠，踉蹌獲濟，幾顚踣死。竄伏寺後，爲强人所獲，露刃著逼，余正顏叱之，幾不測死。既而以余歸予室，且以甘言相誘，時有所索也；詰朝而諸營豨突，跆藉相殘，幾從亂兵之中死。余既捨予室而狂奔，適有鄒姓者，匿之小舍，次兒從而後，中矢焉；越十七偕長兒之山寨，骨肉星散，卧病旬餘，幾以憂患死。既而長兒獲歸普陽，喜後事之有託也，呻吟謌嘯，聊以永日，旋爲諸强所迫，以仲冬三日復自寨歸邑，魚釜再遊，雉羅重入，自審無日而不鄰於死。首難之長，頗念斯文，爰以六日之夜，獲省先君子，余見先君子之疲病顚連也，抱首長號，幾以不得爲子而憒懣以死。幸而普陽侍御，脫驂爲贖，先君子獲以至日歸普養疴……有黃姓者，舘余別室，禮待有加；諸軍筮於明神，謂出余最吉，遂以小臘之一日，引余出西門，至釣橋，得就扁舟，溯流往普，維時風帆助順，瞬息出鯨波，就安瀾。鐵山一枝，親友互集，幼女稚男，參差繼至。先君子雖枯瘠之甚而神氣淸甯，言談娓娓；喜而悲，悲而痛，痛定思痛，痛如何哉！吁嗟！曩之瀕於九死也，幾不暇自痛；今之痛定思痛，而有痛於九者：數百年生聚之邦，有朝血殷，有野燐熠，有君子而猿鶴，有小人而蟲沙，有弟溝壑魂消骨化，有父奄奄逢此百罹，有琴既爨，有鶴既烹，有書萬卷祖龍一炬，余之痛可以九盡，而不可以九盡也！先哲之言曰：『世事不堪逢九九，休言今日是重陽。』余生不辰，甫丁陽九，戲馬臺中，俄長銅駝之棘，龍山落帽，羞同短髮之吹。吁嗟兮風景不殊，黃花無色，山河草木，胡不幸，而與余同此九九乎？昔之人，履盛平而謌九以勸，涉末流而辨九以悲，有同有不同，亦各言其遇矣。余以九九名篇，志遇也。世之悲予遇者，有同有不同，亦將有感於斯作。雲島逸人書於居此之處。」（〈耆舊集三十四〉）

是月清兵自閩攻潮州。總督佟養甲、總兵李成棟，甲士六萬人南來。

十五日巳時，先生父應試卒於普寧林銘球家，年六十三。（〈郭譜・年月志〉）

是日清兵陷廣州，紹武君臣死難。

十五日淸兵突至，破城。時潮州山寨私擁趙王，佟李遣兵往，趙王即自歸，削髮，居光孝寺。（〈粵遊見聞〉）

按：《永曆實錄》謂先生就李成棟乞降，其時先生仍在潮，未免厚誣。

十二月十八日，桂王即位肇慶府署，改元永曆，以晏清爲吏部尙書，瞿式耜爲吏部尙書兼內閣大學士，黃奇遇爲禮部尙書，先生爲詹事正詹。（《台灣外紀》六）

李世熊〈丙戌與郭正夫老師書〉云：「徂夏一函，意崍麟羽，嗣知貴潮寇亂，底於秋終，而敝鄉寇亂底於冬仲。半歲之內，草廬三徙，眞使苕華嘆息無生，虎兕悲其率曠也。」又〈答郭仲常老師書〉：「某以爲老師執正蒙讒，生徒寥散，即不能伸訴公卿，戟胸動帝，亦已辱矣！……所爲汗顏憒歎，不寢不寐也。」姑繫於是年之末。

永曆元年丁亥，（清順治四年），西元一六四七。先生四十一歲。

正月朔，帝出梧州。李成棟入肇慶。（〈高安縣志〉）

先生居普寧。友人林銘球卒。（卒於何月未詳。）

先生初與林銘球謀起義兵，圖恢復，而銘球以楚役積勞，悒悒逢疾，卒年六十。（〈忠逸傳〉）

二月，賴其肖與張家玉等先後起兵。（《小腆紀年》誤作天肖。）

清兵入廣州，其肖遂與弟其賢及應殿據鎭平，以明宗室朱慈奋主軍政。丁亥二月，家玉起兵東莞，其肖與應殿亦起兵鎭平，出攻各州縣，以應家玉。叛將文貴金及陳虎、余成隆來戰，克二寨，至勒馬寨，貴金單騎先入，其肖伏兵起，遂殺之，虎及成隆俱死。（〈忠逸傳〉二）

二月十三日，先生第四子天禍生。（〈年月志〉）

八月，東閣大學士陳子壯攻廣州，死之。

九月，朱由榛入揭陽，附九軍，稱監國。

由榛流寓潮州，丁亥至揭陽，招撫土賊許元烈、劉有、潘俊、吳元、程纓、吳英、呂燿、林夢祥、林西疇等，據城擁由榛爲監國，將發兵攻潮州。清鎮道聞之，先檄鄉兵攻揭陽，及誘吳元爲內應，開城門放鄉兵入潮；鎮車任重兵尋至，擒由榛，殺之。（〈忠逸傳〉三）

永曆二年戊子（清順治五年），西元一六四八。先生年四十二歲。

正月，金聲桓反正於江西。

二月，帝幸柳州。（〈東明聞見錄〉）

旋自象州奔南寧。（《通鑑輯覽》）

閏三月，李成棟奪佟養甲兵柄。十二日佈告奉永曆正朔。（〈粵事記〉云：「四月初十日，成棟歸明。」蓋以清曆算。）

四月，封郝尚久新泰伯。（《小腆紀年》）

廿五日上疏《陳中興事疏》（〈文集〉）又上〈爲光復旦疏〉云：「臣生不辰，甫還侍從之班，遂遭揭邑之陷。身出燼餘，家門盪盡。臣父封詹事臣郭應試甫脫虎口，輒正首丘，臣淒其苫塊，糊食旅邸，自戌冬以及今夏，泥首塞竇，跂足瞻雲。忽聞皇上奮迹粵西……省檄遙傳，黎民於變。」（〈文集〉）

廿七日，劉公顯犯府城不逞。

明定國公鄭鴻逵率舟師三千人，至潮陽港口，九軍附之。

先生以九軍散故，回揭陽。仍里居，結陶社，與羅萬傑等唱和以寄意。（〈忠逸傳〉二）

七月，帝幸肇慶，太后中宮俱往福州。（〈東明聞見錄〉）

車任重殺潮州知府淩犀渠等。（〈東明聞見錄〉）

李成棟反正後，明道臣李光垣、知府淩犀渠、海陽知縣岳桂皆改調他任。桂以事笞任重部卒；愬之府，府責之；愬之道，道責之；任重怒，令衆兵詭稱山寇至，突入三人署，擒殺之。（《小腆紀年》）

八月，先生至惠州。時兩粵湖南盡復，先生聞訊至惠州，以父喪未進。（〈忠逸傳〉）

十月十八日，上疏云：「臣通籍二十一年矣，梯榮報國之思，不能苟同時俗，扶國捐軀之志，竊嘗久矢生平。自戊辰館選，觀中秘者六週，以觸忤權奸，擯春曹者八載；屢奉優擢之綸，謹視八閩之學，兩考孜孜，三年報政，署兵署臬，蕩寇防關，八閩之事，臣以一身任之；威宗皇帝，鑒臣清執，特拔臣於京堂；聖安皇帝，褒臣端品，特還臣於詞局；祇緣神京之變，閹氛薰灼，撫臣張肯堂，心懷疑貳，濡滯哭臨，臣率八閩士子，痛哭力爭，深中忌諱，遂起戈矛。及思文皇帝奮跡閩南，肯堂邀天爲己，冒厠冢席，罔忘國仇，惟尋私隙，再疏誣訐，讒謗頻興，不至殺不已，賴三山輿論昭明，輔臣蔣德璟、黃景昉、總憲臣何楷、陸清源，總督臣萬元吉、冏臣童天閱，翰科臣張家玉等力洗臣冤，連章推轂，思文皇帝知臣立，屢錫溫渝，還臣舊官；悼臣生坎壈，甫聞賜環，頓遭挹邑之陷，三月沒累，幾從信國之遊。及北兵抵郡，臣脫身至普，不幸而喪父，泥首苫次，幸而不辱臣身，日與台臣林銘球聯絡義勇，潛圖恢復。天祚明聖，勳臣成棟，手植乾坤，俾臣獲全，頂踵再覩光華，從此有天可戴，靡懷不伸。忽聞六馭，近蹕端州，臣雖身在草土，敢不踴躍企瞻？

況臣郡頻受寇躪，復値兵鬨，漳泉密邇，腥穢勾連，袖手坐觀，勢將及溺，用是不遑啓處，匍匐觀光。既至惠陽，偶犯霜露，呻吟床褥，屈指臘月，已爲臣父大祥，稍俟新春擇吉，即當薾足脂車，依雲就日，執羈以從。不啻深愧攀附之侶，及時而起，敢復遠忘袍澤之語，別敷芹曝，仰希大鑒，臣無任瞻依慕戀之至。」（〈文集〉）

按：《清鑑》記吳楚之黨交鬨，事在戊子八月，並列之奇名。案之奇是時猶未赴行在也。

十月十八日，上〈潮事可憂有四等事疏〉。（〈文集〉）

以黃奇遇爲詹事、禮部左侍郎，充經筵官。（《永曆實錄》）

十一月初九日，奉旨。着照原官另用。（〈文集〉）

十二月，先生父大祥，服除。

永曆三年己丑（清順治六年），西元一六四九。先生年四十三歲。

正月元旦，郝尚久殺車任重、李成棟，提爲潮州總兵。（《台灣外紀》六）

庚辰，清兵入湘潭，督師武英殿大學士何騰蛟死之。（《小腆紀年》）

二月甲寅，清兵取長沙。乙卯二十六日，李成棟兵潰於信豐，渡水溺死。（仝上）

兵部尚書揭重熙兵敗程鄉。（仝上）

三月，鄭成功戍兵分水關，命部將黃山從靖海破惠來。（仝上）

四月初六日，孫可望遣龔彜、楊可任等六九人詣肇慶，求封秦王。（〈陽秋〉）

四月二十二日，上〈外懼不足憂，內治必操勝算疏〉，又上〈懇思補給誥命疏〉。（〈文集〉）

七月，堵胤錫承制；封孫可望爲平遼王，可望不受。（《小腆紀年》）

八月，王化澄奏提原官起用，先生遂奉召敦趨。（〈家傳〉）

十月十五日，上〈遵召趨覲疏〉，遂召見，朝疏。（〈文集〉）

十一月初六日，先生在肇慶，召問，翌日上疏言：「皇上銳意恢復，不遑宵衣；但中興一統，必定規模。張皇六師，先求次第；可守而後可戰，攘閩必見安潮；儻盜賊不散，則兵多內顧，難以全力辦敵；且師行糧食，飛鴻滿目，徵餉何從？故求安民散盜之術，莫如愼選守令，久任責成；其即綱挈領，激濁揚淸，則巡撫監司之責也。至如恢閩次第，當如廷議近旨，速簡重臣督師，合力分路：一從黃岡入詔安取漳，則伯鎭臣郝尚久能辦其事；一從大埔入永安取汀，則新命僉憲臣羅萬傑，宜速與敕印，俾統吳六奇、賴其肖等，同心規閩；而科臣謝元汴，現在平遠監軍，使之犄角於武平、上杭之間。先以文告，燿以德威，有不角稽爭前，雲霓恐後者乎？其不願從戎者，應盡追前劄，驅之南畝，以安內地；此當專責撫道守令，令其一心爲此，蓋力田爲積粟之本，積貯保天下之命。內而休養，外而輸將，胥從此也。以息民者用民，即以安潮者恢閩，雖一統全局，在指顧間矣。臣更區區有進者，方臥嘗霄旰之時，視朝接下，不宜僅循故事，務與大小臣工，日商安攘全局，徧詢遠近情形，滿朝之精神畢舉，上下之心德既孚，自能化異爲同，渙小成大。皇上既能不邇不殖，以禮制心；尤宜獨斷獨行，以義制事。但使二祖十三宗有赫之靈，日在左右；三帝未伸之痛，時繫心胸。默消水火之漸，共發同仇之心，倘蒙葑采，獲見施行，未必非芻蕘之一得。」（《耆舊集三十三》）帝不

能用。蒙諭褒典，賜銀三十兩。（〈家傳〉）

十月，王化澄、何吾騶罷，惟嚴起恒獨相。（〈小覥〉）

十一月，拜禮部右侍郎兼翰林院侍讀學士（加一級）。（〈家傳〉）

按：《永曆實錄》：「公爲禮部，在於是月。」

〈文集〉有〈爲寵召踰詹事疏〉云：「臣於前月廿七日見朝後，面閣臣，即諭臣八月十一日已經推臣禮部右侍郎兼翰林院侍讀學士，協理詹事府事，充經筵講官。臣逡巡不敢就列，忽於本月初七日吏科抄出行在大學士臣士俊、臣起恒、臣化澄奏單，奉聖旨：『覽卿等奏郭之奇，詞林翹楚，人望攸崇；既經陛見，着即到任供職』云云。」

此疏上於永曆三年十一月初九日。

二十六日，大學士堵胤錫卒於潯州。遺疏劾楚黨袁彭年等五人攬權。（〈十國略〉）

時史官乏員，誥勅多出中書，帝欲歸其職於翰林，閣臣嚴起恒、黃士俊奏請考選，留守瞿式耜疏薦部屬之堪備官職者，而帝意特在科名，於是禮臣黃奇遇請倣唐宋開科取士。帝命廷臣三品以上各擧所知，卿貳等自擧其屬，彙送吏部，勅尚書晏清會同禮、詹、翰諸臣，嚴加考核，取及格者若而人，其乙榜知名未仕者亦與焉，是日：帝臨軒親試，經藝三道、論一道、詩一首。外庭密奏閱卷諸臣通關節，帝即遣出，獨留輔臣宿文華殿宮中，賜臥具，內小豎司飲饌、拆卷日，鴻臚傳各官侍班，詔科道面擧情弊，以示至公；且曰：「朕即位來，始有是擧，毋於用後爾等又多言也。」拆後，御筆塡寫六卷，遽命己，輔臣再三請，更尤兩卷。合得八人，曰劉蓓、錢秉鐙、楊在、李來、吳龍楨、姚子壯、涂宏猷、楊致和，改庶吉士；輔臣以諸臣有資俸深者，引先朝推知考選例，請授編檢，帝曰：「此朕特典，與考選不同。」擇日送館教習，推禮、詹、翰大臣有品行者爲館師。（《小腆紀年》）

十一月初七日，先生奏言：「宜急開科以收士心，勿俾不羈者赴敵闖浙試，及杜近日納貢納秀之弊。館員固急須考選，然特宜愼重，宜敕禮部速行頒佈，以四年三月鄉試，四月會試，新舊公車，一時可集，廷試之後，即選庶常。必欲近循威宗末年之例，則宜以俸滿中行知推，發訪考授，第其甲乙，分爲詞林科道部屬；若另薦另考，不問資格來歷，是詞林一帶，反爲授受私途。如以講讀急需，宜敕輔臣，九列僉舉數員才志確然可備開講者，置之史局，儻所舉不公，言路得執白簡，以從其後。」（〈文集〉）

先生所言與主張薦考諸臣忤，帝卒用薦考法，取士八人，授庶吉士。（〈忠逸傳〉）

先生與同邑黃奇遇意不合，爭爲館師。先生與奇遇爲同年進士，復俱以詹事兼禮部。而是時朝中分吳楚二黨，先生薦由杜永和。與吳黨習，奇遇則與楚黨習，忌者交構其間，遂有隙。二人嘗以小嫌，爭於杜永和前；及是，當推館師，先生曰黃由推知改選，安知庶吉士典故，奇遇亦力詆先生，相爭久之；士俊乃請並推，候帝親定。而奇遇前所薦黃維璟不入選，兵部侍郎萬翱與杜永和交章劾奇遇得維璟賄，奇遇抗疏，辨得直。（〈忠逸傳〉）

按：先生與奇遇不合事，《永曆實錄》記最詳。金堡論萬翱訐奏黃奇遇疏，見《嶺海焚餘》卷下。惜以黨見，對先生醜詆，恐未得實。

十二月，郝尚久降清。

尚久子在南京未降時，已遣人與馬部院國柱通。（《東明聞見錄》誤作尚文。）初尚久聞成棟敗死，遣人乞降於尚可喜，可喜以沈時署巡道。（〈溫傳〉）

按：〈所知錄〉下云：「尚可喜、耿仲明久屯江西、吉安未發，惠潮道李士璉，本田仰中軍，吉安人，與潮州鎮將郝尚久，密往投誠，自從迫脅，繳勅印，受北官惠潮兩郡，謂：『北有士璉，悉以國情輸之；督西郡餉，接應北兵，導之入關。』凡江右宗室依士璉、寓惠州者盡殺之，沒其家，執郡王十三人以獻，北兵遂長驅而進。」〈錄〉繫此事於四年庚辰二月。又《行在陽秋》載尚久降清爲五年辛卯三月事，亦非。

四年庚寅（清順治七年），西元一六五〇。先生年四十四歲。

正月乙卯朔，帝在肇慶，北兵破南雄；七日報至，百官爭竄；九日，帝登舟；十三日解維。（〈行朝錄〉三）

按：《小腆紀年》：「正月戊辰，清兵復取韶州，明總兵吳六奇降。」

初七日，復以王化澄爲大學士。（〈陽秋〉）

是年正月，鄧耀據龍門。（〈欽州志〉）

二月甲申朔（七日），帝至梧州駐蹕。

丁亥（《小腆紀年》），先生與吳貞毓等十二人合疏，論袁彭年等五人誤國十大罪。

五虎失勢，於是尚書吳貞毓、詹事府禮部右侍郎郭之奇、兵部左侍郎程源、右侍郎萬翱、禮科都給事中李用楫、戶科右給事中張孝起、吏科給事中朱士鯤、戶科給事中李日緯，御史朱統鐫（〈小腆〉作錀）、王命來、陳光胤、彭佺（〈小腆〉作全）等合疏，論袁彭年、金堡、丁時魁、蒙正發、劉湘客五人把持朝政，罔上行私，朋黨誤國十大罪。奉旨，彭年反正有功，免議，餘下錦衣獄，獄具，堡與時魁各杖八十，堡邊遣，時魁附近名終身充軍，湘客、正發徒三年，各贖。帝登位三年，至始見聲色。（〈行朝錄〉三、〈所知錄〉下）

初七日，瞿式耜上〈救劉湘客等五臣疏〉。（《瞿忠宣集》）

先生充經筵講官，掌詹事府禮部尚書事，兼翰林院學士。（〈家傳〉）

時東西交訌，百官悃愊撓喪，顛踣竄逃，先生手書示子天禎曰：「兒當勉力有成，毋墜家聲，予死生隨吾君，未知相見何日也。」（〈家傳〉）

四月，轉禮部尚書（《永曆實錄》），加太子少保，賜誠正儒臣國書。（〈家傳〉）

六月，鄭成功圍潮州。陳斌燒斷廣濟橋。（《小腆紀年》）

成功攻揭陽之新埠寨，降之。（《小腆紀年》）

六月，孫可望復遣使求封。大學士嚴起恒持不可，兵部侍郎楊鼎和、給事中劉堯珍等助之。（《通鑑輯覽》）

先生與文安之亦以爲不可當許，疏論其事，有云：「滇封之議，創爲平遼，已非典則；失名義，矯而爲秦，變而爲雍，遵何制而定何名，臣俱不得其解。」又云：「所憂在天下，不在一隅；所憂在異日，不在今前；萬代瞻仰在此一舉，毋令天下後世執筆而書，名曰『舉朝皆婦人也』」等語。（〈耆舊集〉）

會颶風盪舟，求直言。先生復言風變由滇封，議遂寢。（〈忠逸傳〉一）

按：《永曆實錄》謂先生力請封孫可望眞王，觀此疏，亦知其誣。又此疏署銜行在禮部尚書兼翰林院學士，掌詹事府事，知作於是年。
十月，成功據南澳。（《小腆紀年》）
十一月辛亥（初一），清兵取廣州。（仝上）
甲寅，清兵入桂林，執督師瞿式耜、總督張同敞。（仝上）
己未，帝幸潯，陳邦傅叛，遂奔南寧。（仝上）。
報至梧州，倉卒赴潯。初，邦傅欲留王以自重，不果，乃劫百官鹵簿之舟；在後者，內閣王化澄、吏部尚書晏清走北流，入容縣港，嚴起恒、馬吉翔、李元胤追扈及於南寧，百官稍集，飢凍無人色。（《紀年》）
時分兩股從帝者，上右江若嚴起恒、馬吉翔等，餘則入容縣港，若王化澄等。上右江者，至潯州，道上兵各潰；散入容縣港者，於北流境上，爲土寇劫奪，棄妻失妾。（《明季南略》）
先生隨王化澄走北流，暫寓白州（今博白），會謀匡復。（《家傳》）
按：《行在陽秋》謂化澄從嚴起恒、馬吉翔等往南竄，《小腆》等載誤也。化澄後降清。《永曆實錄》記先生降虜，殆因隨化澄同奔而誤歟？
閏十一月十七日，留守瞿式耜，兵部尚書張同敞死之。（《陽秋》）
以副都御史張起孝撫南寧。（《小腆紀年》）
帝幸南寧，遁入土司。擢孝起爲巡撫，兼巡撫高、廉、雷、瓊四府；城破，走入龍門島，被執，不食七日死。（《小腆》）

明封孫可望爲冀王，猶不受。（仝上）

五年辛卯（清順治八年），西元一六五一。先生年四十五歲。

正月朔，帝在南寧。

二月朔，孫可望遣賀九義帶兵至南寧，假稱護駕，殺首相嚴起恒，餘臣星散；拜楊畏知爲東閣大學士，旋爲可望所殺。（〈南略〉）

可望怒起恒等之阻秦封也，聞王至南寧，遣其將賀九義、張勝、張明志等，率勁兵五千迎扈，直上起恒舟，怒目問：「王封是秦非秦？」起恒曰：「君等遠迎主上，功甚偉，朝廷當有隆恩。若專問此，是挾封，非迎主上也。」九義怒格殺之，投屍江中；遂殺給事中劉堯珍、吳霖、張載述，追殺尚書楊鼎和於崑崙關。鼎和、堯珍以阻議故，而霖與載述則曾劾主秦封者也。（〈小腆〉）

先生自思州趨召。未至三十里，值可望發兵迎蹕，至南寧，入貴州。時可望兵威張甚，亦以先生在尚書時曾抗疏力爭，言可望不當封，乃密旨留先生於外。（〈家傳〉）

按：先生自此以後，逋播雷、廉之間，遙領科命而已。（〈明淸史料〉）

是月淸總兵徐有功，復陷高州。（〈輯覽〉）提督李明忠之龍門。（〈石城縣志〉）

按：《亂離聞見錄》：「海康伯李明忠，自辛卯携眷遁牙山、龍門。」

回防城，泛海之啼雞山。（交趾前屬海島。）

三月，至欽州之龍門。（〈家傳〉）

高州提督李明忠師潰，清兵追至電白，遂克高州。道臣郭光祖、吳人龍，知縣文振義、副將王邦友降清。

（〈小腆〉、〈陽秋〉）

按：二月拜東閣大學士。制曰：「惟師學術淵源，道風遒暢，協相天工，克堪寅亮。板蕩之天，其眷注爲獨至。」（〈家傳〉）

四月，至雷州樂民。（〈家傳〉）

七月，特勑督師閩粵，兼制江浙等處，恢剿軍務，監催勳鎮官義兵馬，綜理糧餉，賜上方劍，便宜行事，太子少保，禮兵尚書，東閣大學士。（〈家傳〉）

先生上疏言師首重閩廣策應，略云：「東南半壁，賴此長城，其中倡義紳士，則有樞臣盧若騰、樞貳臣王忠孝、郭貞一，副憲臣沈佺期、林蘭友等，俱能毀家爲國，鼓忠教義，繫千鈞於一線，砥狂瀾於既東。而臣鄉潮郡，衣帶漳泉，趾相錯也；近臣役自虎賁營回（王興，虎賁將軍），據陽江知縣臣饒章稟報，則鎮守惠潮，原伯臣郝尚久，反正有日；輔臣黃仕俊、刑貳臣黃公輔，起義於廣銓；貳臣李士淳、僉憲臣羅萬傑、賴其肖、兵科都臣謝元汴起義於潮；但得蠟詔相通，修矛敵愾之衆，其一呼萬應也必矣。臣方蒿目而思，思得冒險矢貞之士，趨間道，通聲勢，而兵部職方清吏司主事臣包嘉允出自行畿，抵臣行營，抵掌而談，義形於色，臣觀其英資挺特，讜議秀出，倘以此充宣諭之使，銜漳國臣成功及八閩諸紳士之敕，必能丕暢皇靈，令海隅率俾，士氣百倍又如。兵部武選清吏司主事臣邢祈長，蕭條困處，蓬居塌戶，不蔽風雨，泊如也；臣進而扣之，勵以艱貞之節，遂能不辭跋涉，遠之潯橫，晤同官臣晏清，共商機宜，聯絡近遠，倘獲給以粵中紳士俊、公輔、士淳、萬傑、其肖、元汴及伯臣尚久等各劾，臣即令之直趨虎賁營聯絡花山，由肇廣溯惠潮，其從茲百粵風動，皆帝光之及也。」（〈耆舊集三十三〉）

時潮鎮郝尚久密奏以全潮歸正，旨特敕潮為故臣書家，豪傑黃奇遇、林紹竑、吳六奇、郭之廉等九人以兵部員外郎起用，哨集兼旅，以應西師。事洩，尋敗。（〈郭譜・年月志〉）

十一月朔，巡督田西、後田、草塘諸閘。時大兵入雷州，移攻木內閘，連戰十餘天，大勝。（〈家傳〉、馮奉初撰傳）

十二月，之龍門，至牙山。（〈家傳〉）

按：〈忠逸傳〉以先生晉東閣學士及禮兵尚書以下至攻內閘等事，繫於壬辰之春及七月。茲據〈家傳〉及馮奉初撰傳。道光〈欽州志〉一：「牙山，州東南一百里龍門外海之東，距龍門六十里。海中峙起三峯，形如排牙。距排牙山二十里，名金鼓嘴，迤東為鳥雷港，迤西為馬鞍山，皆海外扼吭之地。」

六年壬辰（清順治九年），西元一六五二。先生年四十六歲。

正月十六日戊子，孫可望遣總兵高天貴、耿三品、王愛秀等迎扈。（《小腆紀年》）廷臣從者，文武止五十餘人。（〈南略〉）

二月初六日戊申，帝至安隆所，改名安龍府。（〈紀年〉）所居宮室卑陋，服御粗惡，將吏罕人臣禮。

四月，先生移舟貴明（欽州海島）。

五月，移舟雙墩（仝上）。

七月癸酉，李定國復取桂林。

八月十八日，建極殿大學士朱天麟卒於西板邨。

是月先生泊馬鞍山（欽州海島中），舟覆，三妾二女沒於珠澳。

按：〈內文集〉〈淸明悼亡詩序〉云：「壬辰秋，五節沒於珠澳。秋八月，舟泊馬鞍山，夜，颶風盛，室人促過臣舟；舟即漂出海口，仍碎於巨石，從鼓濤奔浪中，獲登絕島，越日颶風息，覓小筏之牙山；前舟已覆，家人盡沒，幼妹至時年方十三耳。」時家人五人，三妾一女一侄女，先是五人因亂，誓志不屈，風起，一繩相繫，沉海不絕，逆流至先生筏前，得以收葬。先生具疏，特請奉旨褒卹，祭葬一所，表其墓曰五節。是歲慰勉之勅凡三至。（〈家傳〉）

構椽以居。〈所思集〉中有〈壬辰避地馬鞍山，治一枝未就。茲春聞儆，復於前址構棲，感賦詩十律〉。

十一月，帝密敕西宣王李定國入衞。時可望設內閣六部，擬國號曰後明，畫堯舜禪受圖，有僭竊之意。

是年淸師至雷，擒高雷總鎭海康伯李明忠。（〈雷州志・沿革〉）雷人王之翰據西海一帶。（仝上）

七年癸巳（淸順治十年）西元一六五三。先生年四十七歲。

正月人日，先生自號三士道人。

自序云：「癸巳人日，自號三士道人。何言乎三士？余出身由進士，選館爲庶吉士，歷官大學士；所求乎臣，未能一敢，問其次，至於三職，思其名，可不同於艮士之瞿瞿乎？曰三士何言乎道人？今之自標者，曰漁父、曰牧子、曰耕夫、曰樵叟，同曰道人也，余從同，同可不道人乎？若有人兮山之顚、水之湄，身在江湖，心懸魏闕，進憂退憂，獨善兼善，展如之人也，可以爲士矣。我生不辰，有志未逮，未聞巢由之買山，竊愧陽襄之入海，我不敢知；曰不降不辱之民，我則異是，我亦不敢知；曰避地避人之士可同？斯觀世觀生，終未望乎素履，思山思隰，獨永歎於滄州云爾。」（《所思集》）

二月十五日，移居蓬羅山。

按：道光《欽州志》：「大觀港在州東南九十里，其東爲蓬羅港。」

序云：「馬鞍一枝，粗得休憩，羣居逼襍，回祿頻驚於左右。遂以仲春之望，溯汐蓬羅，拾溟渤之大觀，就幽深之窈谷，非薄於海而厚於山，我愛其靜，遠斯囂煩而已。登彼蓬陽，瞻望島嶼，日月烟雲，靡不記覩，時廼惠風和暢，羣青奔目，高林肅錯，歷落相比，森森於上陵下麓之際者，惟蒼松千百株。山之近民，既以煮海爲業，不暇治山，青莎襍樹，復不與諸松爭嶢瘠之土。人亦有言：『松竹有林，及爾臭味，拾予其誰屬哉！』」（《所思集》）

二十二日，新泰侯郝尚久與恢剿總兵蔡元督同副將蔡俊、蔡傑等舉潮州反正。元遣參將管萬賓奏至先生行營。（據先生爲《全潮恢正疏》）

先是先生在梧州，已謀結納二人，請加尚久新泰侯，蔡元以恢剿；既得報，遂奏請加元太子少保，實授後軍都督同知、挂鞏湖將軍，給勑印。亦遣管萬入奏對。（《耆舊集》、《忠逸傳》）

時清惠潮道沈時、知府薛信辰，再事與尚久抗，尚久憤甚，會尚可喜以其將劉伯祿代之，而檄尚久爲參將，尚久遂執時、信辰，與故明南京禮部尚書黃錦、襄陽知府鄒鎏、太僕寺少卿梁應龍、兵科給事中洪夔奉永曆正

朔，據潮屬各縣。（《小腆紀年》、〈忠逸傳〉附尚久傳）

按：沈時署巡道爲順治六至七年間事，不與薛同時，薛在八至十一年間。尚可喜以劉伯祿代郝，檄郝爲參將事在三月，故〈小腆〉、〈陽秋〉以爲尚久叛清在四月。疑尚久先聞，其子不待檄至而舉義也。《行在陽秋》、《小腆紀年》均以尚久反正在四月事，今據郭之奇疏，知舉事爲二月二十二日。

五月四日，颶。有〈颶風行〉。（〈所思集〉十）

作〈胡無人〉四章。（仝上）

六月四日，潮陽再陷。（《行在陽秋》）

六月攻竹山，將犯潮陽；碣石兵迎戰於華陽，陳萬權當先赴敵，郝兵敗走。（〈潮州忠逸傳·尚久傳〉）

先生重葺山居，作詩九絕。

序略云：「敝廬既傾，課奴重葺……三旬竣事，息諸童豎。於組署之朔因書，滿目微勤，勸之以九歌，後之居此者，亦當有感於斯作。」（〈所思集〉）

又有〈蓬棲及空山中有詩〉

閏六月初九日，李定國出師廣州，攻肇慶。（〈陽秋〉）由闕建抵府城。（〈高要縣志·前事略〉）

二十六日，總兵周金湯取遂溪，守將陳琪降。（仝上）

七月，李定國復化州、吳川、信宜、石城，以施尚義守化州。（〈陽秋〉）

十三日，定國取賀縣、平樂。（仝上）

按：是時定國勢張甚，尚久復反正，人皆以中興可望。

勑諭再至，改督師爲視師。先生有詩二首紀其事。（〈所思集〉）

按：羅萬傑撰墓誌云：「甲午春，改督爲視。」又〈家傳〉：「九年乙未，督師改爲視。」。

閏八月，耿繼茂與靖南將軍哈哈木統滿、漢兵十萬，以閏八月至潮，吳六奇、蘇利引兵來會，蔡元、許龍亦棄尚久，後附於清，合兵圍城。尚久遣部將楊清時乞援於鄭成功。九月十一日夜二鼓，舟師自東門入，尚久退金田山壘，與子堯投井死。（《小腆紀年》、〈尚久傳〉）

九月，潮州再陷。郝尚久父子投井死，潮州道李兆京死之。（〈陽秋〉）

十月，先生至防水練水軍。（〈家傳〉）

有〈初冬十二至防水見黃花喜吟詩〉（〈所思集〉十）

按：清師以八月初五攻陷石城、遂溪，十月尚可喜陷吳川，殺陳彝典、陳其策，故先生退守防水。

先生以潮郡復陷，上疏優卹，並陳拯救之方略云：「臣於七年十二月二十日，據鎮臣□□齎奏管萬塘報恢復情形，隨經兩疏題奏。不虞臣郡，運當百六，於七歲閏八月復爲强敵所破，侯臣郝尚久血戰三日夜，迫於內變，投井而死；城陷之後□□□□□□□□□□□□□□□□不屈而死之；鄉紳則有原戶部主事林佳抱其父先臣忠宣之柩，詈罵而死；其餘士庶，難以更僕，今其存者，僅鳩形鵠面，煢獨無告之殘喘耳；此誰非三百年噢咻生聚之餘，義不負國恩而一旦至於此極也？伏惟聖明惻念，念以死勤事之勳臣：功最高，節最著，於侯臣尚久，全畀五典，並死忠死孝之林佳，從優贈祭；諸被難最慘之家，侯恢復後，勅地方官覈寔議卹。臣前所請奉旨之勑宜速行補發。太常少卿臣辜朝薦，毀家避敵，現依勳臣成功，左右拮据，資望著於中外，忠憤盈於懷抱，宜勑部會推樞貳或發實推閩撫；僉都臣羅萬傑，兵科都臣謝元汴，苦節抗敵，百折不磨，宜勑部會推樞貳僉都；又太僕少卿臣鄒鎏，臣梁應龍、吏科右給臣洪夢棟，監軍兵科臣陸瀁波，各宜分別陞擢；兵部試主事臣袁龍、夏光天、楊宮、林紹竑、郭之廉、林雋胄，宜實授職方，以冊立恩給之誥命。臣雖屢奉便宜委任之勑，然小心翼翼，臣子之誼，誠慎之重之，不敢不一一題請也。」（〈耆舊集三十三〉）

八年甲午（清順治十一年），西元一六五四。先生年四十八歲。

正月朔，帝在安龍府，以吳貞毓爲大學士。（〈陽秋〉）

先生在防城，有〈防築初成即事詩〉。（〈所思集〉）

監國魯王，移居南澳。（《小腆紀年》）

二月，李定國入高州，張月降。（〈陽秋〉）

鄧耀設快馬船於欽州石灘，爲海上封鎖之計。（〈欽州志〉）

三月三日，先生舟次龍門，有詩。（〈徂東集〉）

得晋文淵閣及太子太保之命，作〈媿感詩〉三首。

按：〈家傳〉繫晋太子太保加文淵事於九年乙未二月，與集異。

十三日，由牙山之雷州。十七晚抵樂民所，有〈聞西師下高涼及宿樂民所詩〉。（〈徂東集〉）

作〈十八忠節吟〉。

按：是月孫可望殺大學士吳貞毓等十八人，先生詩即紀此事（詳〈南略〉、〈安龍紀事〉及《小腆紀年》）。

李定國入高州，道經雷、廉、破之。淸將先啓玉降。（〈雷州志・沿革〉）

按：《石城縣志》：「定國率騎兵數萬，象十二頭，由西粵突至。」又陳舜纂〈亂離聞見錄〉據當日目擊，定國入高州，實在甲午十一年三月二日。

四月初十日，李定國兵至雷、廉，攻復羅定、新興、石城、電白、陽江、陽春等縣。（〈陽秋〉）時可望憾定國益深，定國恐其來襲，故出掠雷、廉以避之。（《小腆紀年》）

六月，李定國攻梧州不克。（〈陽秋〉）

作六賢祠，祀寇準、蘇軾、轍、李綱、趙鼎、胡銓，爲詩六首志之。（〈徂東集〉）

按：集中〈六賢祠詩〉繫在立秋前，作於何月莫考。

作〈東征頌〉百韵。（見〈徂東集〉）

七月，太監劉九皐齎永曆詔航海至閩與鄭成功。時帝駐蹕潯州，被掠於南陵，從行者惟嚴起恒、王化澄等，因遣九皐從龍門渡海，求援於成功，成功整師趨粵，至潮陽港蓬索壞，不果行，回扎金門。（〈臺灣外紀六〉）

按：據〈小腆〉，嚴起恒於永曆五年爲孫可望將賀九義所殺。據〈小腆紀年〉，王化澄已於永曆四年降淸。又南陵或即南寧之誤也。（〈小腆〉）

立秋前三日，由樂民之高涼，初秋朔抵步，有詩。（〈徂東集〉）

八月中秋，先生在高涼，作〈秋月篇〉。（見集）
二十八日，道經大墟，有七律二首。（見集）
九月至陽江。重九登高之會九人，值暮雨，作〈九秋篇〉。（見集）
十五日，發鼉江，之百宜，有詩。（仝上）
晦日，在宜山中作〈秋招詩〉五首。（仝上）
十月，李定國圍廣州。（《小腆紀年》）
陷高明，進圍新城。（《通鑑輯覽》）
先生有〈五羊秋〉、〈五羊冬〉詩二首。
集中有〈王師以季秋晦拔高明，冀露布遂達行戩〉十絕。
按：是事〈陽秋〉、〈紀年〉均不載。
十一月六日，先生發自百宜，經開平，馬上有詩。
十一日抵新會南開，會李定國之師，有詩紀之。
十三日冬至。與胡衞國率諸文武，設龍位，行十二拜禮。（《徂東集》）
是月鄭成功遣林察督、王秀奇、蘇茂配戰艦送林雲璿奏旨行在。並會定國合師。（《小腆紀年》）
十二月初六日，李定國攻新會。（《陽秋》）
十四日，清援兵至，困遂解。

定國既入高州，遂進圍新會。知縣黃之正死守，不下。是月十八日，平、靖兩藩協同將軍朱馬喇，統領滿漢兵戰於河頭，用火箭破其象陣。定國大敗遁去，結筏而渡，奔回廣西。（《雷州志・沿革》）

先生有《致敗詩》，其序略云：「十四日□□大至，王師一戰而潰。潰者何？敗之忽也？如水之忽爾而潰也。兵不諱乎敗。此何以書致？致之自我，不予口以能也……泓之戰，先後一揆矣。」又有「聞閩師數百艘至澳門，喜其來而悲其晚……」（《徂東集》）

時尚可喜、耿繼茂急請滿兵會剿。清命都統朱馬喇爲靖南將軍，率江甯駐防兵赴之。可喜結營山顚，伏兵江隘，與朱馬喇合兵敗定國於珊洲。（《小腆紀年》）

廿七日，先生由百宜移居石井，有詩。

按：石井在石城縣，今廉江。《石城縣志》卷二：「石井在城東十五里西岸村前。深七八尺，廣丈餘，不溢不涸；時或久旱，足灌田千百畝。」

督虎賁將軍王興營。（〈家傳〉）

自定國敗，興退保新甯之文村。文村處萬山中，左聯戈壁，右挹大海，地接新會、開平、恩平、陽江、陽春，連廣、肇二郡六邑。興築城其間。去城五六里，四面皆鹵田；田中惟鳥道一線，不得逕入。興負固堅持數年。

是年得詩一百二十六首。

按：自定國攻新會失利還黔，時靖氛將軍鄧耀屯龍門島。所集逋播臣，有兩郡王，一巡撫、六部監有、知府以下凡

數十人，東結凌海將軍陳奇策之援，並解漳平伯周金湯之鬥，近連交趾屬，遠約延平水軍。（《番禺縣志・屈士璟傳》）

九年乙未（清順治十二年），西元一六五五。先生年四十九歲。

春正月，作《稽古篇》諸論，作詩五絕。（《徂東集》）

二月，李定國自高州退入南寧。定國敗於興業，又敗於橫州，遂退南寧。（〈紀年〉）

按：《行在陽秋》：「四月二十六日，定國兵敗於新會，是年清設高、雷、廉總管。（《雷州志・沿革》）

六月，鄭成功取揭陽，遂入普寧。（〈紀年〉）

七月七日，先生第五男不育。卧病石井山中。（〈家傳〉）

八月九日，夫人張氏卒。有《悼內》四絕，見集。

草《稽古篇》。是歲除夕有爲《稽古》諸傳，未竣，漫吟五律，不錄。

是年得詩二十四首。

十年丙申（清順治十三年），西元一六五六。先生五十歲。

正月，帝在安龍，仍改爲安隆。帝塗葦薄以處，日食脫粟。守將承可望意，更相凌逼。

李定國敗孫可望於田州，進扈安龍。（〈紀年〉）

清尚可喜、潮州總兵劉伯祿敗鄭成功將蘇茂於揭陽。（〈紀年〉）

先生於石井山中，築潤石圃。（《徂東集》）

序云：「從石井右行可三里，有山深幽。山之後多巨石，石噴珠泉；日落虹蜺見，天清風雨聞，依稀乎飛流直下三千尺也，俗呼響泉。予激流植援，築室其左，名之曰潤玉圃。夫玉以比君子之德，君子之冥棲於茲，諒非衒玉求售之日矣，故以爲攻之以他山之石，不如潤之以此山之泉。」（《徂東集》）

三月，定國奉帝由安南衞西奔雲南。旣抵曲靖。時滇守劉文秀迓之。居可望第，改爲滇都。（〈紀年〉、《通鑑輯覽》）

按：《行在陽秋》繫於四月。

進李定國爲晋王，劉文秀爲蜀王，以扶綱爲東閣大學士。定國奏先生數年拮据苦心。承嘉賴之勑。（〈家傳〉）《徂東集》有詩三首。

六月，先生之下川。

自閏月五日，病潮熱。

爲集《雜詩二十首》，取古今淸節能言之士二十人（伯夷……）各以詠之（具見集中）。

八月，拔高明。會諸水師同之雷、廉。（〈家傳〉）有詩曰《瞻雲集》。

仲秋六日，自寨門解纜。有詩。

時粵省州縣悉陷，其存者僅雷、廉海中之陳奇策、馮應騮，文村之王興，龍門之鄧耀而已。先生往來海上，委蛇觀變。（〈忠逸傳〉）

按：〈家傳〉紀拔高明於是年。馮奉初撰傳擊於乙未，陳伯陶《遺民錄》本之，相差一年；羅萬傑撰墓誌不載此事。考

《徂東集》有《甲午季秋晦，拔高明十絕》，是拔高明一事，有丙申八月（〈家傳〉說），乙未（馮〈傳〉）、甲午季秋（《徂東集》）三說之異。考定國陷高明在甲午（《通鑑輯覽》作十月、《行在陽秋》作二月，集作季秋），合兵圍新會，當以集所載爲是。乙未定國已退南寧，丙申奔雲南。諸書所載，此二年中無明兵重拔高明事。溫〈傳〉謂一時事析爲二，是也。

九月九日，泊東汕頭。集有詩。

十六日，大會水陸之師。東海之衆，觀者如堵。有詩。

十月四日，先生抵樂民。其詩序云：「自辛卯孟夏，甲午春，合此日而三至矣。」《詔使抵樂民，喜聞季春幸滇之詩》（有詩三首），爲《幸田頌》。（俱見《瞻雲集》）

視輦、雷營。（〈家傳〉）

先生詩第十五集曰《稽古》，共詩一百首，俱丙申年作。

十一年丁酉（清順治十四年），西元一六五七。先生年五十一歲。

正月，次子天禔、叔子天祉間道至樂民趨省。（〈家傳〉）

按：羅萬傑撰墓誌：「丙申，仲、叔二子由間道趨省先生於樂民。」當係丙申自揭啓程，至翌年正月抵達也。據《瞻雲集》詩，二子以是月二十六日至樂民。

朔，帝在滇都。（《陽秋》）

二月，恩晋少保，武英殿大學士。（〈家傳〉）

勃書曰：「倡義孤危之際，雲旅傾依，誓師板蕩之餘，龍驤倍奮。」又曰：「帷幄之籌，爰借出麾旄鉞，令，釐廟堂之策，式宜入秉鈞衡，患難君臣，其延竚倍切也。」（〈家傳〉）

先生有《恩晉少保及武英殿疏辭自述詩》。

九月，孫可望叛，移師犯滇。李定國、劉文秀奉命討之。（〈陽秋〉）

有《雷海秋興》八首。

十一月，又自樂民之龍門，過龍頭沙望莞頭，有詩。（見《瞻雲集》）

是月十五日，孫可望降清。（〈陽秋〉）

明追贈安龍死難大學士吳貞毓以下十八人。（《小腆紀年》）

十二月，明復取南寧。（〈小腆〉）

除夕，先生在龍門，有詩。

十二月戊戌（清順治十五年），西元一六五八。先生年五十二歲。

春，節使漳平伯周毅城。職方郎許作庵由龍門之閩，册賜姓，爲延平王，兼勅會師恢粵。先生有詩作：《周許二君承入直之召挑選所部隨行，有詩》（《瞻雲集》）。

三月，先生附奏粵事有機可乘，其雷、廉、欽、寧闗兩粵入閩咽喉，臣去留爲安危，復須勑慰勞。（〈家傳〉）

五月，清兵分三路入黔。盡下南丹、那地、獨山諸州，會於貴陽。（《通鑑輯覽》）

六月，入上恩州。（《家傳》）

清兵陷遵義。（《輯覽》）

季夏由龍門解纜，自大直登陸至那洞，至思州，俱有詩。（見集）

十二月，先生抵安隆。（《家傳》）

是月清兵入滇，卓布泰兵取安龍府。清兵三路會於平越府之揚武堡。李定國遣馮雙禮守雞公背，張光壁守黃草壩，白文選守七星關。蜀兵出遵義，趨天生橋，由水西直取烏撒。文選懼，棄關走霑益州，從下流濟，師宵濟，遂入安隆。定國使其將吳子聖拒戰，潰走，定國以全軍據雙河口。（《小腆紀年》、《通鑑輯覽》）

十五日，帝離滇都。（《行在陽秋》）

是年《稽古篇》五十五卷成。

按：《稽古集》有《稽古篇》，止於秦漢唐以下，先以詩述其概六首。又《稽古集跋事十絕》，其自序書□□於二年著雍閹茂，乃戊戌歲，知成於是年也。

編年詩有《答光□王贈行》、《之葉邕行》、《斷橋行》、《洗村行》。（見《瞻雲集》）

自序云：「《稽古篇》之作，非作也，述也。取《漢書．古今人表》，正以《春秋》，訂以《左丘》、《公》、《穀》、《國語》、《國策》、《史記》、《通鑑》，求其至當，毋罔古而惑今也。春秋二百四十二年耳，繇邃初迄周秦，前乎此有人有事矣，後乎此有人有事矣，曷爲正乎？春秋正以春秋之義例焉爾。今繇班史所列，分以三科，別以九等，迹其論斷聖仁智愚，上次中，亦拳拳於先師之牙後，何乃折中，無聞名乖義謬貽來者之譏。謫臣以爲班生搦三寸之管，馳騖數千載，仰窺墳索，旁貫百家，扢芳軌於未淪，砥汚觜於既腐，班生之志則大矣。獨悲其蔽乎闇而誤乎臆也。何闇爾？若聖與仁，則吾豈敢，聖仁匪異也。仁者見之謂之仁，智者見之謂之智，智仁非分也。上上曰聖，上中曰仁，上下曰智，懵其旨矣。夫婦之愚，可以造端，雖有下愚，自災其身，猶愈於足智多能之亂賊也。下下之列，獨歸愚人，於勸懲曷取焉？況乎人類既滋羣生，啿啿書契以來，畸踪隱迹，律度量衡，所弗能數，統章元會，所未繇窮，嗟夫！史班探索，鈎致而參伍之，一名一字，或分兩人，此軒彼輊，錯綜矛盾，有繇來矣！若字聖君聖佐，於今爲烈，以及德功差等，忠佞分行。安得阿其所好，外其異己？鴻荒沕穆，結繩之故，不可得而詳矣！蓋亦觀乎三代以來，少康祀夏，帝抒師禹，今古興王。自推弓治，康居上下，杼且中中，甚可詫也。芒泄雖賢，豈能方康？扃僅守府，顧反高杼，此抑揚夏后，不可爲平者。太丁早卒，何聞而並思道之君？辛乙不競，何豎而駕任賢之主？此低昂有殷不可爲準者。至於伊尹元聖，一德齊湯，說命箕疇，心傳稽古，比轍管晏，然歟？否歟？又如宗聖曾子，不如左丘；興周八士，不如諸伶。膠鬲啇容，厠於師涓之列；祝鮀孫賈，廼入史魚之班。繇斯類推，可爲三嘆！即如下下方列，以待元惡，魯隱讓國，莬裘弗終，君子愍之。比諸長狄，不及圉犖，薰蕕倒背，一至於斯！又如武丁謝天，分身河渭；二世積市，殞首望夷，窮兇極暴，載籍稀聞。視夫逃債赧王，處松餓主，喪師墜國，積威使然。宜從哀矜之列，不在痛疾之科。而下中下下，反有軒輊。臣故斷乎謂班史之蔽於闇，而悞夫臆也。臆以成闇，闇以錮臆，雖欲仰瞻尼麓，流漸洙源，終南轅而北轍矣！臣不憚折衷，別爲序次。上焉者爲聖人、大賢、賢者、希賢；亦曰聖賢之號，光被四表；聖人如日，大賢如月，賢者如星辰，希賢如雲漢，三光爲昭，將互相映發也。次者爲畸人，如辟歷夜明，以助化工之神奇。次之爲中人，如暑雨寒風，與四時同消息。爾下之爲妄人、凶人，則霞虹霰霧，天之雜氣；五殘六賊，天之逆氣。最下爲亂賊元惡，則蚩尤枉矢，天之亂象，星移宿易，天之殺機，發於天者見於人，發於人者以人治之而已。總之曰聖人，曰大賢，曰賢者，曰希賢，曰畸人，曰中人，曰妄人，曰凶人，曰亂賊，曰元惡。天有十日，故人有十等也。何謂聖人、聖君、佐聖師、勳放天地，德昭古今，出乎其類，拔乎其萃也。周孔以下，不再見矣。何謂大賢，充實而有光輝之謂大，與夫大忠大孝、至淸至節之謂賢，楷模天下，風起後人者也。何謂賢者？希於聖而賢於人，富强禮樂之英，多聞多見之雋也。何謂希賢之人？不忮不求，必信必果，有所不爲，可以有爲之儔也。凡斯三者，以語夫仲尼之門，識大識小之士，區以別矣。若夫春秋以下之人物，人之有猷有爲有守，羞其行而昌其邦，三者之稱，或稍恕焉。將望古而遙集，亦因時而尚論也。何謂畸人？曰博聞强志，精於術數，工於技能，與夫重言諾，輕死生，氣矜自得之夫，跅弛不羈之侶也。何謂中人？曰希賢之下有中人，凡著職官服，書名氏於經史，遭時際會，附青雲以聲施者，則書之畸人之次。亦有中人習倣流漸，雖小道必有可觀者，亦如子輿子之聖，婁輸師曠，先告子分□舍而巨擘於陵也。何謂妄人與凶人？曰天下之惡一耳，有索塗冥行者，有驅諸罟阱之中而莫知避者，有下愚不移者，有爲不善而惟日不足者，所歸之惡各有已甚未甚也。何謂匪類？曰子弑其父，臣弑其君，姦回陰鷙，爲鬼爲蜮。《詩》曰：投彼豺虎。《傳》曰：進諸四夷。彼哉彼哉，非斯人之徒也。匪類何以有二等？所播之惡，亦有已極未極也。綜前後所列，古今之賢不賢盡於此乎？曰弗盡弗盡。則曷爲書乎？此立少觀多，存其略焉。爾曷爲存其略，書缺有間矣，非書傳所紀言行無得而稱焉，不可以爲有，不可以爲無，不可遽沒其名氏。若夫誦其詩，讀其書，知其人，論其世，立乎今日以指上古，上古之日遠矣；所聞異詞，所傳聞異詞，從同同而闕疑殆。臣不佞，師先聖而述者也。始乎盤古，首出御世人之始也。何以止乎戰國？曰備矣。漢唐以下，有志未逮者，何取乎叙贊論說？臣生也晚，竊取漢宋諸大儒，較諸班史，擇精而語詳也。解嘲分謗，以俟後之君子，則未知其爲是歟？其諸好古闕文之意歟？繇後所述，君師之統八，侯國之紀二十。統者，總也，總天下之大同而歸於作君作師之人也。紀者，記也。記分治之遺法而彰其建侯設屏之意也。附以列傳百，外傳四，總傳三十。傳者，傳也。傳於微，傳於著，一人之言行而褒譏互見，一事之義類而善惡分途。爲百爲四，善善長而惡惡短也。總傳之次，善善而惡惡後，中國內而夷狄外也。終以六訓。訓者，循也，遵也。循天地人之理道，遵皇帝王之典謨，以竊附於祖述憲章之微旨也。三古遠矣，章之自明，述而不作，信而好古，臣惟終身守此勿勿也。故曰《稽古篇》之作，非作也，述也。昔□□拾貳年著雍閹茂之歲，律中黃鐘，賜進士第光祿大夫行在少保兼太子太保武英殿大學士禮兵二部尚書，臣郭之奇謹敍。

凡例云：若稽古鴻荒，冒天下者，三皇德如，五帝功如，三王統至嬴而中絕，道繇孔而日昌，初一爲八統，曰稽古，曰春秋戰國，五伯莫盛於桓文，七雄同歸於詐力，觀征伐之自侯，嗟王者之迹熄，次二爲二十紀，曰若稽古，曰君子疾沒世而名不稱，春秋大夫同道爲朋，戰國人士，從善如登。擇如從擇而改，觀其所感而自興。次三爲列傳百、外傳四，曰若稽古，微微彰彰，其道日光，彰善癉惡，千載旁皇，俾斯人之畏慕，垂汗簡於秋霜。次四爲總傳三十，曰若稽古，曰君子言有方則而行有式，多識前言往行以蓄其德，觀乎天之象，地之域，人之情，物之則，可大可久，而天下之理得。次五爲六訓。稽古之編，初一曰八統，取象乎八卦也，次二曰二十紀，取類於八方十二州也，次三曰列傳百、外傳四，取物於盈，取義於閏也。次四曰總傳三十，取法於惟月也，次五曰六訓，取則於六經也。合爲五，凡五行之理也，分爲五十五卷，天數二十五，地數三十，天地之數也。」

朱希祖跋略云：「《稽古篇》五十五卷，明揭陽郭之奇撰。本書自序題賜進士第光祿大夫行在少保兼太子太保武英殿大學士禮兵二部尚書。其上所載年號已爲人剜去。清代《四庫全書·總目·史部類·存目》載此書，亦云所載年月。上有闕文，第云著雍閹茂戊戌歲，當爲順治十五年。案順治十五年爲明永曆十二年，郭氏所題年號，必爲永曆，爲清所禁書，故清代此書皆剜去其年號，以避禁燬；則此序必作於永曆十二年無疑矣。序中自稱謫臣，蓋其時正由交趾入居雷、廉間已三年也。此書蓋在交趾時始作，至此三年中乃告成耳。至此書之付梓，由其子天禔校字，且稱此書爲《交山遺史》，則作書在交趾，刻成在康熙，之奇已卒，故曰〈遺史〉也。」

（《酇亭書跋》）

十三年己亥（清順治十六年），西元一六五九。先生年五十三歲。

春正月初三日，清兵入滇都。（《行在陽秋》）

初四日，帝幸永昌。（仝上）

閏月十八日，帝幸騰越州。二十日遂行，二十八日帝入緬關，二十九日帝留蠻莫。（仝上）

二月十七日，清兵入永昌騰越州。（仝上）

十八日，帝幸井梗。（仝上）

三月，南寧陷。（〈家傳〉）

先生至龍州。《宛在堂詩集》：己亥禊日（三月上巳）在江州。初七日至思忠練村，聞警。初九日自練州回江州。初十日至龍州板村。十三日憩龍州荒署。十五日發龍州，晚寓香村。十九日寓上石江村。二十日寓上石油村。沿途俱紀以詩。（見《瞻雲集》）

先生以行餞路絕，由思忠（屬南寧）至上石西州（太平府屬，西至銅柱）二十餘日，越數日入南交之文淵州。（〈家傳〉）

清師入滇，音問隔絕。海上諸部亦漸蹙。先生與光澤王儼鐵（按《明清史料》作儼鐵）、總兵楊祥亡命交趾，才數里，入文淵州，州官僦舍居之。（〈忠逸傳〉）

按：《行在陽秋》載是年九月，光澤王儼鐵、大學士郭之奇、總兵楊祥被獲，不屈死之。考先生被執為辛丑八月四日，就義在壬寅八月十九日，此誤。

五月初四日，緬王遣官迎帝。初五日，帝離井梗。初八日，緬王羈帝於孟坑城外。（〈陽秋〉）

是月先生移文淵舊州。（〈家傳〉

仲夏有《題寶英洞詩》，序云：「之文淵舊州一里許……出於已亥仲夏也。」又有《題泉始洞飛液岩詩》，時阮郡請振鐸鐸南邦，先生辭，作《至於斯》二首，詩見《陋吟集》。

七月三日，作《百日殊方詩》（見《陋吟集》）。是月上旬，有《文淵官騎象來謁，詢問天朝捷音》，及《憶新會之北，三十二牙同沒於虜，感作》，《喜傳磨盤之捷，兼聞緬國助兵感吟》三絕。先生雖居夷，猶眷眷不忘君困。

秋八月，第三子天社殤於舊州，年十六。（〈家傳〉）

按：天社即羅萬傑婿。

十月，鄭成功修表遣太監劉九皋同內司鎮中營副將江玉振自龍門間道見永曆，請會師恢復。（《臺灣外紀》九）

按：龍門昔日爲內地近海孔道。

是歲先生手抄《周易》，撮其義爲歌，又爲《讀易詩》四首。是年先生居夷，得詩三百六十首，定爲《陋吟集》，其自序云：「君子居夷，非得已也。素夷行夷，以不得已之心，入而自得，愈非得已也。予以春末抵文淵，一枝暫休，腥氛四逼，慄慄乎若高崖之欲傾，深谷之將隕；恐懼之餘，猶不廢我嘯謌。或曰入山恐不深，入林恐不密；山深林密，思幽調遠，謌聲所自出也。或曰長謌以當泣，遠望以當歸；謌而望，望而謌，即見興懷，有觸於心，若鐘鼓之考，不知聲之發也，是二說者皆然。然予之居夷非得已，居夷而作詩數百，又豈得已乎？（中略）所恨孑影星遁，經史莫隨，偶見次兒手抄古文兩卷，取其愜於心者，韻而爲詩。（中略）古思我獲，陋室堪銘，韻於古者必不陋於今。予以陋吟名詩，志學古而未逮也。或曰居夷何陋，君子之餘思也。詩止於冬臘，四時之氣已備，七日之心可來，陋吟止而頌聲作矣。（下略）（《耆舊集》三十四）

按：是年又有詩十二首，編入《瞻雲集》。

十四年庚子（清順治十七年），西元一六六〇。先生五十四歲。

帝駕在緬甸孟坑城外。

三月，先生自文淵往上祿，移啼雞山。自文淵往上祿，行李從者爲下州洞妖所截（賴常上祿阮文淵聲義執言，仍歸故里）。自上祿往先安至班衣山，爲交人所阻，困泊涼台村。自涼台至江坪，穿山泛海，跋履尤艱，漢夷雜居，殆非人境也。旋卜築草潭，春三月，移啼雞山中。（〈家傳〉）

四月，泛海抵先安之帽山。（在海中交州東南）（〈家傳〉）

五月，泊板則。卜築村中，糧食俱絕。（仝上）

九月，之祿州，旋寓板山，又之那突。（仝上）

清海北道方國棟，總兵張偉入龍門。鄧耀被擒於廣西千隆山寺。（《欽州志・紀事》）

十月，女辰殤，年四歲。（〈家傳〉）

庚子至班衣山，爲交人所阻，泊涼台村；自涼台抵木簰，自木簰抵黃約尤艱苦。自黃約村穿山至馬爹，人跡幾斷；自馬爹抵萬宣，行海坪數十里；自萬宣涉水則漢地矣。自羅洞至松林，由松林至江坪，漢夷雜居之地也。所至殆非人境，結茅以處，猶賦詩不輟。（〈忠逸傳〉）

是年得詩百六十五首，定爲《巢居集》。

是年王興自焚死。（事詳《明季忠逸傳》、陳恭尹跋《王將軍挽歌》）

按：興殉節之年，各書所記不同。惟《續明紀事本末》以爲庚子，疑〈忠逸傳〉從其說。茲據之繫年於此。《番禺志》：興闔室自焚，清兵義之，葬於河南篏箕村，題其墓曰「明虎賁將軍……之墓」。

是時閩受永曆封眷，鄭成功遣楊廷世同劉九皋泛海從龍門間道往粵西，永曆召見，問成功兵船錢糧多寡。永曆大喜，封成功延平王。（《臺灣外紀》十）

十五年辛丑（清順治十八年），西元一六六一。先生五十五歲。

春，自編詩共十八集。自丁卯秋至是年春凡三十五載，得詩二千八百四十首，賦三篇，箴四首，詞十四首，琴操三闋，總曰《宛在堂集》。

《宛在堂詩集》自序云：「憶年十五帖括之餘，間學聲律，呼夏蟲而語冰，執井蛙而問海，必也爲他日羞，詩成輒棄宜矣。既七年讀書中秘，與曹允大、方肅之、劉胤平、徐九一，金正希諸同館，花磚馬背，連裙振轡，揚扢風雅，思不懈而至於古。及休沐抵里，得馮令如陶令唱酬不輟，始有〈馬上〉之刻。丁戊己庚，歷四載爲詩三百，一再削稿，存三之一。由今觀之，少年氣眞狂有意與春競彼一時也。災之木僅志少作。辛未浿游，自虔江抵白水，江山聞見，歲月師資，〈舟中〉獨對，如長日加益焉。流洄瀕溯，遐心呦呦，一吟一咏，不與人事相接。雖才疏闊，鮮達詞源，而晴川芳草煙波，使人詩之性情大可見。壬申家食，獨寐寤歌，爰有〈遂初〉之吟，亦惟吾友宋爾孚，謝儒美披衣朝夕，析疑賞異，志相勗也。此誠得意餘外，徒繽紛耳。由此而落影冰天，含香粉署，洎分桐漢水，歌鹿嵩河。歷癸酉甲戌乙亥丙子，有〈感遇騈懷〉，〈立言〉〈秋思〉之作。數載孤憤，間多嶔崎歷落之鄉音。前輩文文起，廼以余出翰林，官祠部，凜然欽其風節，謂諸作爲不朽大業，而黃可遠則曰：仲嘗頃不得意於詞林，詩宜稍阻，顧益勇爲弗衰，古詩之復，其以仲嘗爲功首。二先生之意，夫各有所重也。嗟夫！人自負詩耳，官能阻人哉？一陽發陰，氣含公鼎，彼蒼海千秋朱鳥，名繫者果何人歟？余是以散古史於左右，置風騷於後前，起作者於千載，求得失於寸心，心幾疲於弱歲，其益勵於來茲也。乃不幸而有何恃之哀，罷蓼居廬，繼而分荊愴魄，餘掛傷魂。閱丁丑戊寅己卯，詩不能半百，總附〈秋思〉之末，然閉門一室，破涕爲歌，新詩改罷自長吟，非苟焉而已也。庚辰〈出谷〉，攜小草入長安，則有前輩蔣八公、黃可遠、王覺斯，吾友宋文玉、方肅之、徐九一，一時星聚，諸君子皆詩伯雄海內，金薤之垂琳瑯，寶光之燭牛斗，互相映也。余不揣實，左櫜右弭，與之昇崐崘，躡姑射，羅縷根角，挈攜隬維，屬思微茫之表，移情窗寞之中，於戲盛矣！八公之敍余曰：營芝鸝鵡諸賦，幾淹江鮑，五言古詠懷，何必減嗣宗元亮；湖江八律，逼似《秋興》。淮南王諸樂府，置漢人中殊不可辨。嗟夫！余詩何能及先生言，而吾友文玉廼歷取前後諸集，次第於評，以證功力之疏密，氣候之淺深，余用以勸志，且相讀書。自是而視學七建，諸同人若惝怳有失者。讀肅之祖余之詩曰：簪裾滿京華，斯人獨憑軾。九一之詩曰：拓落君特甚，風騷自千古。何言之悲也？驅車而南，以近作示琴張子公亮，公亮輒憮然爲間，曰吾於海內罕所低首，讀先生近集，而吾家句曲三峯，或未能與揭嶺爭高下。於戲！「文章有神交有道」，余方悲離索於塵風，而後傾懷於白雲，有以也。辛壬癸甲，矻矻鑄人於八閩，郵筒所至，輒閉目不敢視，微黃幼冲先輩，貴孤騫之鳳羽，藹岡梧之雲物，斯道崐源，其不悲蕪沒於暮芳，嗟薈蔚於朝隮者鮮矣。先生之贈余曰：「巨秤出袖間，雄風播海內，約此玄冥籥，以作昭明韛。又曰：先生秉文珌，遂與六子績。以爾伯夷風，煥爲多士勗」，即以此言贈先生也可乎？〈閩辭〉諸作，每篇之中輒寄意焉。余之情既見乎辭，亡何而國難遙聞，攀髯長痛。疲津息影，避阱於乙酉，陷邑於丙戌，悲何怙於丁亥，於戊子，四載幽思，愁嘆苦神，永懷自廣，總標之曰素得，中列九九篇，則自揭陷至脫身，爲曰九九，日各有詩，志阨也。若夫蟬蛻戈革之中，低昂舒戚之際，囚神鬼於幽玄，弄鯨鱷之牙尾，每於慘淡經營之中，輒存蕭疏曠遠之意，倘所云素位而行，無入而不自得者，以〈素得〉之歟？抑以詩行素歟？光華〈復旦〉，負羈紲於肇梧，綿蕞之餘，稽古是力。由戊子而已丑，而庚寅，漫賡〈復旦〉之篇，一之日□氛再播，辛卯壬辰，兩粵胥淪，由癸巳及辛丑，九載驅馳，東西迭鬨。自避地南交，及修矛東土，復有〈海上〉、〈所思〉、〈徂東〉、〈稽古〉、〈瞻雲〉、〈陋吟〉、〈巢居〉之什，是惟榛苓繫目，涯角驚心，長歌遠望，間以奚囊當紀事，所冀回板蕩於疾風，成中天之日月，海內同聲，相逢夢寐，或有存者，執手而遊，汗漫披腹，而呈闔閭，其以是日乎？於戲？兵興以我，詩亡道喪，有由然矣。迴念昔者，如影海、如化城，如無何有鄉，故姑取前詩，保殘追軼，次第篇列，未及前賢，更勿疑也。嗤點流傳，復何畏乎？李杜文章，垂光焰於萬丈，盧王翰墨，存體製於當時，今之學古人者，亦各有能有不能也。余不能綺麗陳隋，仰齊梁之後塵於千載，亦何必模稜漢魏，失邯鄲之故步於平生。然則今日之次第諸詩，宜自見乎其已及者，而勤乎其未及者可也。大雅不作，眞濫誰分，我法孤行，甘苦自諳，余不及古之人也；如見其不及而不止，於戲？其稍益也哉。總前後諸詩，曰〈馬上〉，曰〈舟中〉，曰〈遂初〉，曰〈感遇〉，曰〈騑懷〉，曰〈立言〉，曰〈秋思〉，曰〈出谷〉，曰〈閩辭〉，曰〈素得〉，曰〈復旦〉，曰〈海上〉，曰〈所思〉，曰〈徂東〉，曰〈稽古〉，曰〈瞻雲〉，曰〈陋吟〉，曰〈巢居〉，凡十八集，詩二千八百四十首，賦三篇，箴四首，銘十首，詞十四首，琴操三闋，自丁卯秋至辛丑春凡三十五載，前後序評，則前輩董公其昌，李公孫宸，何公吾騶，陳公子壯，文公震孟，黃公道周，蔣公德璟，倪公元璐，傅公冠，王公鐸，文公安之，黃公景昉，友人馮君飆，宋君玫，劉君若宰，何君瑞徵，曹君勳，方君拱乾，徐君汧，金君聲，姚君思孝，朱君天麟，宋君兆禴，王君化澄，鄒君鎏，羅君萬傑，夏君允彝，張君明弼，張君家玉，謝君宗鍹，凡三十人，其中品次獨詳，心心相勗，則八公，可遠、文玉、肅之、允大、九一，公亮、儒美八君子也。昔辛丑春日揭朝詩人玉溪子書於南交山中。」

帝在緬甸孟坑城外。（〈陽秋〉）

六月十九日，緬酋殺文武官僚三十餘人。（〈陽秋〉）帝左右僅存眷屬二十五人。（〈南略〉）

秋七月，先生移居板及。（〈家傳〉）

按：先生《巢居集》收詩有八十五首，均在被執之前作。

長子天禎附家報，勸先生歸。先生責之曰：「予以眇躬爲綱常謀，雖有家，義不得顧。非不念子弟姪，而愁然興懷，瞻故都，眺邱隴，而愴然志傷以悲也。光復則歸，掃壟有日，陸沉則望鄉無期。兒繼吾志，葬吾祖、吾父、傳吾文，予蔑復有言矣。」（〈家傳〉）

八月四日，與光澤王儼鐵，總兵楊祥，爲交夷永福誘執，獻於兩廣之使。（《明清史料》）時次子天禔被夷人毆擊幾斃，猶扶創追隨，越三日至明江，創甚，乃留仲弟於明江，獨與義子天祉（〈史料〉作天禧）就道。途中作《八月四日作紀事詩》，（〈家傳〉）詩云：「十載艱虞爲主恩，居夷避地兩堪論，一時平地氛塵滿，幾疊幽山霧雨翻。曉澗哀泉添熱血，暮烟衰草送歸魂；到頭苦節今方盡，莫向秋風灑淚痕。」其二云：「成仁取義憶前賢，異代同心幾自鞭，血比萇弘新化碧，魂依望帝久爲鵑。曾無尺寸酧高厚，惟有孤丹照簡篇，萬卷詩書隨一炬，千秋霜管俟他年。」（內文集）附禮部殘題本順治十八年十月二十八日《准兩廣督臣李棲鳳咨爲報解僞王官事內開》：「順治十八年九月二十三日據馬提督分巡左江道塘報稱（中略），接安南輔國故東致鎭道內稱：案照本國臣事天朝，惟以恭順爲心，昨見咨來使夾剿海逆鄧耀，即爲剿除，俾上國得寬一方之憂，續見移會各詞，使擒獻僞王僞鎭，已屢差偵探，但避爲避匿山林，變易姓名，假爲庶民，未知眞僞，難於應命。茲始查訪的實，竝郭之奇等，已差調就關上，交付獻納，以息上國遺患之憂，以昭本國助順之義論情。又據諒山處文淵州都督韜郡公建祿，爲具牒呈報事。本年閏柒月初四，蒙道牌等固奉此依東齎公文，投遞本國王，令遣朝官已擒僞逆，獻納關上，與差官領行解獻，合備緣由具牒等情，各列鎭道即行，南寧府同提督中軍遊擊佟天年點押。僞光澤王、僞閣部郭之奇、僞總兵楊祥、李聯芳、張仕朝等，赴公衙門。本鎭道會同並南寧府署印，同知薛爾賓，推官李廷棨，宣化知縣王原朗，署思南副將事李明，遊擊楊國榮會審。」（《明清史料》丙編第十本）又《光澤王朱儼鐵等事關題詰殘件》：「計問僞光澤王朱儼鐵，妻室蕭氏，家人四名周鳳、陳祥、吉兆、進貴，丫頭四口宋氏、紀氏、曹氏、方氏，以上共拾名；僞閣部郭之奇，妻室張氏，病在廣東，男壹名，郭天禧，家人一名，郭有義，以上共四名口；僞總兵楊祥，妻室劉氏，又劉氏、王氏、李氏、吳氏、伍妹、四妹、三大，家人捌名，楊進賓，陳二，李四，張鐃，仁素，陳奇鳳，周瑞，白生，僞水師李聯芳，妻室黃氏，妾吳氏，男叄名，李祉祐，李兆生，李亞淩，孫媳孀婦梁氏，家人壹名，李亞三，丫頭二口，大妹、細妹、以上共拾名口；僞水師張仕朝，妻室葉氏病故，妾姚氏、黃氏，男二名，張大苟，張細苟，家人二名，王子，陳亞養，以上共捌名。通共男婦肆拾玖名口。郭之奇僞視師銀方印壹顆，僞軸表殼拾壹道，僞誥軸黃綾貳件，黃絹僞勅諭弍道，黃紙僞勅諭捌道，僞勅封伏波將軍黃勅二道；楊祥僞勅諭壹道，僞令旨劄道，僞兵部勅合二張，廣南府糧册壹本，解銀批壹張，廣南土知府農鵬啓本壹個，袁洪年手書臺扣，王三才紅單壹個，抄白僞勅將軍王才勅壹道，僞銅印壹顆，木雕僞將軍正印壹顆；又僞王朱儼鐵，僞閣部郭之奇，僞總兵楊祥，僞水師李聯芳、張仕朝，各隨訴詞壹張。」（《明清史料》丙編第十本）

按：又據〈史料〉載，順治十八年九月廿七日，先生男天禧〈狀訴〉稱「父原任大學士郭之奇，因疏參孫可望，避地交南。因交彝韋永福謀殺劉監生主僕，罄捲寶物。禧父正言規責，以此生仇，乘機刻害，幸際部院差官陳端超在關招撫光澤王及楊祥等，劉監生家丁羅有得，脫身至關告知差官，書達彝官救父，送出將勅印誥命等物，開單察繳，詎料諸差欲以爲功，聽思明土官黃戴炫賄囑，曲稟左江道插入楊祥等一案」云云。此當日先生被交夷誤執經過，可補家乘及諸書之缺。

八月初七日出南關，十四日至太平，廿一日至邕江（南寧）。

九月七日，過烏蠻灘，謁伏波祠。十三日，泊藤縣。十五日，抵蒼梧。念二日，抵端水。以上沿途均有詩。既抵肇慶，兩廣李棲鳳禮待有加；先生不爲少屈，手書示天禎，曰：「予負國重恩，義當死成吾志爾；事之廢興，天也。」旋咨回桂林。（〈家傳〉）

十月十五日，上馬灘至昭平。廿三日至陽朔。（有《西奥石峯篇》）

十一月一日，冬至，午移桂城，寄城隍廟，有詩云：「年年日至爲誰至，忽忽時來愁又來，惜寸惜分憑一線，觀微觀動倚諸灰；未知人事長和短，且任天心去復回，滿目寒烟空際攪，暮光誰許數峯開。」（內文集）

九日，諸當事集廟中詢避地始末，詩以代供云：「明室孤臣抱苦忠，十年逋播此微躬，苞桑無地堪休否，詎麥何人許共同。〈稽古〉漫留〈洪範〉在（避地著《稽古篇》百卷），生今那得哻冠終，便教扶亡我安適，誰念西山薇盡空。」（〈內文集〉）一日，諸當事集廟中，詢入交始末，曰：「汝何願？」先生應之曰：「余何願哉？余登籍三十四年，身爲大臣，尺寸未立，生有餘愧，死有餘責，流放誅殛，引頸以俟，早一日則一日之賜也，余何願哉？」或呼僞相國。先生曰：「明有天下幾三百年，二祖十五宗之勳業，焯焯照天地間，何謂僞？諸人咸食舊德，一旦臣事新朝，遽以僞相加，可乎？天下後世，其謂之何？」（〈家傳〉）

十二月二十四日，吳三桂兵入緬境。（〈陽秋〉）

是月三桂兵至舊晚坡。初三日緬首叛執帝獻於軍前。（〈陽秋〉）

除夕，先生羈館，讀〈老〉〈莊〉，賦詩十首。

十六年壬寅（清康熙元年），西元一六六二。先生五十六歲。

正月十三日，吳三桂以帝還滇都。（〈陽秋〉）

按：《小腆紀年》作三月丙戌事。

春，在羈。定《道德經》爲六十四章，繫詩十八首，序云：「晉王弼注《道德經》八十一章，段落紛駁，予竊取羲卦，定爲八八，以《易》配玄，由玄參《易》，道非常道，名非常名，觀有觀無，知終知至，衆妙見於今古，四德行於乾坤。豈惟函谷五千，牛背生人間之紫氣；將使庖犧一畫，龍德歸君子之粹精云爾。」又檃括《南華經》，述內篇六言七章，讀外篇四言十五章，雜篇述五言十一章。

清明，賦《悼亡》二首，序云：「予自己丑秋鰐江解纜，遭時多故，未能合嚴殯於慈丘，四尺有待，雨淚終垂。由是泛泛東西。壬辰秋，五節沒於珠滇；乙未秋，內子喪於石井，並一子弗育；己亥秋，闕兒沒於文淵；庚子冬，辰女殤於祿平。諸櫬分置一方，各未歸淺土，雖魂氣無不至而山川絕阻，死而有知，不知其聚怨何所也。今予且覊縶此地，自冬徂春，雨露旣濡，淒淒默默。能不默默然四望而魂銷乎？退之有云：『致爾無辜皆我罪，百年慚痛淚闌干。』予之明發有懷，固百身莫贖，而今前後妻妾四，大小兒女五，飄隕若此，其慚痛爲何如乎？」詩云：「死別生覊倍黯然，桂江榕浦共朝烟，松楸在目三千里，戈戟藏身十四年。故國方誅駝馬料，荒塋孰掛鬼神錢？眼看數日殘春了，五月書郵竟絕傳。」其二云：「晦晦明明此日天，生生死死孰相憐？餘身久作青編汗，諸髑誰分白打錢？絕壤魂迷風雨外，故丘目斷水雲邊，腸迴九曲千輪轉，淚浥三春萬點漣。」

夏，讀《易》，爲矯志、勵詩各二首。

四月十五日，吳三桂弒帝於雲南。

先生聞永曆帝在滇被害，作《滇嘆》三首弔之，其辭甚哀，詩云：「日落風飄萬里雲，天陰雨墜百城氛，金戈鐵馬威靈怒，白骨青燐怨恨紛，哭野安知夷夏鬼，戰場誰繼古今文，沉沉幕幕傷魂處，姓滅名銷那可聞？」（三首錄其一）

八月十九日，先生被害。

帝入緬甸，光澤王儼鐵，總兵楊祥亦亡入其地，交人懼禍及，並執送廣西，兩司以下官多先生門下士，委曲諭降，不屈，飲酒賦詩而已。祥，蜀人，不識字而以忠義自許，同日遇害，望西叩頭謝恩，危坐就刑，神色不變，觀者無不流涕焉。（《小腆紀年》）

自被執至授命，計羈居三百七十五日，日惟賦詩見志。詩二百七十五首，其眷君、愾國、憂世、傷民，每寄托於山川雲物間。（〈家傳〉）

按：黎士弘撰小傳云：「先生就義之日，慷慨從容，面無改色；康熙元年八月十九日也，莆田薛生英舒親見之。李世熊《寒支集》亦云，與〈家傳〉合。」

子天禔與莆田門人薛英舒扶柩歸。（馮奉初撰墓志）

考異

《行在陽秋》：（明季稗史本）作之琦。又誤以《十載》、《艱虞》二律爲絕命詩。又誤以清師陷潮州時，謂大學士郭之奇、禮科給事中郭朝薦相傳殉節。

《永曆實錄》：卷二十有〈郭之奇傳〉。一誤以先生爲東莞人，又誤以先生曾爲河南□□知縣，又誤以先生降清。

黎士弘撰小傳：文載《宛在堂詩集》卷首。士弘，長汀人。先生按試長汀所取士。此傳詳先生在閩時事，又謂莆田薛英舒親見先生就義，足正他書之誤。惟謂先生出入兩粵滇黔，則非。

傅以禮

《殘明宰輔年表》：

永曆三年郭之奇太子太保禮部尚書，二月以原官兼東閣大學士，在楊畏知前。五年，之奇二月遁入交趾，後爲交人執送軍前，不屈死。

按：〈家傳〉：永曆三年八月，之奇始赴行在，拜禮部右侍郎，表誤。拜東閣係五年二月事。又五年二月泛海之啼雞，其後仍督師雷、廉。謂遁入交趾，亦非。

卹　諡　攷

：郭之奇，文淵閣大學士，吏、兵二部尚書。揭陽人，明亡，跋涉閩、粵、滇、黔，來數萬里。後聞孫可望殺嚴起恒，團聚鄉勇，守樂民所，爲陳奇策等聲援，後被執，至廣西省城，不屈死。

溫睿臨

《南疆逸史》：卷四〈列傳〉十八，有〈郭之奇傳〉，記晚年播遷雷、廉、交趾事極詳確。溫氏《明季忠逸傳》全錄其文。

按：各家爲忠節立傳者，惟此文爲最可從，似睿臨曾見過《宛在堂詩集》。

李世熊《郭宮詹傳略》：文見寒支二集卷四。

桐城派前期作家對時文的觀點與態度

鄺健行

所謂時文，本泛指某一時期流行的文體。宋元以來，專指科舉考試的文字。各朝科舉考試的文體不盡相同，「時文」一詞的具體內涵也隨之而異。宋代考試作賦，當時便稱賦爲時文。吳沆不肯看時文，說「通經行先王之道，作賦何爲」[1]？明清兩朝，士人口中的時文，則指用以考試的制藝（或稱制舉文、舉業、經義、八股文）。題目用「時文」，取其有與古文相對之意，那是「制藝」等名稱顯示不出的。

桐城派是一個以繼承唐宋諸家文統、提倡古文寫作的文派，和時文本來沒有甚麼關係。然而派中作家都生長在一個以時文作爲考試和仕進手段的時代，每個人都擺脫不了學習、接觸和鑽研時文的過程，這便不免引起這樣的問題：他們對時文有甚麼看法？他們的時文觀點和寫作跟古文的理論和創作之間存不存在影響的關係？一些學者在論述桐城派古文時，對這等問題倒不是完全忽略，只是談得過於簡單；甚至不作分析說明便遽下結論，對讀者的理解幫助不大。本文的目的，希望能對桐城派前期諸家有關時文的種種作一較深入的討論，以求對桐城派古文有進一步的認識。

所謂桐城派前期作家，指的是戴名世、方苞、劉大櫆、和姚鼐。方、劉、姚是桐城三祖，早有定論。戴名世撥入桐城派，主要是近代學者的意見[2]。從比較寬鬆的標準言，他們的意見很是合理。戴、方、劉、姚四人除了古文有名氣外，時文也享盛名。戴名世自稱他「以舉業之文爲世所推」[3]；方苞給《南山集》寫序，也說戴氏「少以時文發名於遠近，凡所作，賈人隨購而刋之，故天下皆稱褐夫（名世字）之時文」。方苞年輕時被人目爲「江東第一能文之士」[4]；一般人願意跟他結交，也是因爲他的時文寫得好[5]。而乾隆初年的《欽定四書文》，由皇帝委派他負責編選工作[6]，更能說明他的時文造詣和名氣。劉大櫆和姚鼐，有人認爲並不曾以時文能手著稱[7]，其實也不盡然。方苞即明白稱賞劉大櫆在詩古文辭以外，還「精於時文」[8]。嘉慶道光之間的吳德旋甚至把劉氏的時文推崇到居詩古文之上，與李光地等並列爲淸代第一流時文家[9]。姚鼐的時文同樣極佳，吳德旋認爲足與劉大櫆媲美[10]。吳氏跟友人談論李光地的時文，必待姚鼐的判定才無所疑[11]。當時後學之士每向姚鼐請敎時文，譬如陳用光便奉姚氏時文之說以終其身[12]，陳仰韓則惟姚氏之言是聽[13]。姚鼐時文如果不好，怎能得到後學的欽佩和信從？

(一)

時文是科學考試的文體，題目出在四書，考生要謹遵朱注發揮。所以要這樣，方苞《進四書文選表》有很好的說明：「蓋以諸經之精蘊，滙涵於四子之書，俾學者童而習之，日以義理浸灌其心，庶幾學識可以漸開，而心術羣歸於正也」[14]；可見主要用意在於正心術。由於四書的內容往往跟古代經史典籍相通，要眞懂四書，也非得同時「挹經史古文之精華」[15]不可。所以朝廷考的雖是四書，實則內容不限於四書，而是要求考生有廣博的經史知識基礎的。這正是明太祖洪武三年下詔開科學，提出要取「經明行修」、「博通古今」的人的意思[16]。可是時文到底是一種藉以獲取利祿的工具，由於題目範圍只在四書內，過於狹窄；由於閱卷官水平參差不一，並且一般說來水平不高[17]；又由於考試畢竟帶有運氣的成份；事實上確有不少人不必眞正讀書，只背熟百數十篇作好的文章，臨場依樣葫蘆默出；或者揣摩試官的品文口味，依風趨時；便獲高中的。顧炎武便曾痛言其間一些弊端，指出考試題目可出者其實不多，富家巨族儘可延請名士代爲預撰，令考生記誦熟習，「入場命題，十符八九，即以所記之文，抄謄上卷」，於是「榜發之後，此曹便爲貴人」[18]。在這種風氣影響下，舉子便相率不讀書，最多只在文字上做點工夫。但是由於學問空疏，識力有限，再加上滿腔子功名利祿思想，即使是自己寫出來的東西，也就卑陋庸腐，無甚可取，而爲有識之士所輕了。

方苞曾經批評過科舉，說是「害教化，敗人材」[19]。劉大櫆態度更激烈，直斥「科舉之制，比之秦火，抑又甚焉」[20]，跟顧炎武所說「八股之害，甚於焚書；而敗壞人材，有甚於咸陽之郊所坑者」[21]，口吻完全一樣。方劉兩人根據的大抵就是這種流弊和現象。推立制的原意，兩人對科舉都加肯定的。方苞《進四書文選表》的意見已如上述，而劉大櫆也有類似的論點。《海峯文集》卷四《張蓀圃時文序》指出「後之英主，更創爲八比之文，使之專一於四子之書，庶得沿波以討源，刮膚以窮髓，其號則可謂正矣」。我們在討論桐城派人對科舉制的態度時，應該分清楚兩種不同的角度，這樣才能明白爲甚麼同一個人會說出既贊成又反對的帶有矛盾性質的話。

對於時文本身，方苞等人同樣抱有兩種不同的態度。時文作爲一種謀求功名、趨時跟風、空洞無物、陳辭濫調的文體，那是卑卑不足道的，戴名世對這類文章「私竊歎之」[22]，指出這樣的寫法只能推時文走上滅亡的道路：「今之取科第者，大抵以鹵莽滅裂而得之。及其得之，則又舉向之所爲鹵莽滅裂者，視爲筌蹄，而毀而棄之不復顧，是故終其身而懵不知制舉之文者，莫甚於科第之人。則今日者，科第雖僅存，而制舉之文早已亡也」[23]。方苞則說「時文之於文，尤術之淺者」[24]，因而勸朋友絕意時文，不必搞下去[25]。劉大櫆看到時人只知誦習腐敗之文，前人的佳作棄置不顧，於是說：「今之時文號為經義，以余觀之，如棲鼃蠅於圭璧之上，有玷污而無洗濯」[26]。然而時文作為文學作品，作為闡發聖賢義理的文章，卻是地位尊高，不但和古文無別，而且還是古文中最好的一種體式。這方面談論得最明白的要算姚鼐。姚鼐提出「文之高卑」取決於作者的文才，不是依據文體。唐人贈序一體本來卑俗，但以韓愈之才寫出，便「卓然為古文之盛」。時文也可作如是觀。一些學古文之士說時文之為體卑俗不足為，這純然因為作者「才卑而見之謬」。如果由像歸有光那樣高才的人寫時文，則「其文即古文，足以必傳於後世也，何卑之有」[27]？他在別處進一步指出時文其實可以為「文章之至高」的，他說：

> 苟有聰明才傑者守宋儒之學，以上達聖人之精，即今之文體而通乎古作者文章極盛之境。經義之體，其高出詞賦箋疏之上倍蓰十百，豈待言哉[28]？

在姚鼐心目中，時文本質和古文無別，所以他承認平生不輕視時文，還想「率天下為之」[29]。他肯定「經義實古人之一體」，批評歸有光集寧錄壽序不收經義的不當[30]。其次戴名世說得也很明白。他肯定時文是古文的一體，時文雖然有其特定的辭章格製，並且會因時變化，但是如果用古文之法去寫，那就是古文[31]。時文即古文這一點，戴姚兩人的整體意見沒有不同，稍微差異的是兩人論證的焦點。姚氏重視作者之才，戴氏強調行文之法。不管怎樣，兩人沒有絲毫貶抑時文之意。我們有了這樣的理解，才能明白為甚麼劉氏在痛貶時文之餘，又說「文章者，藝事之至精，而八比之文，又精之精者也」[32]；為甚麼方苞在輕視時文之餘，又說時文仍有可「久存而不敝」、「垂聲於久遠」[33]那樣的話。

桐城諸家混融古文時文爲一體的觀點，其實也不算獨特之見，而是上承明代古文家的緒論的。茅坤已明白指出學子業雖是今文，「然苟得其至，即謂之古文亦可也。世之爲古文者，必當本六籍以求其至；而爲學子業者，亦當繇濂洛關閩以泝六籍，而務得乎聖人之精」。所以「舉業一脈，即說經也」[34]。明末的艾南英也以爲時文和古文形式雖然不同，但其道實相爲表裏[35]；就是在立意和作法上，二者本無區別，因爲二者同樣原本經術，同樣重視首尾開闔抑揚淺深發止斂散之法[36]。

時文是考試工具，那麼在方苞等人眼中，還算不算有今人所認爲的文學性質？答案是：方苞等人既然認爲好的時文等同古文，如果我們說方苞等人已經肯定了古文的文學性，則沒有理由說他們會否定時文的文學性。綜合他們的意見，時文起碼在三方面符合了今人强調的文學特質。

其一，時文具形象性。時文一般代聖賢立言，行文之際，要求根據題目描摹聖賢的情思、語態和形狀。萬一題目中的人物不是聖賢，而是陽虎、狂士、齊人妻妾之流，也得設身處地，肖其口吻[37]。劉大櫆在《徐笠山時文序》[38]說得最爲明白：

> 立乎千載之下，追古聖之心思於千百載之上而從之。聖人愉則吾亦與之爲愉焉；聖人戚則吾亦與之爲戚焉；聖人之所以窈然而深懷，翛然而遠志者，則吾亦與之窈然而深懷，翛然而遠志焉。如聞其聲，如見其形，來如風雨，動中規矩。

這也就是他在《方晞原時文序》所稱的「不惟發舒其義，而且摹繪其神」之意[39]。戴名世同樣提出時文的「摹寫其精神，彷彿其語氣，發皇其義理」是「文章中之一奇」。時文之道譬如畫家的寫生，「每一題必有一題之目焉、顴頰焉、眉與鼻口焉」。立言之際，假如眞能知孔子孟子之意，便能肖其神態口吻，宛然出現一孔子一孟子，也就是傳聖賢之神[40]。聖賢（或其他人）的形象從不同的角度摹寫，便能千差萬別，不雷同一致，使人尋味不盡。他推許方苞時文長處之一，便是於「人情物態、雕刻鑪錘，窮極幽渺」[41]，這顯然從形象的角度立說的。一般人評時文，往往會着眼於形象的逼眞和口吻心事的恰肖體貼。譬如方苞之弟方林《孟子致爲臣而歸》章文，袁顧亭評道：「形容庸主情態與孟子巖巖氣象，皆能曲盡」[42]。又譬如方苞兄長方舟《邦無道，富且貴焉，耻也》文，袁顧亭評道：「一幅鄙夫貪位苟祿圖，每一展誦，輒爲慨然」[43]。又譬如方苞《斯民也，三代之所以直道而行也》文第二首，韓菼評道：「題義難眞，題神更難肖。此獨於聖人意中體會摹寫，故能文外獨絕」[44]。凡此都是從形象的角度欣賞的。

其二，時文能展示作者不同的才性，從而呈現不同的風格。方舟論文，提出文中有「魂」之說。「魂」是作者呈現於文中的獨有精神和活力；此說受到戴名世的引述和肯定[45]。方苞極推重方舟，屢說自己所學全由兄長指導啟迪[46]，自然也肯定此說無疑。各人之魂不同，則呈露於文字的面貌也不一樣，所謂文如其人。前人論文時，都看重文章風格，同時注意到風格和個人品性之間的聯繫。方苞在《張彝歎稿序》[47]便記錄了方舟的話：「文之成，常肖乎其人。古人之文淺深純駁，未有不肖其人者也」。方舟的話，從上下文看，實指時文而言。戴名世論方氏兄弟，以爲方舟爲人恬淡，閉戶窮居，所以文章簡淡；方苞比較活躍，客遊四方，所以文章雄渾奇傑[48]。戴氏論劉退菴的制藝，以爲高潔渾厚，跟退菴的爲人「適有相肖」[49]。在方苞集中，也見到相同的論文方式。譬如方苞論及兩位朋友劉言潔和劉巽五，以爲前者「爲人剛大嚴毅，使人一見而斂其邪心與驕氣」；後者「爲人沖和平易，容婉而氣淸」。表現於文章，

則「或剛大而嚴毅，或沖和而平易，又莫不各象其爲人」[50]；這些都是人品風格合論的例子。

時文之中，一樣具備不同的文境和風貌。像劉大櫆拿「思澄以奥，氣直以豪」評綦自堂時文[51]；拿「穿穴險隘，繪摹情狀」評葉書山時文[52]；姚鼐以「沈思孤往，幽情遠韻」評左筆泉時文[53]；以「體和而正色，華而不靡」評陳仰韓時文[54]；都是專從風貌評論的。至於戴名世論自己時文的境界，也極可注意：「當夫含毫渺然，意象之間，輒擬爲一境，以追其所見，其或爲海波洶湧，風雨驟至，瀑瀉巖壑而湍激石也；其或爲山重水複，幽境相通，明月青松，清冷欲絕也；其或爲遠山數點，雲氣空濛，春風淡蕩，夷然脩然，遠出於塵外也；其或爲江天萬里，目盡飛鴻，不可涯涘也；其或爲神龍猛虎，攫拏飛騰而不可捕捉也；其或爲鳴珂正笏，被服從容；又或爲含睇宜笑，絕世而獨立也。凡此者，要使行墨之間彷彿得之」[55]。近人或者指斥時文千篇一律，僵化無生氣，那應該指流行的腐爛之作而言；好的時文實各有其獨特風格意境的。所以在《欽定四書文》中，方苞評羅倫的《昔者先王以爲東蒙主》四句文：「曲折發揮，雄氣奔放，昔人謂如呂梁之水，噴薄湃澎者」；評王鏊的《周公兼夷狄，驅猛獸而百姓寧》文：「粲然明盛，晏然安和，昇平雅頌之音，河嶽英靈之氣」；評儲在文的《文獻不足故也》二句文：「風神秀逸中具有生氣奮鬱」[56]；就是這番道理。

其三，時文作爲文體的一種，一樣着重內容和寫作技巧。內容充實而寫作技巧高明的，便是好文章，有欣賞的價值。戴名世借用艾南英的理論，提出道、法、辭三項標準[57]；方苞提出「清眞古雅，質實有物」的主張[58]。道和質實有物，指內容充實言。結合時文的特點，內容充實指能夠闡明六經和宋元諸儒義理的精微，所謂言之有物。只有義理洞徹無翳才能清。法與辭，眞與古雅，指寫作的技巧言。法有兩類：行文之法和御題之法。御題之法指審題的恰

如其分，行文之法指起伏呼應、頓挫跌宕之類。只有「於題切中」才能眞。辭即文辭，要以左國莊屈班馬及唐宋大家的語言爲法，「鍊氣取神」出之才能古雅[59]。文章道、法、辭俱備，便是脫棄庸俗的佳篇。好像方苞《禮之用，和爲貴》章文第二篇，韓菼和方舟正是從理、法、辭的角度去欣賞的。韓菼說：「義理則取鎔六籍，氣格則方駕韓歐，唐、歸、金、陳諸公壁壘盡變矣」；方舟說：「取精既多，擇言復愼，其不當於理者亦寡矣」。又好像《質直而好義》三句文，韓菼曰：「精語層出，不用鉤連，而氣脈凝結爲一，其源蓋出於荀子」；劉月三曰：「層層剝換，段段聯貫，精言妙義，疊出不窮」。又好像《定公問一言而可以興邦，有諸？》章文，龔孝水謂「變換處甚佳，言亦有物」；劉月三謂「其體高潔，其氣流轉，其機法自然靈變」；吳思立謂「此文峻削處殆得國策神致」[60]。凡此欣賞的焦點都是放在理、法、辭上面的。

(二)

八股文大約在明憲宗成化以後定型，「八股文」一名也在成化以後才出現[61]。稍後正德嘉靖間，作者如唐順之、歸有光等開始「以古文爲時文」[62]。「以古文爲時文」這句話是後人對唐歸等人的論定，並非二人親口說出。大概到了晚明，才見於一些人的作品之中。艾南英論及金正希的制舉業時，提出「學者之患，患不能以古文爲時文」[63]，正是一例。這句話深爲方苞等人所肯定，戴名世和方苞文集中往往直接申明。譬如戴名世推許汪武曹的學業之文，說是「橫絕一世，所謂以古文爲時文者」；又譬如方苞指出「至於唐、歸，然後以古文爲時文，理精法備，而氣益昌」[64]。就是劉大櫆和姚鼐，儘管不曾在文中明確表示，但劉氏和方晞原「相爲劘切，遵唐歸之遺軌」[65]；姚氏爲文，「有意規

摹應德（順之）熙甫（有光）」[66]，說唐、歸的時文即是古文[67]；也見出兩人對唐、歸二氏的推重。然則兩人心意的傾向，也就可想而知了。

方苞等人爲甚麼贊成以古文爲時文？那是因爲當時多數作品失之萎靡卑弱，他們希望有所挽救，從而改變文風。戴名世說方苞「歎時俗之披靡，傷文章之萎爾，頗思有所維挽救正於其間」[68]；又說自己「見近日所雕刻流傳熟習人口者，卑弱不振，私竊歎之，因以其平日所窺探於經史及諸子者，條貫融釋，自闢一徑而行」[69]；足可證明。當時多數作品爲甚麼失之萎靡卑弱？一方面固然因爲全國寫時文的讀書人，就常情論，中材以下的佔絕大部分，於是耳目所及，平庸之作居多。另一方面也因爲當時握權取士的人，一般水平不高，大抵從俗隨流，所謂「溺於世俗腐爛雷同之習」[70]，合自己框框的才取錄，一如劉大櫆所譏責的那樣：「彼一夫者，懵然踞坐於其上，持彼之一是，恃彼之一長，自以爲繩墨，而以之衡天下士。曰：如此則中吾彀，如彼則中吾彀；如此則得之，如彼則失之矣」[71]。士子爲了中式，只好跟風，不惜「雷同相從」[72]。

時文的萎靡卑弱，跟文體的獨特形式恐怕也有關係。時文的淵源，可以上推至唐代供考試的律賦和宋代供考試的經義[73]，也可以說時文是律賦和經義的混合體。正因這樣，律賦和經義的特點不少保留在時文裏面。律賦要對偶押韻；經義用散體，以經文爲題，依題申引經意。時文據題釋經，不用押韻，句式長短有很大的彈性，這是經義的面貌；但一方面又着重股對排比，聲調抑揚，那倒是容納了律賦的成分。從股對排比、聲調抑揚看，時文無疑重視人工形式。劉大櫆拿時文比作詩中的律體[74]，毛奇齡則拿試帖詩與時文作比對說：「唐制試士，改漢魏散詩而限以比語，有破題，有承題，有頷比、頸比、腹比、而然後以結收之。六韻之首尾，即起結也。其中四韻，即八比也。然

則試文之八比視此矣」。[75]。二人所論，不能說比擬不倫。我們知道：凡是着重文字聲音形式的文體，容易流入滑易輕靡一途；律詩駢文，可作明證。時文如照一般規矩寫作，同樣容易失掉高古嚴肅的味道。然而時文的作意，要求代聖賢立言，發揮聖賢的義理，內容本質卻是高古嚴肅的；這在形式和內容之間便出現了矛盾。要求形式配合內容，這是明代以來直至方苞等人主張以古文爲時文的主要動機。

「以古文爲時文」不表示拋棄時文的排比形式，那是功令所定，不能任意更改的；只是想法子在原有形式的基礎上運以若干古文寫作方法，使文章古質雅馴，好和內容相應。雖然方苞等人說的不很具體，不過還是可以約略說明的。這大致上從作法行文兩方面進行。就作法說，有些程規是跟八股文這種文體的特殊要求配合的，像「語脈之承接，於題之上下文義，皆各有所避忌」[76]之類，所謂時文之法律，那是應該保留的；所以汪武曹的精於法律，受到戴名世的推重[77]。但是另外一些方式卻往往流於機械執着。當時一般人寫八股文有一套公認的方式，上下遵守不違背。這套方式和通常文章作法不盡相同。戴名世謂「今世俗取時文之法與古文並立而界限之曰：吾所爲時文，其法具在也，而無用於古之法爲」[78]；方苞說自己的文章「意義體製，與科舉之士守爲程法者，形貌至不相似」[79]；都透露出這一點。戴名世指出當時有兩種基本方式：一是鋪敍，一是凌駕。鋪敍指「循題位置，自首及尾，不敢有一言之倒置」；凌駕指「相題之要而提挈之，參伍錯綜，千變萬化而不離其宗」。作者往往堅執一法，反對另外一法，於是「互相詆訾」。戴氏本人則反對「立一格以爲文」，要「相題立言」，像史漢歐曾的文章那樣[80]。而史漢歐曾春秋三傳國語國策等書，方苞指出謀篇的義法最精，「用爲制學之文，綽有餘裕」[81]。方苞的義法，因文而立，是一種活法[82]；從這個角度看，戴、方兩人對時文的作法原則觀點是一致的；就是要用古人的活法，不用當時人的死法。至於當時人

八股文行文的缺點，在於「割裂鹵莽」[83]，「炫其采色聲音」[84]。一句話，就是不夠明暢古雅。挽救之法，要在時文的行氣修辭琢句鍊字上融入古人之法，那是指「左國莊屈馬班以及唐宋大家爲之者」，而柳宗元在「答韋中立論師道書」中提出的爲文各點：質、恆、宜、斷、動、氣、支、端、趣、幽、潔，寫時文時同樣要措意[85]。

當然，在作法行文以外起主要作用的是豐富的學養。學養豐富，文意便眞切正大，不落凡庸，也不陷險仄纖巧。學有得於心，自然理足氣盛，方苞《進四書文選表》所謂「欲氣之昌，必以義理灑濯其心」。文章氣盛則活，不入僵腐一途；所謂文中有「魂」，指此而言。能以古人之辭，運以充盛之氣，用最恰當的安排去闡明聖賢之理，即使仍是時文之體，也不會萎靡卑弱，而合於姚鼐所說的「其文即古文，足以必傳於後世」的[86]。

跟「以古文爲時文」相反，便是「以時文爲古文」。本來方苞等人沒有說過「以時文爲古文」這樣的話，也沒有在篇章中透露過或者暗示過這樣的主張。只是後世的文評家——特別是近代的文評家——不少的確拿「以時文爲古文」這句話去評論桐城派首先是方苞的古文創作。這句話最早由方苞同時人王若霖提出：「靈皋以古文爲時文，卻以時文爲古文」。錢大昕《與友人書》加以引述，還說洞中方苞癥結[87]。

然而怎樣見得方苞以時文爲古文，以時文爲古文的具體情況如何，王、錢兩人沒有說出，稍後學者才有比較具體的說明。至於近代文評家肯定桐城派作家以時文爲古文，據錢仲聯氏的意見，理由不出三點：第一，桐城派作家自方苞以下都宗尚歸有光，歸有光是時文名家。第二，歸、方評點《史記》及姚鼐選《古文辭類纂》所採用的評點，有類於時文選本的做法。第三，方、劉、姚論文語中多肯定時文的話[88]。

近人的三點見解，錢氏一一駁正。其實如果執緊這三點作爲方苞等人「以時文爲古文」的理由，根本就不值一論。因爲這三點言不中的，只屬外緣之詞，說不出古文時文之間的內在關係。首先，方、劉、姚三人，固且當他們肯定了時文，但肯定是一回事，以時文爲古文又是一回事，二者之間無必然的邏輯關係。這正如杜甫肯定王楊盧駱的「當時體」，卻不走他們的路一樣。其次，即使歸、方、姚等人的評點古文類似時文的評點做法，也不能從評點的類似推到創作方法的接近。最後，歸有光無疑是時文名家，方苞等人的古文固然有受到歸氏時文影響的可能，但也存在不受歸氏時文影響的可能；二者機會均等，不能一口咬定非接受影響不可。但取一面，抹去另一面，不是理想的論證方法。

要說明「以時文爲古文」，最好的方法應該是從兩者的內在連繫着眼。就是說：考察方苞等人在古文具體創作過程中，有沒有用上時文的某些形式或是寫作手法。答案如屬肯定，則「以時文爲古文」的話可以成立，否則便不可靠。時文是以排比股對、聲調抑揚爲特點的文體，在方苞的心目中，地位比古文低。他以「琬琰」比古文，拿「瓦缶」比時文[89]。所以用排比股對聲音入古文，只能貶低古文的格調，正如拿律詩句格對偶入古詩會貶低古詩的格調一樣。事情本來誰都明白，方苞等人顯然也不會這樣做的。方苞古文不但不重排比，就是偶句也少。劉大櫆論文誠然講究聲音，《海峯文集・論文偶記》中談聲音的言論很多，稍後另一桐城派名家吳德旋在他的《初月樓古文緒論》便直言「劉海峯文最講音節」。但我們要分辨清楚：古文家講聲音，主要從語言的自然節奏音勢着眼，無一定機械之法；這是從韓愈以來的脈絡，劉大櫆不過繼承和發揚唐宋諸家之說吧了。詞賦家講聲音，主要從平仄安排的妥帖着眼，基本上有定法可循。八股文的聲調抑揚，由律賦而下，屬於這一方面的成分居多。所以劉大櫆寫古文重視聲音節

奏，不能說成為借八股之法的。

再從時文的寫作手法看，有些是跟其他文體相通共有的，如起伏呼應、頓挫跌宕，以至種種駕御題目之法，古文即使和時文相同，不能便說受到時文的影響。有些是結合文體的特點，為時文所獨有的，如破題承題，題目的上下文避忌，以至鈎、渡之類，古文如果用上這類手法，難免會使人覺得其中不無時文的影子。然而細讀方苞及諸家文，這種影子不存在，或者這種影子察覺不出來。方苞「文氣高古深厚」[90]，如果用上時文獨特的寫作方法，只會破壞文氣，達不到「高古深厚」的效果的。

誠然問題還可以從另外兩方面看；首先，包世臣《藝舟雙楫》論文三《讀大雲山房文集》說：

> 古文自南宋以來，皆為以時文之法，繁蕪無骨勢。茅坤、歸有光之徒程其格式，而方苞系之，自謂眞古矣，乃與時文彌近。

這段話透露出一些消息。包世臣不滿意方苞，似乎因為方苞參照了時文辨法，給古文製定許多格式，也就是方苞的所謂義法。推包世臣之意，他不見得承認古文有甚麼格式的。其實這種見解也能找到根據。蘇軾說自己的文章「如萬斛泉源，不擇地而出；常行於所當行，常止於不可不止」[91]。這不得不行不得不止，顯示不在作者控制之內，更不必說甚麼格式先行規範了。如果古文本來沒有固定格式，方苞卻硬是依據時文製定，那自是以時文為古文的一種表現。而方苞試圖把古文格式條理化，細碎繁瑣，不免使人有繁蕪之感。在具體創作時，要緊依種種格式，牽彼避此，文意文筆難免窒礙，文章的骨勢便受影響，無形中踏進時文所陷入的漩渦之中，於是「與時文彌近」了。

其次，古文寫作不管有沒有定法，但方苞等人寫時文，當中確有融入古文筆法格調之處，使得時文頗有秦漢文

或八家文的遺意。這固然把時文拉向古文，拉得高了；但另一方面他們的古文和時文除了在排偶股對形式上的分別外，格調神理氣味倒是接近甚或一致了。讀者固然覺得他們時文中有古文影子；但由於他們同樣以秦漢八家的筆法格律寫古文，讀者又不免感到古文中有時文的氣味。從次序上說，方苞本來先以古文之法融入時文，但由於他年輕時以時文著名，後來古文之名才盛[92]，於是有的人不免覺得他的古文還是從時文而來，認爲他的時文理論又反過來影響了古文藝術見解，這是「以時文爲古文的曲折反映」[93]。這種論斷，頗有强調時文起核心作用之意。晚清謝章鋌論歸有光：「震川則時文之高手也。其始取五子之菁華，運以歐曾之格律，入之於時文，時文岸然高異。及其爲古文，仍此一付本領，易其字句音調……非不正宗，然其根柢則在時文也」[94]。同樣的文字，也可移作評論方苞之用，作出「其根柢則在時文」的結論。核心或根柢在時文，則其他文體由此而出，不在話下。

關於上述兩個問題，我看應該這樣考慮：從廣泛處說，時文家立下格式，如果說方苞參照而製定古文義法，那麼說他以時文爲古文，不算完全錯誤。但從實際處說，古文義法和時文格式內涵不一樣，如果說方苞在具體創作過程中也是以時文爲古文，便不見恰當了。至於强調時文對古文的影響，把時文看成核心或根柢，主從關係恐怕是顚倒了的。古文入時文才是最初的步驟，而且是決定性的步驟。後來如果出現時文影響古文的情況，大抵只能算是「虛象」。推本溯源，所謂影響，還是來自古文的。譬如方苞提出「清眞古雅」爲時文的極則，但此準則本由古人論文之言推出：

唐臣韓愈有言：「文無難易，惟其是耳」。李翶又云：「創意造言，各不相師」。而其歸則一，即愈所謂「是」也。文之淸眞者，惟其理之是而已，即翶所謂「創意」也。文之古雅者，惟其辭之是而已，即翶所謂「造言」也[95]。

然則他後來寫古文，即使提出和清眞古雅類似的主張，其實也跟時文無關，談不上曲折的反映的。

注釋

1.《環溪詩話》卷上。

2. 拙文《方苞與戴名世》（載《香港中文大學中國文化研究所學報》第二十卷、一九八九年）略加論及：「一直到了近代，學者才相繼提出戴名世的影響作用，認爲方苞的義法說其實萌芽於戴氏。《南山集》卷五《答趙少宰書》提到立言之道要『言有物』，這是對義的觸及；卷四《己卯行書小題序》提到道、法、辭的觀念，這是對法的觸及。所以或稱戴名世爲桐城派的奠基者、創始者、先行者，或者置戴氏於方、劉、姚之上，合稱桐城四祖」。

3.《戴南山先生文集》（以下簡稱《南山集》）卷三《吳七雲制義序》。

4.《望溪先生全集》（以下簡稱《望溪集》）集外文補遺卷一《記時文稿興於詩三句後》。

5.《望溪集》集外文卷五《與章泰占書》。

6.《望溪集》集外文卷二《進四書文選表》：「乾隆元年六月，欽奉聖諭，命臣苞精選前明及國朝制義，以爲主司之繩尺，羣士之矩矱」。

7. 錢仲聯《桐城派古文與時文的關係問題》（載《夢苕庵清代文學論集》，濟南，齊魯書社，一九八三）。

8.《望溪集》集外文卷十《與雙慶學使》。

9.《初月樓文續鈔》卷三《劉海峯先生經義鈔目錄序》：「桐城劉海峯先生以詩古文負重名雍正乾隆間，然其平生著述之尤善者，經義也」。又《初月樓文鈔》卷四《族叔晋望時文集序》：「國朝之以時文名家者衆矣，自予所見，則李光地、方舟、劉大櫆，竇光鼐，最其善者也」。
10.《初月樓文續鈔》卷三《劉海峯先生經義鈔目錄序》。
11.《初月樓文鈔》卷五《汪筠莊先生時文序》。
12.梅曾亮《柏梘山房文續集．太乙舟山房時義序》。
13.《惜抱軒全集》卷五《陳仰韓時文序》。
14.《望溪集》集外文卷二。
15.同上。
16.《明史》卷十七《選學志》二。
17.閱卷官水平不高問題，艾南英《天傭子集》卷一《甲戌房選序上》、《甲戌房選序下》，卷二《陳大士近藁序》；戴名世《南山集》卷三《儲禮執制義序》；都有說明。
18.《日知錄》卷十六《十八房》、《擬題》兩則。
19.《望溪集》集外文卷四《何景桓遺文序》。又集外文卷五《與熊藝成書》。
20.《海峯文集》卷五《侑經精舍記》。
21.《日知錄》卷十六《擬題》。
22.《南山集》卷三《自訂時文全集序》。

23.《南山集》卷三《孫檢討課兒草序》。
24.《望溪集》集外文卷四《楊千木文稿序》及卷五《與吳東巖書》。
25.《望溪集》卷五《與章泰占書》。
26.《海峯文集》卷四《張俊生時文序》。又卷二《答吳殿麟書》。
27.《惜抱軒全集》文後集卷一《陶山四書義序》。
28.《惜抱軒全集》卷四《停雲堂遺文序》。
29.同注(27)。
30.《惜抱軒全集》卷六《復秦小峴書》。
31.《南山集》卷三《李潮進稿序》、《意園制義自序》。又同書補遺下《甲戌房書序》。
32.《海峯文集》卷四《徐笠山時文序》。
33.《望溪集》集外文卷四《劉巽五文稿序》及集外文卷八《禮闈示貢士》。
34.《茅鹿門先生文集》卷六《復王進士書》。
35.《天傭子集》卷三《金正希稿序》。
36.同上卷二《李元雲近藝序》。
37.商衍鎏《清代科學考試述錄》第七章(三聯書店,北京,一九五八)。
38.《海峯文集》卷四。

39. 同上。
40. 《南山集》補遺下《有明歷朝小題文選序》。
41. 《南山集》卷三《方靈皋稿序》。
42. 《桐城方氏時文全稿・方椒塗稿》（湖南會友書局，光緒十四年）。
43. 《桐城方氏時文全稿・方百川稿》。
44. 《桐城方氏時文全稿・抗希堂稿》。
45. 《南山集》卷三《程偕柳稿序》。
46. 譬如《與韓慕廬先生書》（文集集外文卷五）：「苞嘗以說經見推於朋齒，皆先兄之餘論耳」。
47. 《望溪集》集外文卷四。
48. 《南山集》卷三《方百川稿序》及卷八《方舟傳》。
49. 同上《劉退菴先生稿序》。
50. 《望溪集》集外文卷四《劉巽五文稿序》。
51. 《海峯文集》卷四《綦自堂時文序》。
52. 同上《葉書山時文序》。
53. 《惜抱軒全集》卷四《左筆泉先生時文序》。
54. 同上卷五《陳仰韓時文序》。

55. 《南山集》卷三《意園制義自序》。
56. 分別見《化治文》卷三及卷五，又見《本朝文》。
57. 《南山集》卷四《己卯行書小題序》。
58. 《望溪集》集外文卷二《進四書文選表》和卷八《禮闈示貢士》。
59. 綜合注(57)及(58)所舉三篇文字
60. 三文均見《抗希堂稿》；評語分見各文後引。
61. 顧炎武《日知錄》卷十六《試文格式》條。戴名世《南山集》補遺下《丁丑房書序》。
62. 《望溪集》集外文卷二《進四書文選表》及卷八《禮闈示貢士》。
63. 《天傭子集》卷三《金正希稿序》。
64. 《南山集》卷三《汪武曹稿序》；《望溪集》集外文卷八《禮闈示貢士》。
65. 《海峯文集》卷四《方晞原時文序》。
66. 吳德旋《初月樓文鈔》卷五《汪筠莊先生時文序》。
67. 《惜抱軒全集》文後集卷一《陶山四書義序》。
68. 《南山集》卷三《方靈臯稿序》。
69. 同上卷三《自訂時文全集序》。
70. 同上卷四《課業初編序》。

71.《海峯文集》卷四《徐笠山時文序》。

72.《南山集》卷五《再上韓宗伯書》。又補遺下《己卯墨卷序》。

73. 清・鄭獻甫《制藝雜話》（收入《鄭小谷集》內）。清・鄭灝若《四書文源流考》（收入《學海堂集》卷八）。

74.《海峯文集》卷四《方晞原時文序》。

75.《西河文集》序二十九。

76.《南山集》卷四《小學論選序》。

77. 同上卷三《自訂時文全集序》。

78. 同上補遺下《甲戌房書序》。

79.《望溪集》集外文卷五《與韓慕廬學士書》。

80.《南山集》補遺下《丁丑房書序》。又卷四《小學論選序》。

81.《望溪集》集外文卷四《古文約選序例》。

82. 郭紹虞《中國文學批評史》七十六章（上海古籍出版社，一九八二）。

83.《南山集》卷三《李潮進稿序》、《孫檢討課兒草序》；《望溪集》集外文卷二《進四書文選表》。

84.《海峯文集》卷四《東皐先生時文序》。

85.《南山集》卷四《乙卯行書小題序》；補遺下《甲戌房書序》。

86.《惜抱軒全集》文後集卷一《陶山四書義序》。

87. 《潛研堂文集》卷三十三。
88. 《桐城派古文與時文的關係問題》。
89. 《望溪集》集外文卷四《朱字綠文稿序》。
90. 《惜抱軒全集》文後集卷一《望溪先生集外文序》。
91. 《文說》。
92. 拙著《方苞與戴名世》曾加論述。
93. 黃保眞等《中國文學理論史》第四册二六五頁（北京出版社，一九八七）。
94. 《賭棋山莊全集・課餘偶錄》卷三。
95. 《望溪集》集外文卷二《進四書文選表》。

錢穆賓四先生行誼述略

嚴耕望

錢先生江蘇無錫人。諱穆，字賓四；原諱恩鑅，民國元年更名。以清光緒二十一年（一八九五）陰曆六月初九日（陽曆七月三十日）出生，世居縣東南四十里延祥鄉嘯傲涇七房橋之五世同堂大宅，地在蕩口鎮西五里。

先生世代書香。曾祖繡屏公，國學生。祖鞠如公治五經、史記，極精勤。父季臣公諱承沛，幼有神童之譽，雙目炯炯有光輝，習詩賦，入泮第一；但自此絕意功名。爲人仗義直言，不以個人私利介懷，故爲族人鄉里所尊，凡有爭端，得公一言爲決。教子有方，委婉不責，任其自悟。惜與鞠如公皆以英年早逝。

先生天賦聰悟，目如季臣公。能强記，少習古文，朗讀三過即能背誦。尤愛小說，年九歲，父執以三國演義相試，隨章回，不失一字，且揣摩人物個性身份作表演，傳爲美談。

先生七歲入私塾，十歲入蕩口鎮私立果育小學，肆業四年。體育教師錢伯圭先生，鄉里之望，實乃革命黨人，以民族思想相啓導，先生民族意識特濃，實萌芽於此。又讀蔣方震所譯修學篇，書中選錄西歐不經學校正規教育而自學成名者數十人，述其苦學情事，對於先生後來治學，影響亦巨。高班教師華紫翔先生授各體古文，與魏晉南北朝諸短賦。顧子重先生學通中西，又精歷史輿地之學。其他諸師亦多鄉里宿儒，舊學基礎深厚，兼能接受新知，所授課文，經史子集無所不有。先生晚年仍自謂治學蹊徑，實由果育諸師啓之。

先生十二歲喪父，家徒壁立，寡母及兄弟四人，仰本族懷海義莊撫卹爲生。明年，與長兄聲一先生投考常州府中學堂。聲一先生讀師範科，明年畢業任教，乃謝不領義莊撫卹金。

先生肄業府中三年餘，深得監督（如今校長）屠孝寬元博先生之愛護，而治學則受呂思勉誠之先生影響最大。誠之先生爲校中最年輕教師，任歷史與地理兩課，時有鴻議創論，同學爭相推敬，而對於先生深爲獎掖。先生成名後，仍常與誠之先生作學術切磋，互相欣賞，互有補益。余曾爲文，推崇兩位先生與陳寅恪、陳援庵先生同爲前輩史學四大家。核實論定，應無異議。（此處所謂前輩，以余曾及睹其風采，或讀其書時，其人尚健在者爲限。）

宣統二年冬，先生因故退學，偶見譚嗣同仁學一書，讀之大喜，即私去長辮。明年春，轉入南京私立鍾英中學五年級，每晨聞環城軍號胡笳聲，復心儀陸軍學生之壯肅步態，常思出山海關，與日俄對壘。是年秋，升讀六年級，適會武昌起義，學校停辦，遂致輟學。

讀先生八十憶雙親與師友雜憶兩書，雖然中學教育尚未受畢，但幼年在家與中小學七年餘，受父祖慈母與諸良師之教益殊多，立己處人處事以及治學根基與方法，乃至娛樂興趣，一切皆植基於此一時期之優良環境。尤可歎異者，清末民初之際，江南蘇常地區小學教師多能新舊兼學，造詣深厚，今日大學教授，當多愧不如，無怪明清時代中國人才多出江南！先生少年時代雖然經濟環境極爲困難，但天資敏慧，意志堅定，而稟性好强，在如此優良精神環境中，耳濡目染，心靈感受，自能早有所立，將來發展，自不可量！

民國元年春，先生年十八，輟學家居。自念家貧，已無受大學教育之望，乃矢志自學。首先讀孟子，七日而畢。不久任教於秦家渠三兼小學，一人兼任國英算史地體育音樂諸課，每週授課三十六小時，此爲先生從事教育生涯之始。

三兼創辦人秦仲立先生乃績學之士，文理兼長，崖岸自高，藏書豐富，但不輕示人；驚於先生才思不羣，終成忘年之交，切磋益友，乃獲讀秦家藏書，始得嚴復諸譯著，得益匪淺。民國二年，先生轉入鴻模小學任教，即前果育易名。先生雖已輟學任教，但常以未能進讀大學爲憾。其時北京大學招生廣告，考生須先讀章學誠文史通義，入學後則以夏曾佑中國歷史教科書（後易名中國古代史）爲教本，先生即日勤讀此兩書，尤喜章氏書，對於後來治學趨向，有深遠影響。

民國三年夏，無錫縣創立六所高等小學，梅村鎮一所爲第四高小，設校於泰伯廟，（縣東南三十里。）邀先生任教。先生就讀常州中學時，染有抽煙習慣，及到梅村，課文有勸戒煙一篇，因念自己抽煙，何以教誨諸生，遂決心戒除，數十年不犯；直到江南大學任文學院長，會議頻繁，甚感無聊，始再抽煙作消遣。先生每悟一事，即身體力行，此爲一例。又如讀曾文正公家書，教人讀書，必自首至尾，通讀全文，遂即遵行，數十年不懈。複如讀一本衞生書，謂人之不壽，多由忽略健康教育。自念父祖及不少親長多不永年，可爲殷鑑，遂痛下決心，力求日常生活規律化，作息散步有定時，至老不衰。

先生爲學善模仿，善變化，喜新知，勇創見，而能悉心追求，每從細小事故中徹悟大道理。如此種種，均在任教小學時代表現無遺。如授論語課，適讀馬氏文通，文通論字法，即仿其例論句法，成論語文解一書，爲先生第一部著作。又如讀墨子，開卷即覺有錯字，愈讀愈疑，遂奮筆逐條列出，加以改正，成讀墨闇解一稿。但念墨子乃名著，傳世已久，此類錯誤當早有學人指出。試翻辭源，知有孫詒讓墨子閒詁一書，急求讀之，凡先生所疑，閒詁皆已指出，並有詳確證據，讀書精博，歎爲觀止，乃自知孤陋幼稚，有如初生嬰兒之對八十老翁，相去太遠。自此始遊情於清代校勘考據訓詁之學，力求精進。

民國八年秋，先生改任后宅鎮泰伯市立第一初級小學校長，時年二十六。先生在高小任高班教師多年，適會美國杜威博士來華，講教育哲學，先生讀其講辭，深感興趣，但與中國傳統教育思想大異，故欲改入初級小學，得與幼童接觸，作一番實驗；再者當時學人提倡白話文，初小教科書已全改為白話文體，先生極欲親自察看白話文體對於幼童初學之利弊得失。因此在一個偶然機會中，毛遂自薦，擔任小學校長，俾能親自體察究竟如何？先生到任，教師連自己僅三人，每事相商；乃別出心裁，改變教學法，務使課程規章生活化，學生生活課程規章化，以期兩方面融為一體。因此廢除體操唱歌課程，但每日上下午必有體操歌唱，全體師生參加，成為學校全體活動。後加國語，亦採同一方式。又廢除體罰，而隨事誘導。作文課，常帶學生到校外，隨事指導學生觀察討論，自由發揮，只如一種生活。如此種種新實驗，獲得各方面之滿意與贊許。

施之勉先生任厦門集美學校教務長，曾讀先生文，深為推許。民國十一年秋，推薦先生任高中部與師範部三年級畢業班國文教師，此為先生任教中學之始。到校，與之勉先生一見如故，至老不衰。次日開課，首講曹操述志令。此文僅見於三國志裴注引魏武故事，千載讀者都未重視。先生指出此文顯示漢末建安時代，古今文體一大變。諸生聞之，大為欽服。今讀曹文，果然。先生治學，慧眼獨具，此為又一事例。

民國十二年秋，無錫江蘇省立第三師範資深教席錢基博子泉先生推薦先生到同校任教。學校舊例，國文教師隨班遞升，從一年級至此班四年級畢業，再回任一年級。國文一科外，每年必兼開一課，第一年文字學，第二年論語，第三年孟子，第四年國學概論，教者各自編撰講義。先生第一年文字學，講六書大義，未付印。第二第三年，分別編撰論語要略、孟子要略；第四年編撰國學概論，後亦續成完稿；並前在梅村無錫縣四高小所編論語文解，共四稿，爲先生正式著作之始。

民國十六年秋，轉入江蘇省立蘇州中學，任最高班國文教師，兼班主任，亦爲全校國文課主任教席。本校爲前清紫陽書院舊址，藏書甚豐，校園有山林之趣，三元坊、孔子廟、南園遺址，均在近地，先生課暇，徜徉田野間，較梅林泰伯廟外散步，尤勝百倍。

先生在蘇中時代，課外研究工作主要者爲撰述先秦諸子繫年。四川蒙文通先生，前曾讀先生先秦諸家論禮與法一講詞，以爲與其師說相近，來長信討論，此時到南京，聽歐陽竟無講佛學。一日來蘇州相訪，同遊靈巖山數日，俯仰湖天，暢談今古。蒙先生便中披覽諸子繫年，以爲體大思精，極爲欣賞。其時蘇州顧頡剛先生，由廣州中山大學轉赴北平燕京大學任教，路過蘇州，留家小息。一日由東吳大學陳天一先生相偕來訪，此爲兩位先生相交之始。顧先生讀繫年，謂先生宜到大學教歷史，不當久在中學教國文，遂向中山大學推薦，繼彼後任。不久，中山大學來電致聘，但蘇中校長汪懋祖典存先生曰，先生到大學任教乃遲早事，我明年亦將離校，先生能否再留一年，因此不果到廣州。

民國十九年秋，顧先生又推薦先生到燕京大學任教，時年三十六。先生既不能到中山大學，頡剛先生促爲燕京學報撰文。先生前讀康有爲新學僞經考，心有所疑，遂撰劉向歆父子年譜，辨康說之非。頡剛先生正主講康有爲，先生此文不啻與顧諍議，但顧先生絕不介意，既刊先生文，又特推薦到同校任教。此種胸懷殊爲難得，故先生每提起此事，總歎頡剛先生之胸襟，最不可及！

先生到校，任大一大二兩班國文。課餘多暇，就諸子繫年續加增補，並作通表，付商務刊行。

大學規模大，先生開始意識到職業與私人生活大不相同，當於職業外，自求生活。念在大學任教，惟當一意努力學業，傳之諸生，不宜過問他事，遂決意此後不擔負任何行政責任，庶能使職業與生活不相衝突。但終感教會學校環境，不易適應，故一年即辭職。

民國二十年夏，先生在蘇州，得北京大學聘書，及到北平，清華亦請兼課。先生云此殆皆出頡剛先生預爲安排者。後又爲情面所迫，在燕大與師範大學兼課。

先生任教北大歷史系是爲先生講授歷史課程之始。第一年開課三門，中國上古史與秦漢史皆爲學校指定必修課；另一選修課由先生自定爲近三百年學術史。其後撰成中國近三百年學術史，在商務刊行。

中國上古史本多可爭議處，當時北平治上古史者特多，北大講學自由，歷史系除先生所開上古史爲必修課之外，別開八門選修課，由各教授分別講授，但意趣各異。故先生謂，「當時在北大上課，幾於登辯論場」，足見當時上古史學之盛。不僅上古史如此，其他課程，亦受人注意，教授講義稿，發到講義室，校內外人人可向講義室預定，往往教者尚未講，但講義已流傳校外，衆相討論。當時北方學術空氣如此濃厚，殊非今日所能想像！

次年先生選修課，改爲中國政治制度史。但歷史系負責人，以爲今已民主時代，此前中國君主專制，不必再講，是以歷史系學生無一人選課。但法學院院長周炳霖先生以爲政治系同學只知西洋政治，不知中國政治，遂有政治系全班學生選聽此課。稍後歷史系同學多來旁聽，乃知中國君主專制政治，亦有可討論者。其後刊出中國歷代政治得失，即爲此課程講義之簡編。

其時中國通史爲部定課程，但北大由多人分時代講授，先生謂，多人講授，彼此不相通貫，失去通史意義。民國二十二年秋，學校請先生一人獨任此課，並特置一助教。先生認爲通史必須於一年內，自古至今，一氣講授完畢，絕不可有首無尾，有失通史課程之精神。因此開課第一年，集中全副精神，爲此課作準備，務期章節間彼此相關，上下相顧，俾學生對於中國歷史能有一貫而全面之概括性瞭解。

先生寓所距太廟不遠，廟側古木參天，散佈於大草坪中，景色幽靜。草坪有茶座，但遊客甚稀。通史每週兩次，每次兩小時，課前一日，先生例到草坪茶座，擇幽靜處，斟酌講稿，一年講畢，幸能不失初志。通史爲文學院新生必修課，但高年級與其他學院、其他學校學生旁聽者亦不少，每堂常近三百人，坐立皆滿。

當時北平人文薈萃，先生在北平首尾八年，交遊益廣，除顧頡剛、胡適之、蒙文通，前在蘇州已相識外，新交有傅斯年、湯用彤、陳寅恪、周炳霖等三四十人，時相切磋。此諸學術界友人皆學有專長，世局雖艱，而安和埋首，著述有成。當時北方學術界可謂鼎盛。又其時北平如一書海，書肆搜存古籍刋本、明清手稿極富。先生得暇，常至琉璃廠、隆福寺訪尋故籍，自謂平生一大快事，學校薪金，除菜米外，盡耗於此，凡得五萬餘册，內有不少秘笈。七七事變，無力遷藏，遂致散落。

當時北平學術界既人才鼎盛，藏書又極豐富，故學術著作眞如雨後春筍，專業性刋物如食貨、禹貢等亦愈出愈厚，呈現一副蓬勃氣象，稍假時日，中國學術界必有一番新風貌出現。但日本侵逼不已，戰端遂開，北平學術聲光頓息。八年抗戰，雖能疆土重光，但學壇元氣大傷，光采無存，至今未復，可爲一歎！

先生稟性愛好大自然，任教北平期間，遍遊近郊名勝。又曾四次遠遊。第一次民國二十二年，與北大諸生結伴，暢遊濟南大明湖、曲阜孔林，與泰山諸勝。第二次，與清華師生結伴遊大同，觀雲岡石刻，西至歸綏、包頭。第三次，一人獨遊，至武漢，登黃鶴樓，參觀武漢大學。乘江輪至九江，遊廬山諸勝，湯用彤先生有宅在牯嶺，盤桓甚久；復乘江輪回無錫鄉間小住。第四次民國二十六年春，復與清華師生，同遊開封、洛陽、西安三都諸古蹟。歸途遊華山，由蒼龍嶺，抵一線天，歷登諸峯。華山險峻，爲諸嶽之最，緬想韓昌黎遊此，不能下山故事。

民國二十六年，七七事變，抗戰軍興，先生與同事結伴南行，由海道至香港，經廣州至長沙，復南行至南嶽文學院臨時院址，遍遊諸勝蹟。學校旋遷昆明，先生結隊經桂林，水路下陽朔，沿途風景最勝。復經廣西南部過鎭南關，轉赴昆明，旋復南至蒙自，以就文學院。

同事陳夢家先生前曾選讀先生課，此時常相過從，力促先生撰寫通史教科書，以應時代青年迫切需要，先生意動，國史大綱之撰述，實由夢家先生促成之。其時文學院復遷昆明，遂借得宜良北山岩泉下寺一別墅，極清靜，後移上寺，更淸幽。寺中一人獨居，集中精神，期一年完成。其間曾由滇人李埏先生伴遊路南石林、石乳洞、大瀑布。石林者，遍山石筍嶙峋。尤奇者，山前有廣闊青葱草坪，巨石平地拔起，高聳雲霄，有如春筍，而排列有序，殆若天工，眞爲天下一奇觀。

學校課程排在星期四五六晚間，每星期四午後乘車到昆明上課，星期日清晨返山寺，故每週得四天半之閒暇，或不交一言，靜思著筆，幸能於一年內畢功。先生云「回思當年生活，眞如在仙境」。

先生在北平講授中國通史四年，及來昆明復講兩年，每星期四晚間開講，校外旁聽者爭坐滿室，先生上講壇，須登學生課桌，踏桌而過。蓋時在九一八、七七事變後，國人民族意識高漲，先生學養深厚，史識卓拔，才思敏捷，亦擅講演天才，加以自幼民族情懷熱烈，並又正當壯年，精力充沛，詞鋒所扇，動人心絃，故諸生折服，爭相聽受，極一時之盛。六年講授既畢，國史大綱亦已成書，先生遂亦離校，東歸侍母。

民國二十八年夏，先生經香港、上海歸蘇州，探望慈母，故夫人亦率子女自北平來會，遂擇居耦園幽僻地，除間中至上海晤誠之先生外，杜門不出。生活多暇，每日上午習英文，閱讀一部美國學人所著世界史，雖無所成，但得益不淺。下午至晚間，撰述史記地名考。此書雖僅爲一部工具書，但編排組合，別具心裁，與一般工具書迥別。先生著述總與尋常不同，於此可見。

先生離開昆明之前，顧頡剛先生向哈佛大學哈佛燕京學社商得專款，在遷徙成都之齊魯大學成立國學研究所，邀先生同往開辦。先生東歸在即，受其聘，但請假一年，二十九年夏，始到成都履任。齊魯大學在成都南郊華西壩，研究所則在北郊崇義橋賴家花園，距城三十餘里，地靜書富，深爲愜意。會武漢大學歷史系諸生，感師資陣容不强，請學校邀約先生與呂思勉誠之先生等來校任教，校長王星拱撫五先生俯納諸生陳情，通函接洽，先生僅許講學一個月。民國三十年三月到嘉定踐約，講授中國政治制度史導論，與秦漢史兩課；並到岷江對岸凌雲大佛左側烏尤寺復性書院，講中國史上政治問題。書院爲馬一孚先生所創，專講理學佛性，不與武大師生往來，而邀先生講演，且不避政治史論題，殊爲意外。

其時國史大綱剛出版。此書多具創見，只觀其章節標題，點出每個時代之動態及其特徵，已見才思橫溢，迥非一般刻板僵化死氣沉沉者可比。尤極難能可貴者，往往能以數語，籠括一代大局。如論春秋戰國大勢云：「文化先進諸國逐次結合，而爲文化後進諸國逐次征服；同時文化後進諸國，雖逐次征服先進諸國，而亦逐次爲先進諸國所同化。」此數語切中事機，精悍絕倫。吾人可伸而論之，前世如商之滅夏，周之滅商，後世如北魏南牧，遼金侵宋，清之滅明，其結果影響皆可作如此觀。在此進展中，華夏文化疆域逐次擴大，終形成疆土一統、文化一統之廣土衆民大國局面。其他勝義紛陳，不能盡列。而引論一篇，陳寅恪先生謂爲近世一篇大文章。陳先生爲文雖在專業，但具通識，宜有此論！

先生前在北平與昆明講通史，本已哄動一時。此刻抗戰正在艱苦階段，此書刋出，寓涵民族意識特爲强烈，復在重慶等地親作多次講演，一以中華文化民族意識爲中心論旨，激勵民族感情，振奮軍民士氣，故羣情向往，聲譽益隆，遍及軍政社會各階層，非復僅爲黌宇講壇一學人。國家多難，書生報國，此爲典範，更非一般史家所能並論。

賴家院僻處鄉野田疇間，竹樹小溪環之，爲讀書佳境，研究員、助理員十餘人，各自鑽研，每星期六舉行講論會一次，每月出外旅行一天。講論會分組輪流，每次由一位研究員兩位助理員講演或報告，然後共同討論。其時余亦來所從先生問學，深感最得益處，乃在講後聽先生論評其是非得失，或作補充。往往諸生提出具體豐富之資料，得出正確結論，但不能伸論此項結論之意義；經先生加以發揮闡明，乃見此項結論意義重大。如此教示，眞如畫龍點睛，乃見生動靈活，啓發諸生能於深入研究得出結論後，站在堅强材料基礎上，作籠照全局之凌空發揮，以顯現論著之光輝性。

在此期間，先生先後到重慶中央訓練團，或遵義浙江大學等地講學歸來，即埋頭讀書寫作，先後完成清儒學案與中國文化史導論等書。學案係教育部奉蔣中正先生之命，特請先生編撰者，惜原稿在教部復員途中，墜落江流，僅存序目。

民國三十二年秋，齊魯研究所停辦，先生轉在華西大學任教，兼四川大學教席。得暇遊灌縣青城山，居靈岩山寺，西至老人村，乃唐宋以來一處世外桃源，村民數百家，年逾百歲者常十餘人。先生在四川數年，竟以講學繁忙，未及遊峨眉，經三峽、劍閣、秦嶺棧道諸勝境，每以爲平生之憾！

抗戰勝利後，先生以時事方擾，暫時不欲遽返京滬平津繁華地。民國三十五年，滇人于忠義創辦五華書院，邀先生任教。念戰後昆明環境寧靜，欣然應之，後亦兼雲南大學教席。先後居翠湖公園與唐繼堯舊宅。授課以中國思想史爲主，閱讀以禪師與新道教爲主，此爲先生治學之又一趨向。其時在偶然機會中得識滇中老伶工栗成之，精滇劇，一舉一動，皆深具功夫，妙得神情，先生自謂，每聽一次，即多得一次領悟，爲滇行一大奇遇。

先生多年胃病，不能根治。友人有云，人到老年，倍宜鄉食，先生以爲然。民國三十六年，無錫榮家創辦江南大學，屢次邀約任教，三十七年春，遂東返。時唐君毅先生亦在校，爲兩位先生論交之始。校舍新建，在縣西門外太湖之濱山坡上，風景極佳，常雇小舟，盪漾湖中，幽閒無極，成湖上閒思錄一書。是時又撰成莊子纂箋一書，尤爲近代莊子研究之突出著作。

民國三十八年春，先生與君毅先生應廣州私立華僑大學之聘，旋隨校遷香港。前在廣州，與張其昀、謝幼偉、崔書琴諸先生有約，在香港辦一學校。先生到港後，該校已定名亞洲文商學院，內定先生爲院長，並已向教育司立案。先生自以不能粵語與英語，甚感爲難，但其事已定，只得勉强應承，並邀請唐君毅與新知張丕介兩位先生共同効力。學校以民國三十八年十月開學，夜間上課，學生六十人。明年秋，別創辦日校，名新亞書院，申請立案爲香港當時唯一私立不牟利學校，請趙冰先生爲董事長。承新交上海商人王岳峯先生斥資，在九龍桂林街頂得新樓三楹爲校舍。初期同事僅君毅、丕介等少數人，旋有吳俊升、任泰、劉百閔、羅香林、張維翰、梁寒操、衞挺生、陳伯莊、程兆熊、楊汝梅等亦來任敎，或純盡義務，爲當時國內學人來港者之一薈萃地，故亦特爲香港教育司所重視。學生來源多爲大陸流亡青年，約近百人，多得免費。學校課程之外，又設公開學術講座，每週末晚七時舉行，校外來聽講者，常七八十人。

學校初期經費僅恃王岳峯先生支持；但王先生並非富商，不能久支，同人盼先生到台北，希能獲得支援，遂有民國三十九年冬台北之行。承各相關機構邀宴，垂詢校政，總統蔣公邀晤餐叙，由總統府每月先撥出三千港元支持學校經費。事定，應邀到台灣中南部各學校及陸海兩軍校講演；北歸，又在師範學院連續四次講演，題爲文化學大義；在國防部總政治部連續七次講演，題爲中國歷史精神；而人生十論亦就各校講詞整理而成。

民國四十年秋，爲現代基本知識叢書撰成中國思想史。是年冬復到台北，明年春承何應欽將軍邀約，在總統府戰略顧問委員會作連續五次講演，題爲中國歷代政治得失，即就前在北大講稿，增補再講之，後出書，甚爲海內外學人所重。是年四月十六日，應朱家驊先生之邀，爲聯合國中國同志會作一次例行講演，借淡江文理學院新建驚聲堂爲講壇。講詞方畢，屋頂水泥大塊墜落，聽講者立法委員柴春霖重傷不治，先生頭頂亦破，但未深入腦部，幸能康復，時年五十八。

民國四十二年夏，美國耶魯大學歷史系主任盧定先生來香港，受雅禮協會之託，擬在香港或台灣、新加坡覓一學校或醫院，提供補助發展。首約先生晤談。盧氏一一詢問，先生就辦學宗旨與情形，一一直率相告，遂定議協助。但先生提出一項先決默契，雅禮只可派人駐校聯絡，絕不能過問校政，盧氏亦同意。遂每年協助二萬五千美元為經常費；乃具函辭謝總統府贈款。

民國四十三年夏，先生又到台北，應蔣經國先生邀約，在救國團作連續四次講演，題為中國思想通俗講話。明年秋，又應教育部之邀，率領訪問團到日本作報聘訪問，所至以東京、京都、奈良三地為主。在京都、東京大學作公開講演，深感日本上下對於前次侵華戰爭並無懺悔意，而日本社會則在大變化中，左傾趨向尤堪警惕。其後定居台北，復兩度到日本韓國訪問，獲讀不少韓國理學家書，歸來有所述作。

民國四十三年秋，新亞在嘉林邊道增租新舍，兩處上課。旋復由盧定先生洽得福特基金會捐款為新亞建校舍，擇址農圃道，由港府撥地興建，四十五年落成。新亞之創辦以儒家教育理想為宗旨，故校內懸掛孔子畫像。其時雅禮協會代表建議，並掛耶穌基督像，先生以為新亞非教會學校，此項意見有違當初協議，斷然否決。

先是亞洲協會艾維先生與新亞久有聯繫，新亞獲雅禮之協助頗賴其促成。不久艾維又與先生協議，在太子道租樓，籌辦研究所，培養學術專才，但艾維先生不久即離任。至民國四十四年春，哈佛賴謝夫先生來嘉林邊道相訪，定議協助研究所支付獎學金、圖書費，並出版學報。至此研究所始能正式招生開辦，兩年畢業，成績優良者留所為助理研究員，有至十年以上者。又四十三年，哈佛燕京學社來函，請新亞選派年青教師到哈佛訪問，但無年齡適當人選。明年又有來函，遂推薦研究生余英時，以助教名義應徵，是為新亞研究所派赴國外留學第一人。其後新亞學生遠赴美歐日本遊學任職者，不勝縷列。

當時香港興辦私立書院七八所，獨先生所辦新亞得美國雅禮哈佛多方面作財力支持，深為香港政府所注意，遂於民國四十四年港大畢業典禮中頒贈先生名譽博士學位，以示尊重。

民國四十五年一月三十日，與胡美琦女士締結良緣。夫人爲江西南昌大家，先就讀厦門大學，隨家避難來港，曾在新亞求學一年。後至台灣，任職台中師範圖書館。先生在台講演受傷，赴台中休養，夫人每日抽暇伴侍，遂漸建立感情，旋就讀台北師範大學，四十三年畢業，亦來香港，復得日常相見，終結連理。

新亞創校以文史哲爲基礎，及得美國各方面協款穩定發展。四十六年二月，首創藝術專修科，發展爲藝術系，又組國樂團作課外活動。先生自幼重視藝術，此亦爲一項理想之實踐。四十九年復得雅禮代表羅維德協助，成立理學院。

新亞創辦獲美國多方面協助，美國各教會又支持創辦崇基書院，繼而亞洲協會出資集合當時其他五所私立書院，成立聯合書院，三校皆由美國協助興辦，香港政府乃有集合三校創辦一所公立大學之議。新亞同人多持異見，先生以爲新亞建校之初，本供早期大批青年難民就學機會，今時局已定，爲學生前途着想，應交付港府負責，且本人亦感精力日衰，辦學與研讀已難兼顧，當量才性，漸能擺脫行政工作。參加大學之議遂定。

民國四十八年秋，耶魯大學函邀在其東方研究系講學半年。先生乃邀請前教育部次長吳俊升士選先生爲副校長，代主校務。港府以吳先生爲國民政府前任官員，黨政色彩濃厚，諸多顧慮，經先生堅持爭議，終獲港督特別批准。學校主持有人，先生乃於明年正月，經日本到美國踐約，授課兩門，美加學生四人，而華人在耶魯任職者乃有十餘人，由李田意先生翻譯，故能暢所欲言。課外多暇，一方面補讀英文，一方面續寫論語新解。學期結束，耶魯特頒贈名譽博士學位，校長請李田意先生在典禮中，以華語作介紹，據云耶魯典禮中未曾有此先例。

先生在美國半年，先後到坡士頓、紐約、華盛頓、芝加哥，在哈佛東方學研究所、哥倫比亞丁龍講座、中美文化協會、芝加哥大學講演，復由芝加哥繞經大峽谷，到舊金山、西雅圖，折返芝加哥水牛城，遊尼加拉大瀑布，轉赴加拿大多倫多，復返美到紐約，中途作千島遊，再由紐約到英國，踐半年前之約。富爾敦爵士邀至其家，討論香港創辦新大學事，爲校長是否用華人，數度爭持，最後定議任華人爲之。後乃遍遊倫敦諸名勝，深感英國人極爲保守，而社會閒逸，與美國迥異。再轉巴黎，又感法國民風閒逸之情，又勝於英。會學校有事，函促速歸，乃急轉羅馬回港，擇居沙田西林寺後山。其時富爾敦又來港，議校名，先生主張不如逕名中文大學，衆無異議。大學成立，先生即辭新亞校長職，時爲民國五十三年夏。自辦亞洲文商至此，前後十六年，先生自謂爲平生最忙碌時期。董事會定議，先休假一年，明年離職。

先生休假之始即移居青山灣兩月，寓所爲一小樓房，環境幽靜，尤勝沙田。擬定退休後生活計劃，首爲撰寫朱子新學案。五十四年夏，南洋大學商請任校長，馬來亞大學邀請講學，先生不欲再涉行政，遂應馬來亞之聘；但不勝南國濕氣，胃病復發，明年二月即返香港，仍寓沙田舊址。其時香港難民潮驟起，乃於五十六年十月遷居台北。承先總統蔣公禮遇，公費建築庭園小樓，背山臨溪，署榜素書樓。先生幼居五世同堂大宅第三進素書堂側，故以名新居。明年七月，以百分之九十最高票，當選中央研究院院士，象徵中國文史學界同異學派之結合，尤具重大意義。

鄉居多暇，得哈佛支助三年研究費，專心撰寫朱子新學案，前後七年成書。自謂不卸新亞校政，絕不能成此專著。學案既成，遂應張曉峯先生之約，任中國文化學院歷史研究所教席，在家授課，台灣大專師生多人旁聽，成中國史學名著與雙溪獨語兩書。復應蔣復聰先生之約任中央博物院特聘研究員。院在素書樓對面，得每日到院讀四庫全書中宋元明理學諸集，續有撰述。其他著述有孔子傳與理學六家詩鈔等書。先生不能寫詩，但愛誦詩，以爲吟他人詩如出自己肺腑，亦爲人生一大樂趣。旋自編中國學術思想史論叢，分時代爲八册，爲先生平生有關中國思想論著作一結集，但莊老通辨、兩漢經學今古文評議、中國學術通義等仍各獨立爲書。

民國六十六年，先生年八十三，胃痛劇作，幾不治。明年春病漸癒，但兩目已不識人，不見字。會新亞創設錢穆講座，堅邀先生爲第一次講演人，情不能卻，講題爲從中國歷史看中國民族性及中國文化，凡六講，爲時三週。又明年，新亞創校三十年紀念，先生年八十五，復來香港，首先熱心協助新亞之耶魯盧定先生亦來港赴會，兩人回念前塵，感慨不已！

民國六十九年、七十年，復兩度來港，獲與留居大陸三子拙、行、遜，兩女易、輝，及長姪偉長先後相見。三十餘年海天違隔，幸能一晤，自感快慰。七十三年七月，先生復來港，在港門人爲先生慶祝九十壽辰，大陸子女與嫡孫亦得來會。其時先生精神仍甚健旺。七十八年，新亞創校四十週年，先生以九五高齡，仍能到港參加紀念會，於新亞、於先生個人，皆爲一大可欣喜事。但先生健康已大不如前！

民國七十五年，先生九十二歲生辰，在素書樓講最後一課，告別杏壇。故總統蔣經國先生念先生學林泰斗，民之碩望，特禮聘爲總統府資政，以表國家尊學崇德之忱。今年五月遷寓台北市城內杭州南路新居。先生勞碌一生，至此始有自置寓所。

先生年七十時，已患青光眼，自此目力日弱，閱讀漸感困難，八十四歲時兩眼已盲，但先生一向下筆千言，字甚工整，論文數千字，常只改數字，即可付印。及入老境，目不見字，但展紙落筆，亦只偶有一兩字重疊，故仍能撰文，惟不能親筆改訂，必賴夫人誦讀，再指示增補。是以先生晚年仍能著述不輟，最後出書乃名晚學盲言，雖云自謙，亦是紀實。

先生壯年時代，雖體魄强健，但爲傳統書生，不能自我料理生活。抗戰期間，輾轉後方，無家人照料，常致胃病大發，苦受折磨；直到香港成婚，生活始上軌道。夫人篤愛情深，加又心向學術，以爲維護先生健康，即爲學術盡一分神聖責任，故於先生起居飲食，精心照顧；意趣情懷，體貼入微。伉儷情濃，老而彌篤，舊新友生，同聲歸美。最近數年，先生腦力大衰，時或失去記憶，且不能進食，夫人千慮百計，尋醫進藥，期能延年於萬一。但年事已高，心力衰竭，終以今年八月三十日上午九時許，安祥中一瞑不視。魁斗星沉，士林震悼！

民國六十三年，先生年八十。生辰之前，偕夫人南遊，寓黎山、武陵農場等地，撰成八十憶雙親，後又撰師友雜憶。讀此兩書，先生幼年環境與一生行誼，歷歷在目。雖終一生只爲一介書生，但治學之暇，喜遊歷，醉心大自然山水幽寧中，得人生至趣；又於棋管遊藝無所不愛；交遊頗廣，論議敏健，先後辦學，一以理想爲依歸。兼此諸端，可謂多采多姿，此又非並世學人所能企及者，亦可謂學林一異人！惟先生最成功之一面，仍在史學研究。

綜觀先生一生治學，少年時代，廣泛習讀中國古籍，尤愛唐宋韓歐至桐城派古文，後始漸趨向學術研究，壯年以後乃集中向史學方面發展，故史學根基特爲廣闊，亦極深厚。再就先生治學途徑發展程序言，先由子學入門，壯年時代，最顯著成績偏在考證功夫，中年以後，以通識性論著爲重。但不論考證或通識論著，涉及範圍皆甚廣泛，如政治、如地理，亦涉及社會與經濟，惟重心觀點仍在學術思想，此仍植基於青年時代之子學愛好，是以常强調學術領導政治，道統超越政統。

近六十年來，中國史壇甚爲興盛，名家大師輩出。論根柢深厚，著作宏富，不只先生一人；但先生才氣磅礴，識力深透，文筆勁悍，幾無可比倫。直到晚年，後輩學人從先生問學，仍常感到先生思如泉湧，能隨時提出新觀點；退而思之，大多實有理據，並非恣意想像之說。惟先生天份太高，所提論點，往往如天馬行空，讀者未必人人都能理解，都能接受。但先生任何論點，多富啓發性，好學深思者，讀先生書，不論能否領受，皆能獲得一些啓示，激發讀者別開蹊徑，不致執着，拘守成說，不能發揮。此爲先生著作除了建立本身論點之外，對於史學教育之另一項貢獻，殊爲難能！

先生今以九十六高齡謝世，亦標識前一輩史學界之落幕。先生雖已作古，但遺留述作極爲豐富，供今後學人含英咀華，必將有更深遠之影響！

一九九〇年九月十六日初稿，一九九一年三月三十日校稿　刊新亞生活月刊一九九〇年十月十一日兩號。旋增訂再稿。一九九一年三月三十日校稿增補，呈錢師母審閱，六月八日最後增訂。

采薇新探

陳紹棠

（一）

小雅采薇，素稱葩經中之名篇，而確解則尚須論定。雖歷代經師，議論紛紜，迄今仍乏一致之看法。考其原因，一則由於事涉周初，而年代綿遠，書闕有間，難於求證，致其產生年代，難於確定。次則由於詩之內容，與漢代經師之解說，頗有分歧，難以調協。尚幸近數十年來，地不愛寶，文物出土日多，於以往頗多不爲人所注重之舊籍所載之史事，加以重新肯定。從而提供頗多新之觀點。故采薇一詩，亦宜從新加以檢討。

毛詩采薇序云：

「采薇，遣戍役也。文王之時，西有昆夷之患，北有玁狁之難，以天子之命，命將率，遣戍役，以守衞中國。故歌采薇以遣之，出車以勞還，杕杜以勤歸也。」

毛詩以采薇乃文王爲西伯時詩，且與出車，杕杜合爲一組，爲周朝用兵時，作遣戍役及返防時勞軍之詩歌。

今文三家，則持不同之觀點，王先謙三家詩義集疏所載，韓說無考，魯說則有：

「史記周本紀：懿王之時，王室遂衰，詩人作刺。」宋衷注：「時王室衰，始作詩也。」王先謙案：「謂始作怨刺之詩。」

「白虎通征伐篇：古者，師出不踰時者，爲怨思也。天道一時生，一時養人者，天之貴物也。踰時則內有怨女，外有曠夫。詩曰：昔我往矣，楊柳依依，今我來思，雨雪霏霏。」

「蔡邕和熹鄧后謚議文：家有采薇之思，人懷殿叩之聲。」

今案：史記所載，並無明指爲何詩。惟班固漢書匈奴傳引齊說，文與魯說同，而內容較詳備，故知魯說所指者即采薇一詩。蓋今文三家，大旨相近也。

齊說則有：

「漢書匈奴傳：周懿王時，王室遂衰，戎狄交侵，暴虐中國，中國被其苦，詩人始作疾而歌之曰：靡室靡家，玁狁之故。豈不日戒，玁狁孔亟。」

「漢書古今人表：懿王、穆王子，詩作。顏注：政道既衰，怨刺之詩始作也。」

「易林睽之小過：采薇出車，魚麗思初，上下促急，君子懷憂。」

韓詩雖無考，當無大異。王先謙云：「采薇乃君子憂時之作，魯齊詩有明文，毛序立異。與下章出車杕杜稱爲遣戍，勞還、勸歸。意仿周公東山三篇，次於文王之世，可謂謬矣。」故三家詩以爲采薇與出車、杕杜，各不相屬，三篇題旨獨立，並無牽涉。采薇乃君子憂時之詩，與毛說不同。

至於朱子詩集傳，則同意此爲「遣戍之詩」，然於詩序辨說中，又以爲「此未必爲文王之詩，以天子之命者衍說也。」此外，又有認爲襄王時詩者，說見王應麟詩考。其論據爲史記匈奴傳載：「戎狄至洛邑伐周襄王，襄王奔鄭之汜邑，……於是戎狄或居於陸渾，東至於衞，侵盜暴虐中國，中國疾之，故詩人歌之曰：戎狄是膺，薄伐玁狁。

至於太原，出輿彭彭，城彼朔方。」按「薄伐獫狁，至於太原」，乃小雅六月文，「出輿彭彭，城彼朔方」二句，見於出車。王應麟於句下注云：史記襄王之詩。至於「戎狄是膺」，則為魯頌閟宮文。姜炳璋詩序廣義謂「采薇出車杕杜，序傳皆云文王所作，而周公定為樂歌……史記漢書匈奴傳皆言文王伐昆夷，而史記混出車，六月兩篇為一詩，又入襄王紀。」王應麟蓋沿史記之誤而有此說耳。惟胡承珙毛詩後箋於史記之誤，有所辨證，謂：「史記匈奴傳云：戎狄破逐周襄王，立子帶為天子，侵盜暴虐，中國疾之，故詩人歌之曰：戎狄是應(案:原文如此)，薄伐玁狁，至於太原，出車彭彭，城彼朔方。是不獨混六月出車為一，並魯頌亦牽引及之。蓋彼時詩始萌芽，經師抱殘守缺，太史公雜採衆家，每多牴牾，本不足怪。」故襄王說不足信。惟采薇一篇，除文王、懿王、襄王三說外，復有謂其成於宣王時者。胡氏毛詩後箋云：

「漢書以采薇為懿王時詩，此或三家之說，然其云詩人始作疾而歌之，或以為傷今思古，如關雎刺時作諷之類耳（原注：鹽鐵論繇役篇；古者無過年之繇，無踰時之役，今近者數千里，遠者過萬里，歷二朞，長子不還，父母憂愁，妻子詠歎，憤懣之恨，發動於心，思慕之積，痛於骨髓。此杕杜采薇之所為作也。蓋亦以二詩為傷今思古之作）。其又云：宣王出師，命將征伐，詩人美其功曰：薄伐玁狁，至於太原，出車彭彭，城彼朔方（原注：鹽鐵論周宣王仲山甫式遏寇虐，亦引此四句）。則皆同史記混六月出車為一，此皆沿元朔元年封衞青等為侯，詔書引此二詩。然引詩為美者，漢詔之常，並無宣王襄王明文，史漢又誤從而實之耳。」（卷十六）

明季本詩說解頤雖亦主張采薇為宣王時詩，而另有新解，云：「此宣王時伐玁狁以歸，而勞還之詩也。」不但時代異於毛，而詩之作用亦不同。考其原因，則以詩句中最引人入勝一章：「昔我往矣，楊柳依依，今我來思，雨雪霏霏。」乃軍士役畢返防之語，而史漢均載有宣王時曾伐玁狁之明文故也。姚際恆詩經通論亦云：

「小序謂遣戍役．非。詩明言「曰歸曰歸，歲亦暮止」，「今我來思，雨雪霏霏」等語，皆既歸之詞，豈方遣即已逆料其歸時乎？又「一月三捷」，亦言實事，非逆料之詞也。或謂宣王，然與六月又不同時，或謂季歷，益妄。」

故姚氏以爲此當爲戍役還歸之詩。惟非作於宣王時耳。

（二）

以采薇爲宣王時詩，而論據較詳實者，有吳闓生及王國維。吳氏詩義會通云：

「序：采薇．遣戍役也。續序又以爲文王之詩。傳箋皆同其說。漢書匈奴傳及鹽鐵論，則皆以出車，六月爲宣王時詩。而史記又以采薇、六月爲襄王時詩。漢書以采薇爲懿王時詩。考六月出車皆言伐玁狁之事，明爲一時之作。毛鄭必以魚麗以上爲文武之詩，故迂曲說之，蓋不可信。前人多辨其非者，而顧棟高說之尤暢。顧云：文王果有伐玁狁之事，何以書傳無徵。皇矣之詩，述伐密伐崇，而不及此。舉細遺大，其謬一也。南仲爲文王將，宜在元勳之列，何君奭書但舉閎夭散宜生，而不及之，二也。漢書人表文王之臣無南仲，而南仲與召虎方叔同列，三也。後漢馬融疏亦云：玁狁侵周，周宣王立中興之功，是以赫赫南仲，載在周詩。未嘗以南仲有二。勝毛鄭說多矣。且詩中數數稱述王命，自謂周之天子，若殷紂亡國淫昏之主，何足播之管弦，而盛張以示後嗣哉。此尤不待申辨而明者也。序傳之不可信，於此爲甚。」

吳氏之意，實本于顧棟高以南仲爲宣王臣之論點，而出車、六月並言伐玁狁，毛傳明言六月乃宣王北伐之詩，故出車、六月年代相同，當無異議。而采薇亦並牽合其中，則嫌過勇，蓋采薇除提及伐玁狁外，不論時、地、人物，均無顯示與宣王有關涉也。王國維云：

「按出車詩云，赫赫南仲，玁狁於襄。又云：赫赫南仲，薄伐西戎。既云玁狁，復云西戎。鄭君注尚書大傳據之，遂云：南仲一行，並平二寇。序詩者之意，殆亦以昆夷當經之西戎，與鄭君同。不知西戎即玁狁。互言之以偕韻，與孟子之昆夷，獯鬻錯擧之以成文，無異也。不娶敦以玁狁與戎錯擧，正與出車詩同。」（鬼方昆夷玁狁考）。注1

又云：

「詩詠伐玁狁事有采薇出車六月三篇，六月之爲宣王時詩，世無異論。唯采薇出車二詩，毛傳及詩序皆以爲文王時詩。然其詩云：王事靡盬。又云：王命南仲。又云：天子命我，城彼朔方，皆不似諸侯之詩，序以爲文王以天子之命、命將帥、遣戍役、故其辭如此。然三家詩說，殊不盡然。漢書匈奴傳謂懿王時，戎狄交侵，詩人始作疾而歌之曰：靡室靡家，玁狁之故，又曰：豈不日戒，玁狁孔亟。則班固以采薇爲懿王時詩也。出車詠南仲伐玁狁之事。南仲亦見大雅常武篇，其詩曰：王命卿士，南仲太祖，太師皇父。傳謂王命卿士南仲於太祖，皇父爲大師。白虎通釋爵人於朝，封諸侯於廟。引詩曰：王命卿士，南仲太祖。白虎通多用魯詩，是魯說亦與毛同。箋則以南仲爲皇父之太祖，係文王時人。然漢書古今人表繫南仲於宣王時，在方叔召虎之下，仲山甫之上，而文王時別無南仲。後漢書龐參傳載馬融上書……皆以南仲為宣王時人，融且以為出車之南仲即常武之南仲矣。今焦山所藏無惠鼎云：司徒南中入右無惠，其器稱九月既望甲戌，有月日而無年，無由知其為何時之器，然文字不類周初，而與召伯虎敦相似，則南仲自是宣王時人，出車亦宣王時詩也。徵之古器，則凡記玁狁事者，亦皆宣王時器。兮甲盤稱，惟五年三月既死霸庚寅，此正與余既死霸之說相合。虢季子白盤云：惟王十有二年正月初吉丁亥，案宣王十二年正月乙酉朔。三日得丁亥，亦與初吉之語合，而十二年正月丁亥為鑄盤之日，則伐玁狁當為十一年事矣。由是觀之，則周時用兵玁狁事，其見於書器者，大氐在宣王之世，而宣王以後，即不見有玁狁事。」[注2]

王氏所論，頗為吸引。少數學者如陳子展、則仍主毛說，錢賓四師則以「六月、采芑、采薇、出車，非一人一時之詩」[注3]外。多從王說。陸侃如即據王說而成「采薇出車六月三詩的年代」一文，定三詩皆為宣王時詩。陸氏云：

「采薇與出車，實在是同時的詩，前人所舉異點，實在似是而非。采薇的雨雪霏霏，與出車的雨雪載塗，本是相同之證，姚際恆亦如此說。而錢澄之認為不同時，頗有點無理取鬧。黍稷方華固在夏日，但楊柳到夏日還可以依依，並不限於春月的。至於姚際恆致疑於春日遲遲，那顯然是翌年的事了。只有采薇無西戎南仲字樣，值得考慮。不過，采薇通篇未及將帥姓名，那麼，不提及南仲也不足怪。」（采薇出車六月三詩年代）[注4]

陸氏又據王氏謂「西戎即玁狁，互言之以諧韵，與孟子之昆夷玁狁，錯舉之以成文」之說，而定采薇與出車實同敍一事，采薇之時代可由出車而定。[注5]

按：陸氏據采薇出車二詩中相近之句法，强爲牽合。又據六月與出車二詩所詠之事及人物比附采薇爲同時之作，實嫌勉强。蓋若從采薇出車及杕杜之詩句觀察，采薇之「雨雪霏霏」與出車之「雨雪載塗」，後者顯屬模擬。而采薇「王事靡盬」句，則又見於唐風鴇羽篇。采薇之「不遑啟處」句，亦見於出車，而出車五章「喓喓草蟲，趯趯阜螽，未見君子，憂心忡忡，既見君子，我心則降。赫赫南仲，薄伐西戎。」召南草蟲首章則作「喓喓草蟲，趯趯阜螽，未見君子，憂心忡忡，亦既見止，亦既覯止，我心則降。」幾更全章襲用。至於杕杜，則唐風有杕杜及有杕之杜二篇。然有可論者，王事靡盬及不遑啟處之類，乃常語，他詩用之不奇；而杕杜及有杕之杜，亦屬起興句式，不必刻意區別。但召南草蟲首章與出車五章，其爲仿襲，極爲明顯。他如邶有谷風，小雅亦有谷風，內容句法亦近似，若云詩句相同則二詩時同，則召南草蟲成詩時代亦與出車相若乎？唯學者多以爲風詩較小雅晚出，故詩句之相同，與成詩之時代無必然直接之關係也。況出車之雨雪載塗，顯不及雨雪霏霏之吸引，此則因采薇之描述細膩，致令此章成爲三百篇情景交融之典範，冠絕千古。出車作者雖欲仿效，然黍稷方華與雨雪載塗自難與楊柳依依及雨雪霏霏相比，蓋珠玉在前，難以爲繼也。倘如陸氏所謂二詩句意相同，而夏日亦可楊柳依依。則煮鶴焚琴，無過於此矣。

（三）

王氏謂據靑銅器之考訂如虢季子白盤，兮甲盤等之銘文，而謂周時用兵玁狁事，其見於書器者，大率在宣王之世。唯近人綜合硏究所得，則結論恰相反，何幼琦氏云：

「由於史籍、文獻中，只有宣王伐玁狁的記載，於是將銘有征嚴允的諸器，如虢季子白盤，不其簋、兮甲盤一律斷爲宣王時器；一九四二年出土的禹鼎，也因有追搏嚴允一事，被斷爲宣王時器，甚至於以叔禹附會詩經中的尹吉甫。其實，除了兮甲盤以外，都不是宣王時器。」（試評銅器斷代法的得失）。注6

而文王時受玁狁擾侵，書器不乏記載。惟或稱鬼方，或稱昆夷……不一而足。錢賓四師據史記匈奴傳：「唐虞以上有山戎獫狁葷粥，居於北蠻。」索隱：「葷粥，匈奴別名也。唐虞以上曰山戎，亦曰熏粥，夏曰淳維、殷曰鬼方，周曰玁狁、漢曰匈奴。」錢師云：

「然則，太王之所事曰獯鬻，而齊桓之所伐曰山戎者，同出一族，居於北蠻，即我所謂王季所伐曰燕京之戎者無疑也。其族名燕，聲變則爲犬爲鬼爲混爲獯爲狁爲淳，而最後則曰匈奴。其實則一音之遞變也。以其居山中，故曰山戎，以其居諸夏之北，故曰北蠻，及其遷而至於西，又曰西戎焉。後人以鬼方爲西戎既誤，又以太王事獯鬻在鳳翔岐山，皆失之矣。王氏「鬼方昆夷玁狁考」既知其族之爲一，而於其族居地，及其遷徙往來之迹，辨之猶未晰。」（周初地理考）注7

據此，則殷代以來，玁狁已與中國接觸。如胡厚宣「殷代封建制度考」所載：注8

243「己酉卜，貞雀往正（征）犬弗其　（禽），十月。」（鐵181３）

348「令犬方」（續下62）

此稱犬方

329「已酉卜、宂、貞鬼方易亡禍、五月。」

330「己酉卜、內、□鬼方易□□、五月。」（甲3343）

此二條稱鬼方，內容僅易一字，乃甲文同事多卜所致，差別在貞人不同耳。鬼方之名，又見於大小盂鼎，大盂鼎乃記王遣盂就國之事，出土地點在陝西鳳翔府郿縣禮村溝岸間，即盂國封地。小盂鼎則記盂伐鬼方獻俘受錫之事。王氏以爲乃成王時器，今人考訂則以爲當屬康王時器，錢賓四師云：

「然當成（按當改作康）王時，周室正全盛，盂之封地既在郿，尚在岐周東南，而已與鬼方接壤。則其時岐山鳳翔早已在鬼方蹂躪之下。今與其謂周自文武時勢力東漸，而太王岐周故壤，已不免淪爲鬼戎異域，故至成（康）王時封盂國，肆撻伐。曷若謂周人本居渭下流，自東而西，鬼戎爲王季文王所逐，故其部落漸引避涇渭之上游，以至汧隴之間。而成（康）王時封盂立國，又漸次擴張國力於西土，而鬼方犬戎又受周人逼逐之爲得其情實耶？且其後秦人東漸，即自隴東南而達汧渭，汧渭以上乃秦之所居，非犬戎本土明矣。故王氏考謂爲成（康）時鬼方疆域如此則可，若上推以定殷高宗周王季時居地已然，則大誤也。」（周初地理考）注9

據此，則采薇序稱文王時西有昆夷之患北有玁狁之難，甲骨文及周初金文，皆有明文記載，雖名稱有異，而其族則一也。譚戒甫亦云：

「按武丁時的周尚在邠岐一帶，和犬戎毗鄰，犬牙相錯，據卜辭，今武功縣以東，興平縣以北，當時還是犬戎所居，久爲殷的屬地。至於岐以西，邠以西北，當時還是鬼方所占據，其宗鬼方也是犬方的異稱，鬼犬二字和串、毌、干、昆、混諸字都不過一聲之轉而已。」（先周族與周族的遷徙及其發展）注10。

考國語周語上載祭公謀父云：「昔我先王世后稷以服事虞夏，及夏之衰也，棄稷不務，我先王不窋用失其官，而自竄於戎狄之間。」韋昭注：「不窋失官，去夏而遷於邠，邠西接戎，北近狄也。」史記周本記：「公劉雖在戎狄之間，復修后稷之業。」可爲上二說之證。

至於舊籍中，文王備戎之記載亦不乏，如今本竹書紀年帝辛十七年：西伯伐翟；三十四年：周師取耆及邘，遂伐崇，崇人降；冬十二月，昆夷侵周。大雅緜篇稱：混夷駾矣，維其喙矣。」即指此。及文王在位。史記周本記謂：「西伯以斷虞芮之年受命，明年伐犬夷，明年伐密須，明年敗耆國。明年伐邘，明年伐崇侯虎，作豐邑，明年西伯崩。」尚書大傳亦載：「文王受命一年，斷虞芮之訟，二年伐邘，三年伐密須，四年伐犬夷，五年伐耆，六年伐崇，七年而崩。」文略異，而皆無言及玁狁之事者。然毛詩小雅采薇正義引帝王世紀：「文王受命，四年，周正月，丙子朔，昆夷氏侵周，一日三至周之東門，文王閉門修德，而不與戰。」（大雅緜正義引同，惟昆作混，無朔字及氏字）。雖及昆夷之名，而帝王世紀乃皇甫謐所著，雖其書多采古文尚書及六經圖讖，終以晚出而不可以爲典要。先秦古籍中，能與采薇序直接互證者，唯逸周書序一條而已。其文云：「文王立，西距昆夷，北備玁狁，謀武以昭威懷，作武稱。」舊說詩序出於國史之手。而逸周書據漢書藝文志載周書七十一篇，顏師古注引劉向云：周時誥誓號令也，蓋孔子所謂百篇之餘也。今之存者四十五篇矣。」漢書蕭何傳引周書曰：「天予不取，反受其咎」。顏注云：周書者，本與尚書同類，蓋孔子所刪百篇之外，劉向所奏，有七十一篇。」漢志列六藝略書九家中，爲史官之書。如非僞託，則其可信程度甚高。但宋以來，不少學者以此書爲僞作。陳振孫直齋書錄解題以爲「文體與古不類，似戰國後人仿效爲之者。」姚際恆古今僞書考直斥之爲僞書，謂其「乃抄纂呂氏春秋、史記、禮記、周禮、乃漢

以後人所爲。」鄭瑗井觀瑣言則謂其爲「漢魏晋間詭士所作」。近人黃沛榮則認爲此書與晋代出土之汲冢竹書完全無涉。注11

惟經近代學者如梁啟超、呂思勉、郭沫若、顧頡剛、朱希祖、何幼琦、楊寬、劉起釪等深入探討之後，咸以爲今本逸周書雖非原本，其所載史事，皆有所據，尤以殷周間之事，可信程度甚高。朱希祖著汲冢書攷，論此書之來源，最爲詳備。朱氏據今本逸周書大武篇「三檳厥親」句孔晁注云：「擯一作損」，知晋時周書實有二本；一爲汲冢所出古文本，一爲漢以來所傳今隸本。原稱周書，後以書中所載乃尚書之遺，故又名逸周書。朱氏考云：

「隋書經籍志僅載孔晁周書十卷，不載孔晁注本，唐書經籍志僅載孔晁注周書八卷，不載汲冢周書十卷。蓋皆互有遺漏。惟唐書藝文志既載汲冢周書十卷，又載孔晁注周書八卷。蓋汲冢十卷爲無注本，孔晁注本唐時已有闕篇，故並載焉。顏師古漢書藝文志周書注云：今存者四十五篇，蓋指孔晁注本言也。劉知幾史通六家篇云：「又有周書者，凡爲七十一章，上自文武，下終靈景。」不言有闕，蓋所見爲汲冢十卷本。是唐時尚二本並傳也。汲冢本無注而有十卷，孔晁本有注卷數反少，而僅八卷。知八卷本即師古所見之孔注四十五篇也。師古以後，孔注又亡三篇。自宋以來，蓋以汲冢本補孔晁注本，而去其重複。故孔注僅有四十二篇，而無注者十七篇，及序一篇，合成今本六十篇。仍題曰汲冢周書。其所亡十一篇汲冢原本或有或無，已不可知。今四部叢刊景印明嘉靖繙宋嘉定丁黼本即如此。由此言之，今本周書孔晁注四十二篇，其爲漢以來所傳舊本，抑爲汲冢本，尚待深考。其無注之十七篇及序一篇，幸賴汲冢周書以傳，此爲不可掩之事實也。」（汲冢書篇目考第三）注12

由此可知，今本逸周書雖有散失，而其篇目，大體仍保持舊觀。清代朱右曾亦嘗加整理，爲之集訓校釋，云：「此書雖未必果出文、武、周、召之手，要亦非戰國秦漢人所能僞托。」又謂：「克殷篇所叙，非親見者不能，商誓、度邑、皇門、芮良夫諸篇，大似今文尚書。」[注13]。近代學者，即以書中所載，利用新得之甲骨文及金文材料，加以比勘，結果往往相合。如顧頡剛之「逸周書世俘篇校注寫定與評論」[注14]，即以世俘篇校尚書武成篇，以爲武成既亡，轉而得保存於世俘。何幼琦「武成、世俘述評」，則以爲今之世俘底本實有一定之根據，頗爲可信。其中所記時日，可以一一考證。而楊寬之「論逸周書」，利用清代唐大沛之逸周書分篇句釋手稿本，一一指證度訓、命訓、常訓三篇疑爲尚書顧命所謂「周之大訓陳於西序」者，商誓、度邑、皇門、嘗麥、祭公、芮良夫等訓告書與克殷、世俘、作雒等記事書皆爲眞古書，甚可信。而商誓、度邑、皇門、嘗麥、祭公、芮良夫與今文尚書廿八篇悉同軌轍。[注15]乃迄今對此書所載殷周史料體會最深之著作。其他治殷周史而漁獵於此書者，更不可勝數。可見此書之史料價値。由是言之，采薇序所稱旣與逸周書序相近，其爲出於國史之手，蓋無可疑，而此一世間僅存之三百篇孤證，幸因對逸周書之深入研究而重爲人所認識，寧非大幸乎。王國維謂采薇爲文王時詩，書器無徵，誤矣。呂思勉氏謂逸周書「所述史迹，尤爲他書所不見，實先秦舊籍中之瑰寶也。」[注16]，於此又得一證。故采薇成詩之年代，不宜輕改。

（四）

然則，采薇與出車之成詩時期不同，何以詩序竟將之與杕杜合爲一組，以爲周朝用兵時遣戍，勞還之詩歌乎？此則因成詩時有先後，其內容所涉者乃客觀之史實，無可改變。故采薇爲文王時詩，出車則爲宣王時詩也。然成詩之後，經國史收集，加以編整，則不能無編整者之主見滲入其中，而去取之間，不免忽略詩中之史實而以編者之意志爲主，故雖同一主題，而詩之內容則有參差。此編詩之義也。如魚麗序云：「魚麗，美萬物盛多，能備禮也。文武以天保以上治內，采薇以下治外，始於憂勤，終於逸樂，故美萬物盛多，可以告於神明矣。」今文三家則完全不取此意，可見一斑。又如杕杜一首，論者皆以爲思婦之詩，而毛詩乃混於采薇，出車，爲朝廷勤歸之詩歌。姜炳璋論之云：

「然則采薇三詩是言當日之事，故重玁狁，繫之篇追言德化，故止言昆夷，義各有當也。況玁狁叛商，文王奉天子之命遣將伐之，臣道無成。周公頌德，安得以商王之功爲文王之功也哉。此大雅詳言伐密伐崇，而不及玁狁也。後日定爲樂歌，凡周家遣戍役。勞還率，還役皆用之，則又以周爲天子。叛國即爲玁狁矣。惟其所指而用之，豈必泥其詞耶。」（詩序廣義卷十六）

至於三家詩謂采薇爲怨思之詩，則屬引詩之義。用各有當，不能執一而論之也。故采薇爲文王時詩，不但史有明證，而書亦有明文，惜逸周書爲後人誤解，致舊籍上能與采薇序能互證之唯一孤證，乃爲人所忽略。故詩序之說，不宜輕改。後人疑之者，一則以書闕有間，文獻不足，一則以不明治詩之道，法有多途所致也。明乎此，可以治詩矣。

注釋：

1. 觀堂集林卷十三

2.見前
3.「周初地理考」，古史地理論叢　台灣東大圖書公司
4.詩經學論叢　江磯編，台灣崧高書社
5.見注4
6.西周年代學論叢　何幼琦著　湖北人民出版社
7.見注3
8.甲骨學商史論叢初集（上）　齊魯大學出版　台灣大通書局翻印
9.見注3
10文史第六輯　中華書局
11周書研究　黃沛榮著　台灣國立大學博士論文
12汲冢書考　朱希祖著　中華書局
13逸周書集訓校釋卷首　朱右曾著　萬有文庫
14文史第二輯　中華書局
15中華文史論叢　一九八九年第　輯
16經子解題　呂思勉著　香港翻印本

無錫榮氏的教育事業

李木妙

一、前　言

榮氏企業包括茂新、福新麵粉無限公司和申新紡織無限公司三大系統，是由江蘇無錫人氏榮宗敬與榮德生兄弟倆創辦。他們兄弟在企業初創時，便已關心地方公益與社會教育事業；這也許與其父榮熙泰（1849—1896）生前遺言：「立身治家，常須推其有餘」[1]有關。先祖遺訓之外，當時社會風氣的影響亦不無關係；榮氏兄弟，尤其是榮德生於民初曾先後當選爲江蘇省議員、北洋政府的國會議員，經常出席國家工商會議，而該時農工商部由張謇主持，自然受他的言論影響，接受張謇「以教育來改進實業的主張」，這正如錢序所謂：「南通張先生謇謂以實業家辦實業教育，方不爲空談，足爲當世圭臬。」[2]民國九年（1920），榮德生曾與張謇監燒鴉片，翌年至南通參加蘇社會議，並實地考察張氏創辦的各種社會事業，[3]這些見聞對榮氏在無錫、上海推行社會教育事業，不無觀摩、促進的作用。與此同時，榮氏兄弟在從事實業創辦的過程中，逐漸認識到興辦地方公益事業，特別是教育事業方面，培養企管技術人才對發展企業的關係密切。何況身爲地方名望、國會議員，屢次接受政府嘉獎的鼓勵，對地方公益事業更熱心倡導，以便樹立楷模。

二、榮氏兄弟創業的經過

榮氏企業的創辦人——榮宗敬（1873—1938）、榮德生（1875—1952）兄弟，是江蘇省無錫西（開源）鄉榮巷人氏。先世素多從商，祖父榮錫疇是往來滬、錫的商販；[4]父親榮熙泰（1849—1896）年青時當過鐵肆學徒和冶坊帳房，光緒九年（1883）赴粵，次年經族叔榮俊業推薦，結識當時在廣東任磨刀口稅使的太倉人朱仲甫，榮熙泰因之充任厘卡師爺職位，月薪31.8兩銀。光緒十二年（1886）榮熙泰隨朱氏調任三水河口厘金大差，翌年又隨朱氏調肇慶府知府上任總帳；後又調回三水舊任，直至光緒廿一年（1895）才因患病離粵返錫。榮熙泰在廣東任職十餘年，頗有積蓄，[5]此爲他日後開設錢莊的資本。

榮氏兄弟均先後在上海錢莊當學徒，宗敬（名宗錦，號錦園、小辮子）在永安街的源豫店，德生（名宗銓，號樂農、二木頭）則在通順錢莊，待遇是壓歲錢2元，月規錢200文。[6]榮宗敎十九歲滿師，到南市鴻昇碼頭里街生（森）泰蓉錢莊當跑街（外出收帳員），[7]專管上海、無錫、江陰、宜興間滙兌業務。[8]榮德生十八歲滿師後，嫌錢莊薪俸低，不願留在原莊工作，隨父親到廣東三水河口厘金局任幫帳房（助理會計或文員），月薪22元。光緒廿一年（1895）榮德生未接連任通知，跟父親回無錫。[9]時值中日甲午戰事，生泰蓉錢莊吃著天津小麥虧失利倒閉，榮宗敬亦回無錫閒居年餘。然而當時開錢莊的風氣較盛，榮熙泰眼見同輩如：周舜卿、祝蘭舫、唐晋齋、楊珍珊等人均因開設錢莊和經營工商企業而發財，加以榮宗敬、榮德生兄弟本來是錢莊出身，對於處理錢銀帳務等經驗豐富，於是在光緒廿二年（1896）與友人合伙在上海的鴻昇碼頭附近開設廣生錢莊，資本額3,000元，榮熙泰爲榮氏兄弟倆出資本一半（即1,500元），由榮宗敬任經理，榮德生管正帳，經營上海與常州各從屬間滙兑業務；後來因業務擴張上需要，在無錫設立分莊，由榮德生出任經理，同年六月榮熙泰去世。廣生錢莊最初二年的營業還不大理想，另外三個合伙股東不願再做，抽回股金，因此自光緒廿四年（1898）起，廣生錢莊便由榮氏兄弟獨資經營。[10]光緒廿六年（1900）北方因義和團事件而爆發八國聯軍戰事，錢莊營業好轉，該年盈餘竟達4,900兩之多，此後數年均獲如此厚利。[11]

榮氏兄弟開設錢莊的同時，還兼營收繭業務。無錫是江南著名的蠶絲產地，養蠶和繅絲工業向來發達；他們的家鄉——無錫榮巷，背山面湖，當地居民，多以養蠶爲業。榮氏家裏也有十多畝桑田，並僱工養蠶，光緒廿二年（1896）其父曾與人合伙開設公鼎昌繭行，起初規模不大，僅有十幾個繭灶頭；後來因經營錢莊賺錢，並可利用滙兑資金，收繭業務逐漸擴大，除了無錫榮巷之外，又在宜興、溧陽一帶分設繭行，加以對蠶農剋扣洋厘、壓磅和殺價等便宜，因此能夠年年賺錢。[12]

光緒廿五年（1899）冬，榮德生應朱仲甫的邀請，再度赴廣東任厘金（稅務）局總帳。[13]日理稅務，知204種貨物中，以衣、食兩種銷路最好，[14]而進口麵粉爲洋人食品，通商條約載明免徵稅；事實上，外商並不需要食用這麼巨額進口麵粉，大部份還是售給中國人消費。[15]次年，榮德生休假回鄉，途經香港，見洋粉爲大宗營業。他抵達上海後，就把上述情況告知他的兄長榮宗敬。其實榮宗敬早在錢莊習業和工作時，由於他接觸的多是買賣棉、麥的客戶，他不僅對資金的調撥與運用非常熟悉，而且對於棉、麥產銷動態等方面也十分了解。後來自己開設錢莊，發現每年春夏之際，由上海滙往無錫、常州、宜興、溧陽等地採購小麥的款項爲數頗巨，[16]其中大半是上海增裕、阜豐兩家麵粉廠辦麥用的。時值八國聯軍之役，上海等地物價大受波動，各業均平淡，惟裝運北洋麵粉暢銷，增裕和阜豐二廠均獲大利。又看到內地有些舊式商人，只知兢兢業業安於傳統經營方法，企業並不得發展；而滬、港等地興辦的新事業，如太古糖廠、業廣地產、火柴、罐頭食品、電燈、自來水、礦業等大多發展興盛；[17]何況自甲午戰後，朝野有識之士，極力倡辦西洋新式工業，以挽回利權、抵制洋貨，杜絕漏卮。[18]於是他認爲經營錢莊，既可裕國、又可益民、更加利己，遂同意榮德生的建議，決定把錢莊資金轉移到實業方面。[19]

由於麵粉免稅、市場需要，有利可圖，本身亦具業務常識，加以政府鼓勵，榮氏兄弟便把歷年盈利轉移投資；[20]光緒廿六年（1900）乘著八國聯軍戰事爆發、北方發生糧荒的有利時機，與朱仲甫等在無錫產麥區，創辦保興麵粉廠（光緒廿九年改組爲茂新麵粉廠），[21]爲榮氏從事實業的起步。光緒卅一年（1905），榮氏兄弟又趁日俄戰後中國興起創辦實業的熱潮，與榮瑞馨等開設振新紗廠，將麵粉業的盈利投資在紡織業上。民國元年（一九一二）再和王禹卿等在上海創立福新麵粉廠，[22]至此榮氏企業在粉、紗業上的基本規模奠定。民國四年（1915）榮氏兄弟退出無錫振新，另在上海創辦申新紡織無限公司。[23]歐戰前後，麵粉廠系統方面：茂新由一廠擴充爲四個廠、福新亦由一廠發展至八個廠，棉紗廠系統方面：申新則由一廠增至四個廠；榮氏已成功登上「中國麵粉大王」的寶座，並朝「中國棉紗大王」的行程進發。[24]至民國廿年（1931），茂、福新麵粉廠發展停滯，仍是十二個廠，而申新棉紗廠則繼續擴建爲九個廠，另設置公益鐵工廠、上海茂新棧、福新運輸棧、同仁儲蓄部、濟南和鄭州打包廠等共廿七個企業單位；抗戰前，申新投機虧損鉅大、債台高築、稅息累重，後因資金週轉失靈而擱淺，各廠受銀團控制，申七亦遭滙豐拍賣，企業危機加深，申新紗廠發展停滯，茂、福新麵廠擴充停止，業務萎縮。抗戰期間，榮氏在濟南、無錫、上海等地的企業遭受戰禍及日寇劫管，損失慘重；無錫公益鐵工廠和漢口申四福五則先後內遷川、陝等西南、西北大後方。勝利復員，榮氏企業統一未成，卻分裂爲總公司、總管理處和申四福五等三大系統；民國卅八年（1949），中國大陸政局急轉直下，榮氏把資金抽調海外，並將部份機器設備南遷往廣州、香港、台灣和外撤泰國、巴西等地。

三、榮氏創辦教育的概況

榮氏在教育事業上，自初等教育、中等教育、高等教育、工業研究，以及職業訓練與補習等均有相當之貢獻；尤其在提倡女子教育、職業勞工教育上，曾扮演極爲重要的角色。

㈠初等教育

榮氏本著「興學育才」的宗旨，早在光緒三十二年（1906）就將榮氏家塾改爲「公益小學」。他們主張女子也有接受教育的權利，光緒卅四年（1908）開辦了第一所「競化女子學校」；此後至民國廿年（1931）的二十多年間，先後共創辦了四所小學、四所女校，及二所勞工子弟學校，共十餘所初等學校的概況，[2]茲將期間略歷簡述如下：

㈠公益第一小學校——六年制，光緒三十二年（1906）正月開辦。校址在無錫榮巷；校舍係特建。民國十八年（1929）有學生290人，開教室七所；十七年（1928）春，以校舍尚嫌狹隘，分三年級以上五教室於榮巷楊絲橋已停辦之工商中學內。校長朱鏕，字毓騏，任職逾十年。該校一直延辦至卅八年（1949）以後。

㈡公益第二小學校——四年制，民國二年（1913）正月開辦。校址在無錫徐巷之梅園，校舍係特建；十八年（1929）有學生82人，開教室兩所。校長錢藝，字漱六。

㈢公益第三小學校——四年制，民國二年（1913）二月開辦。校址在無錫大淀，校舍係借用民房；十八年（1929）有學生41人，開教室一所。校長顧學潛，字亦昭。

㈣公益第四小學校——四年制，民國二年（1913）二月開辦。校址在無錫下俞巷，校舍係半係新建，半係借用廟宇；十八年（1929）有學生55人，開教室一所。校長辛一霖，字栽臣。

㈤競化第一女子小學校——六年制，光緒三十四年（1908）開辦。校址在無錫榮巷，校舍堂係特建。民國十八年（1929）有學生150人，開教室四所；校長施嘉績，字獻臣。該校一直延辦至卅八年（1949）以後。

㈥競化第二女子小學校——四年制，民國四年（1915）正月開辦。校址在無錫河埒口，校舍係借用民房。學生最多時有70人，開教室兩所；民國十六年（1927）七月停辦，自此以後由當地人士籌款接辦，改名化新。

㈦競化第三女子小學校——四年制，民國四年（1915）三月開辦。校址在無錫仙蠡墩，校舍係借用民房，開教室一所；民國十六年（1927）七月停辦。

㈧競化第四女子小學校——四年制，民國四年（1915）正月開辦。校址在無錫徐巷，校舍係借用民房。學生最多時有70人，開教室兩所；民國十六年（1927）月停辦，由當地人士繼續維持。

㈨上海私立申新學校——六年制，民國六年（1917）榮宗敬因鑒於工人子弟失學之可慮，乃購地於上海周家橋，創辦私立申新學校，闢教室二所；並有成績室、運動場等，應有盡有；經費由申新一廠負擔，七年（1918）春開始招生，十八年（1929）有學生120人。

(十)無錫私立申新學校——六年制，民國廿年（1931）創辦，校址在無錫西門，經費由申新第三紡織廠負擔。招收申新三廠勞工子弟，學費全免，最初只有學生30餘人，校舍亦極簡陋；廿二年（1933）六月，始建新屋，另闢新教室一所，學生依程度，分三、四年級爲中級部，一、二年級爲低級部。二十三年（1934）八月，復與申新分工會合辦高級部，添五、六年級學生分別教授，擁有學生150人。校長蔡文玉。[27]

表一　榮氏創辦小學一覽（1906—1931）

校名	校址	學制	校長	校舍	課室	概況
1 公益第一小學	無錫榮巷	六年	朱鏞（毓麒）	特建	一所	民國十七年（1928）有學生297人。
2 公益第二小學	無錫徐巷	四年	錢藝（漱六）	特建	二所	民國十七年（1928）有學生82人。
3 公益第三小學	無錫大淀	四年	顧學潛（亦昭）	借用民房	一所	民國十七年（1928）有學生41人。
4 公益第四小學	無錫下俞巷	四年	辛一霖（栽臣）	借用廟宇	一所	民國十七年（1928）有學生55人。
5 競化第一女子小學	無錫榮巷	六年	施嘉績（獻臣）	特建	四所	民國十七年（1928）有學生150人。
6 競化第二女子小學	無錫河埒	四年	——？	借用民房	二所	學生最多時有70人。
7 競化第三女子小學	無錫仙蠡墩	四年	——？	借用民房	一所	迄民國十六年（1927）七月停止。
8 競化第四女子小學	無錫徐巷	四年	——？	借用民房	二所	學生最多時有70人。
9 上海私立申新學校	上海周家橋	六年	——？	特建	二所	民國十八年（1929）有學生120人。
10 無錫私立申新學校	無錫西門	六年	蔡文玉	工人宿舍	三間	提供勞工子弟免費教育。

上述學校，一般開辦十年或廿年以上不等，後來經過調整合併，餘下公益第一小學和各廠勞工子弟學校，一直開辦到民國卅八年（1949）或以後。

㈡中等教育

榮氏爲培育企業實用的管理工作人員，於民國八年（1919）八月，在無錫榮巷西絲橋開辦「公益工商中學」；建築設備共100,000元，基金九六公債500,000元，六厘計息，每年30,000元，以便確保開支。由榮德生親題校額，並以「和平耐勞」爲校訓；聘胡雨人任校長，招生100名（實收80名），開工、商二科（班）。其中商科有商店、銀行作爲實習；工科則有工場作爲實習，[28]學生最多時達300人。民國九年（1920），榮氏另立學記名義，每年萬餘元補助公益工商中學的經費；至民國十六年（1927）四月停辦止，共有五屆畢業生約200餘人。該校自購地建校起，共用費約250,000元。[29]榮氏的教育事業，在當時可自我成一個系統，自幼稚生入校（公益小學）至高中（公益工商中學）分科畢業後，即可薦入工廠或商店就業（成績優秀者則留供榮氏企業自用）。[30]民國十六年（1927）上海私立申新（一廠）學校添設高中班；廿一年（1932），無錫申新職員養成所結束後，接著又開辦一所公益中學。

㈢高等教育

榮氏爲了培養高級技術管理人材，於民國二十九年（1940）春籌設三年制專科；同年夏，由吳中一等組織校董會，設立中國紡織染工業專科學校，經費由申新九廠負擔，購置校舍於上海戈登路。[31]是年秋季正式開學，招收高中畢業生20名；學膳宿費全免，書籍制服並予酌給。三十年（1941）秋，探得教育部駐滬專員陳寶樺在舊租界秘密辦公，乃依法呈請立案，十一月一日即奉慶字第五六四九號指令核準校董會備案學校登記；不幸十二月八日太平洋戰事爆發，上海全市被佔領，立案手續無法辦竣；該校爲避免敵僞摧殘起見，不事宣傳、不掛校牌，杜門講學。三十一年（1942）秋，爲應付環境，一度停止招生；三十二年（1943）起，仍不避難險，逐年照開新級。[32]三十五年（1946）春，校董會鑒於戰後工業復興，需材殷切，畢業生學力猶感未足，人數亦屬有限，決議試辦四年大學制，遂改校名爲中國紡織染工程學院；局部改組校董會，推榮爾仁（後爲榮德生）爲主席校董，榮鴻元爲院長，吳中一、唐鑫源爲副院長，下設紡織、染化、電機三系；經費由申新總公司負擔，三月五日呈報教育部補請立案，四月廿六日接獲批示；是年秋，招考擴充學額爲三十名。並將辦公室、教室、實驗室、圖書室，遷至上海西康路二九三號大廈，稱第一院；原址全部改爲宿舍，稱第二院。[33]民國三十六年（1947）夏，榮一心依榮德生意願，籌備創辦私立江南大學；並遵照中華民國教育部頒授法令組織校董會，推吳稚暉先生爲董事長。[34]同年十月二十七日，正式在無錫榮巷臨時校舍舉行開學典禮，由章淵若爲校長、唐君毅任教務長，不久遷至後灣山新校舍；[35]當時辦有文學院（院長錢穆）、農學院（院長韓雁門）和理工學院（院長榮一心），下設：中國文學系、外國語文學系、史地學系、經濟學系、數理學系、機電工程系、化學工程系、農藝學系和農藝製造系等共三院九個學系。民國卅七年（1948）起接受「全國麵粉工業聯合會」之委托，設麵粉專修科，爲全國首創。[36]

(四)研究機構

抗戰後期，榮氏鑒於戰時工業破壞慘重，戰後復興須及早規劃，遂有創辦研究機構之議。[37]民國三十三年（1944）春，榮氏有鑒於後方棉花原料不繼，而川、湘、贛等省產量極豐的苧麻尚未利用，在戰時首都重慶創設「苧麻實驗室」，[38]由呂德寬諸人負責。[39]經過數月試驗，苧麻脫膠、紡、織等問題均得解決，更得申新四廠的協助，在重慶南岸創設苧麻紡織工廠，從事半製造規模的試驗，曾有少量試驗品供應陪都市場；次年，並爲戰時生產局特製苧麻紡織品一批，[40]獲致好評。爲擴大研究範圍，確立研究基礎，三十三年（1944）七月，榮爾仁偕顧鼎吉等議設研究所；同年八月籌備，九月正式開幕，命名爲「公益工商研究所」，並成立理事會。[41]榮氏創所的目的主要有三，據榮爾仁稱：其一、對於製造與經營管理各方面的新問題，無不悉心研究、精進改良，作爲企業的附屬機構、事業的顧問；其二、在於加强工商界的聯繫，溝通工商界相互間的要求，使製造與市場得到適當的配合，在國內求協調、求共同繁榮，在國際求爭取市場，挽救進出口的逆差；其三、是把研究所得公諸社會，增進社會福利，並接受工商界的委托，協助研究急需解決的問題。[42]該所研究部門設有衣食工業、機械（經濟）及化學工業等三系，涉及的範圍雖包括紡織、麵粉、鋼鐵、機械和化工等行業，但限於戰時設備，僅偏重於工業經濟方面，並兼顧工廠管理，即以重慶申新四廠爲研究對象。[43]初聘劉大鈞主持所務，後由沈立人負責，顧鼎吉任總幹事，所聘研究人員多爲中央大學和重慶大學之教授，[44]分設研究師、副研究師、助理研究師、研究員和助理研究員等級。三十五年

（1946）夏，公益工商研究所自渝遷滬，八月遷入了西康路二九三號；又增聘紡織化學家錢寶鈞及印染專家張承洪，添設化學實驗室，由榮爾仁自兼所長，組織上改設紡織、化工、管理三組，成立圖書資料室，並在外國訂購最新式針織、毛紡、印染、整理、空氣調節等實驗儀器。翌年四月，《公益工商通訊》半月刊出版。[45]

(五)職業訓練

茂新、福新、申新各廠系為提高職、工的教育程度及技術素質，曾於民國十七年（1928）秋，在無錫榮巷公益工商中學舊址創設職員養成所，聘請曾經留學英、日的紡織專家沈泮元主持，招收學生學習與實習參半。[46]至二十一年（1932），該所四屆畢業生共有81人。[47]同年，申三設立女工養成所，由顧谷詒主持，招收遠道生手女工，授以教育、技術等訓練，逐步替代原有工人。[48]於此同時，上海福新麵粉公司亦曾決議設立職員養成所。[49]民國十六（1927）漢口申四、福五曾創辦一所「工人業餘學校」。[50]而火後重建的申四，為了大規模訓練熟練技工，更設立短期養成班；據說同時訓練六班，十個月內十批受訓的勞工達1,000多人。這種大規模速成訓練養成工人，在當時國內實屬創舉。[51]榮氏企業先後在錫、滬、漢等地辦理養成所及訓練班，即使在抗戰期間，對訓練工作亦未曾稍懈。在大後方重慶的申四養成所，訓練工作由公益工商研究所負責；[52]在淪陷區的上海，則於二十七年（1938）夏籌設中國紡織染工業補習學校，分紡織工程和染織工程二科，採二年半夜校制，每屆收錄各廠從員約60名，免費予以補習教育。[53]該校創辦目的在提高在職人員的業務水平，前後畢業共七屆，約400餘人。

圖1.　榮氏企業創辦的教育機構

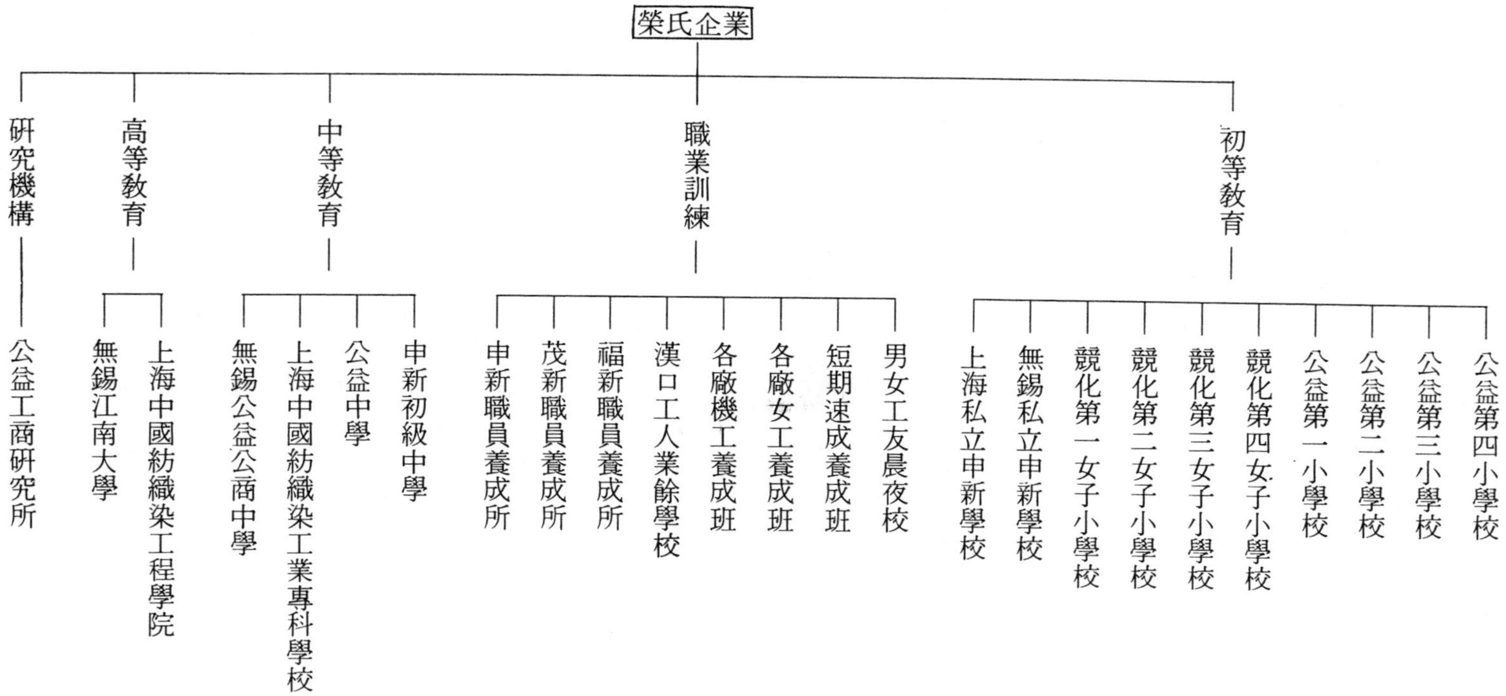

資料來源：《榮家企業史料》，上冊，頁73-74; 下冊，頁297; 《申新系統企業史料》，第六卷第一册，頁77-105；《茂新、福新、申新總公司卅週年紀念册》。

由上述創辦小學、中學、大專、研究所，以至職訓速成班等，無不反映出榮氏企業在教育上扮演著一個重要的角色，尤其是勞工教育和工業研究方面。

四、榮氏教育事業的特點

榮氏兄弟在創辦企業的同時，亦投入相當精力於興辦地方的教育事業和提高職工的智能；他們首先從普及教育著手，開辦中、小學，進而重點培訓企業職工，最後才創辦大專院校和研究機構，出版企業學術研究刊物；不僅爲本企業的人才培養提供方便，亦爲國家社會造就了一批專業人才。然而榮氏的教育事業與其企業的發展關係密切，並具三方面的特色，現分析如下：

㈠教育事業的特色

榮氏兄弟在他們的故鄉——無錫，或其企業的所在地——上海、漢口等地所創辦的教育事業，綜合可得出：推行普及教育、重視女子教育和提倡職業教育等三項。

1.普及社會教育

普及社會教育爲榮氏興辦教育事業中的第一個特色。榮氏兄弟鑒於廠中工人多爲文盲，教育程度普遍低下，不利生產技術的掌握，影響生產效率的提高，因此極力主張普及社會教育、培養人才，提高勞工質素，以利企業的發展。於是在無錫茂新麵粉廠創設不久，光緒卅二年（1906）榮氏將因私塾改辦爲「公益第一小學校」。[54]辛亥革命以後，榮氏經營的粉、紗企業蒸蒸日上，不僅原有企業規模大大擴展，而且從民國二年（1913）起先後添設新麵粉廠和棉紡廠；與此同時，榮氏在他們的故鄉無錫，再增辦第二、第三和第四小學；[55]六年（1917）榮氏又在上海創辦一所勞工子弟學校，名爲「上海私立申新學校」，[56]十六年（1927）增設高中班。民國廿年（一九三一）秋，無錫再開辦一所勞工子弟學校「無錫私立申新學校」；[57]次年，無錫申新職員養成所結束，接著又再辦「公益中學」。總之，榮氏創辦中、小學，不但推廣普及教育，而且造就不少地方人材。

2.重視女子教育

清末民初，西方新的社會思潮大量湧現，榮氏顯然受其影響，一反中國傳統農業社會重男輕女的陋習，而注重男女在社會上地位的平等，認爲女性與男性一樣亦應該有接受教育的權利；榮氏這種新的性別平等觀念，並非徒托空言，而是坐言起行，倡導女子教育。早在光緒卅四年（1908），榮氏即在故鄉無錫榮巷發起首創「競化第一女子小學校」，[58]民國四年（1915）榮氏又在無錫的河埒口、仙蠡墩和徐巷相繼設立競化第二、第三和第四分校；[59]這些學校至十六年（1927）先後停辦或由地方人士籌備經費接辦，最後由榮氏經營的僅爲榮巷競化第一小學校。然而女子教育卻爲榮氏教育事業中重要的一環。

3.提倡職業教育

在面對新式工業浪潮的衝擊下，中國傳統農業的社會結構開始劇變，榮氏洞察到時代轉捩關鍵的所在，以爲新生一代爲適應未來中國正在工業化中而新誕生的工、商業社會，需預先作出教育上因應的準備，故此倡導職業教育。五四運動爆發以後，榮氏即在故鄉榮巷楊絲橋捐資發起開辦「公益工商中學」；[60]它的性質與一般文法中學略有差異，學生除了修讀一般中等教育的共同課程外，更側重工、商業的基本知識，校內設置實習商店、實習銀行和實習工場。[61]畢業生由榮氏屬下的茂新、福新和申新各廠等錄用，他們之中後來大多在各廠擔任技術人員，其中不少升任爲工程師，或廠長。例如戰時漢口的申四福五內遷而分佈大後方的重慶、成都、寶雞、天水和白水等各地粉、紗廠，從基層的產、銷和業務各部門負責人到廠長或經理，很多是在無錫公益工商中學畢業的，於是形成所謂「工商派」，[62]由此亦顯示出公益工商中學的畢業生在榮氏企業中重要地位與榮氏提倡職業教育所發揮的作用。

(二)教育事業與企業發展

榮氏的教育事業，尤其是職業培訓方面的開設或停辦，與企業經營發展的盛衰在若干程度上有著一定的關係。歐戰以前，榮氏在故鄉無錫先後開辦公益、競化等八所小學校，這僅是榮氏先後創業早期，接受北洋政府農工商部的獎勵和出席全國會議後，而熱心地方公益的一種表示。歐戰期間，歐美列强無暇東顧，洋貨在遠東市場匿跡，榮氏先後創設的粉、紗企業得到空前的發展；至歐戰結束，茂、福新麵粉廠已擴充十二個廠，申新棉紗廠則設置二個廠；麵粉廠雖已具規模，棉紗廠仍在大力擴展中，榮氏爲企業急需大批專業技術和管理人才，便於民國八年（1919）在無錫榮巷設立公益工商中學。但此後外貨捲土重來，國內軍閥混戰連年、政局不穩，民族工業陷入窘境，粉、紗廠不少倒閉，榮氏雖乘機收購，卻負債累累，十六年（1927）夏在無錫的競化第二、第三、第四和公益工商中學相繼停辦。期間接辦間歇性的申新養成所及各廠的勞工養成班，在上海、無錫先後設立二所申新勞工子弟學校，縮小教育事業的社會面，重點僅在本企業內部。抗戰期間，榮氏各廠盈利驚人，戰前申新的債務清償了結；爲圖企業的復興，在重慶創設公益工商研究所，廿七年（1938）在上海租界開辦中國紡織染工程補習學校，廿九年（1940）改爲三年制專科學校，戰後又改稱爲四年制大專，在無錫又創辦江南大學。總之，榮氏的教育事業與企業的明顯關係，就是配合自身企業的需要和倡導工業研究。

4.配合企業發展

a質方面——培訓企業管理人才

二十年代末期以後，我國民營粉、紗工業再度受外貨傾銷的威脅和全球性經濟危機的影響，處境益窘。榮氏企業爲了要在同業的劇烈競爭中求得生存和發展，不得不致力於提高產品質量、降低生產成本和改進企業管理；[63]因此在無錫、上海等地先後爲茂新、福新和申新各廠學辦職員訓練班，培養一批企業專門技術人才，充實各廠技術力量，並提高企業管理人員的業務水平。四十年代初，滬、錫淪陷，申九在租界辦「中國紡織染工業專科學校」，即使後來申二被迫停工，榮氏仍抓緊時機，學辦職員訓練班，從事企業中層管理人材的培訓。[64]抗戰勝利後，榮氏爲促進戰後企業的復興，把上海三年制的工業專科學校擴展爲四年大學制的「中國紡織染工程學院」（1946—1952），[65]在無錫更創辦設有理工、農藝和麵粉專修科等六系的「江南大學」（1947—1952），[66]企圖爲企業培養既懂技術原理，又曉經營管理的工專人材。

榮氏企業學辦的職前或在職培訓教育，除了具有適應企業的生產技術發展的需要之外，還有以下兩個特點：

一、重視企業管理人材的培養。榮氏企業開始培養人材的重點是工程技術人員；三十年代中期起，注重企業管理人員的培訓。從此以後，在職管理人員的訓練班，一直在抗戰結束之後幾乎未停辦過。江南大學在大陸政權易手後，還增設管理系，專門培養既懂技術又懂經營的企業管理人材。二、重視本企業所需的農業原料的農藝專業教育。國產棉、麥的供應不足和品種不良，一直是影響榮氏企業的生產發展的一個重要因素；因此，改良和推廣優良棉、麥品種，對於民族粉、紗工業及榮氏企業的發展有著極重要的意義。抗戰以前，榮氏兄弟曾多次分赴各地宣傳和推廣優良品種的種植；還投資試辦過幾種棉、麥種植試驗場，其中如榮德生與人合資在常熟創辦的福利墾植公司，主要是種植棉花、改良棉種。在抗戰後開辦的江南大學，內設農藝系，其重點就是培植研究棉、麥和稻谷等方面的農藝人才。[67]

b量方面——培訓大量熟練技工

榮氏為了培訓熟練工人，在抗戰前曾開辦機工養成所；[68]申新各廠又多次舉辦女工養成所，培訓紗廠熟練女

表二　申三養成工的年齡分組（1934）

年齡組別	各組工人所占的%
十四—十五	40%
十六—十七	35%
十八—二十	25%

資料來源：《榮家企業史料》上冊，頁 570。

工。民國十六年（1927）漢口申新第四紡織廠，爲了大規模訓練熟練技工，更設立短期養成班；據說同時訓練六班，十個月內十批受訓勞工達1,000多人。這種大規模速成訓練養成工，在當時國內實屬創舉。[69]廿一年（1932）七月起，無錫申新第三紡織廠設立養成班，招收工人，限定年齡自十五至二十歲，具有初小或高小程度，品純、體健、耐勞，高五十四吋者爲合格；學藝以三月爲限，膳宿全免，首月津貼一元、次月元半、三月二元，每日八小時學藝，三小時授課；藝成則正式安排到廠中工作。[70]是年又設立女工養成所，由顧谷詒主持，招收遠道生手女工，授以教育技術等訓練，逐步替代原有工人。[71]此外，榮氏爲普及工人教育、增加工人知識，以便提高工人的質素起見，於同年秋特設男、女工友晨、夜校，依工友工作時間、分日、夜兩班，各有甲、乙、丙、丁四組，學生154人；又按學生的程度，分「識字訓練班」（課程包括國語、算術、體育、公民和藝術）、「公民訓練班」（課程包括國語、珠算、尺牘、體育、音樂、公民和藝術）與「技能訓練班」（課程包括縫紉、造花、刺繡和機械學）等，每級分早、晚兩班，每班人數以80人爲限。[72]

5.倡導工業研究

爲求企業發展的技術突破與產品創新，工業的學術研究不容忽視。榮氏投入企業的研究發展，主要分爲兩方面：一、研究機構方面：戰時榮氏有鑒於大後方棉產不足，在陪都重慶創立「苧蔴實驗室」，進行苧蔴脫膠、紡和織的實驗，從事苧蔴紡織新產品的開發，取得一定的成績，並深獲好評；[73]民國卅三年（1944）夏，榮爾仁籌設「公益工商研究所」，[74]禮聘當時有關學者、專家，從事衣食工業、機械（經濟）和化學工業等三方面的研究。[75]二、學術刊物方面：抗戰以前，無錫申新第三紡織廠的職員發起成立「人鐘月刊社」，並於民國二十年（1931）九月一日出版

「人鐘月刊」，內分言論、學術、譯述、調查和雜組等欄，刊載有關紡織界評論、紡織學原理及技術研究或學術著作、東西方各國紡織書籍之譯述、紡織界特要消息、有研究參考價值之各種圖表及照片和有益員工身心修養的遊藝文詞。[76]抗戰勝利後，公益工商研究所遷滬，並於民國卅六年（1947）四月十五日出版學術研究刊物「公益工商通訊」；[77]該刊創刊的目的在按期報導國內行情、介紹國際新科技新發明、溝通工商和聯繫同業等。[78]上海申新第九廠紡織廠亦於民國卅八年（1949）八月十五日出版有關刊物「申九半月」刊。[79]

五、後　語

總而言之，榮氏兄弟在經營麵粉、棉紗企業之餘，對於教育事業的提倡不遺餘力；他們兄弟倆早自光緒卅二年（1906）便已倡辦地方教育、關心人才的培植，於是先後在無錫、上海發起創辦公益小學四所、競化女子小學四所、申新勞工子弟學校二所、工人業餘學校、各廠工人男女晨夜校、職員養成所、機工養成班、女工養成班、短期養成班、公益工商中學、中國紡織染工業補習學校、中國紡織染工業專科學校、中國紡織染工程學院、江南大學和公益工商研究所等，從初等的普及教育、中等教育，以至高等教育；尤其難得的是注重女子教育、提倡職業勞工教育，甚至倡導工業研究，出版研究刊物，更為國內企業界所獨有。榮氏兄弟以一介民商，讀書不多，他們投資粉、紗企業，目的在追求利潤、改善一己生計，甚至發財致富，雖未如南通張謇以士宦出身，早有報國動機，[80]然而他們在自己具備事業基礎後，致力於地方教育的建設，捐資興學、成績斐然，世人有目共睹！其在近代中國教育史上的地位是不容抹煞的。誠如姚崧齡氏評述：

榮德生（與榮宗敬兄弟倆）之成就，對於中國經濟，已有甚大之貢獻；其小則使無錫成爲江蘇省內，次於上海之工業區；大則促使內地農產資源之開發。復由其本身經驗，深知教育之重要，在無錫本鄉創辦小學、中學，以至大學，爲所辦事業及社會培植人材，尤爲難能可貴。[81]

商人出身的無錫榮氏兄弟，其貢獻國家、回饋社會與南通張氏比較，可說殊途同歸，而且有過之而無不及，這也許是中國傳統「修身、齊家、治國、平天下」與「推己及人」的儒家思想所使然；但對於某些政治集團目爲「萬惡資本家、剝削階級」，而列爲專政（政治逼害）的對象，似乎過於偏激，有欠公允！是否值得商榷？有待歷史的裁判。

附註

1. 見孫菴道人錢基厚「榮德先生第一年譜並爲七十介壽序」，《樂農自訂行年紀事》（上海：作者自刊排印本，民國卅二年（1943）十一月），頁2。
2. 同上註。
3. 《樂農自訂行年紀事》，頁52。
4. 榮汝棻：〈文治君傳〉，《榮氏宗譜》第二十八冊。
5. 上海社會科學院經濟研究所編：《榮家企業史料》上冊（上海：人民出版社，1960年1月第1版），頁4。
6. 萬林：〈中國的棉紗大王、麵粉大王——無錫榮氏暴發史〉，載《經濟導報週刊》第五十期（民國三十六年十二月廿四日），頁1。

7. 榮德生：〈先兄宗敬紀事述略〉，民國三十五年（1946）四月。

8. 姚崧齡：〈榮宗敬（1827—1938）〉，載《傳記文學》第三十卷第四期（民國六十七年十月一日），頁142。

9. 榮德生：《樂農自訂行年紀事》（自刊本，民國三十二年），頁11。

10. 《榮家企業史料》，上册，頁5。

11. 同註8，頁20。

12. 《榮家企業史料》，上册，頁8。

13. 同上書，頁10。

14. 榮漱仁：〈我家經營麵粉工業的回憶〉，載《工商史料》第二期（1981年12月），頁40。

15. 同上註。

16. 同上註。

17. 《樂農自訂行年紀事》，頁18。

18. 趙岡、陳鍾毅合著：《中國棉業史》（台北：聯經事業出版公司，民國七十二年），頁131。

19. 同註13。

20. 楊湘海：〈著實奮進的大企業家榮家兄弟〉，收錄於《中外成功的企業家》（武漢：湖北人民出版社，1985年12月第1版），頁141—142。

21.《樂農自訂行年紀事》，頁36。

22. 同上書，頁34—35。

23.〈朱復康訪問記錄〉（1958年12月），引自《榮家企業史料》，上冊，頁53。

24. 李木妙：〈民國初期的榮氏企業，1912—1921〉（香港：中國近代史學會，1989年），頁37—38。

25. ——《近代中國民營企業的個案研究——榮家企業發展史，1896—1949》（香港：新亞研究所，1985年7月），頁125—545。

26.《茂新、福新、申新總公司卅週年紀念冊》；李長捷、過桔新：〈榮德生先生及其後人〉。

27.〈申新第三紡織公司——勞工自治區概況〉（續），《紡織周刊》第四卷第四十五期（出版日期待查），頁987—980。

28.《榮家企業史料》，上冊，頁73—74。

29. 同上。

30. 李長捷、過桔新：〈榮德生先生及其後人〉，原載《中國畫報》，（北京：中國畫報社，1986年1月），頁25—26。

31. 梅敏：〈申新的社會事業〉，載《紡織周刊》第八卷第廿七期，頁740。

32.〈中國紡織染工程學院創辦經過〉，《公益工商通訊》第一卷第二期（民國卅六年四月三十日），頁3—4。

33. 同上註。

34. 〈私立江南大學概況〉，《申紡織新總管理處檔案》（Q 193-3-1565），上海市檔案館藏。

35. 《榮家企業史料》，下冊，頁571—572。

36. 同註33。

37. 《榮家企業史料》，下冊，頁280。

38. 梅敏：〈申新的社會事業〉，原載《紡織周刊》第八卷第廿七期，頁740。

39. 《榮家企業史料》，下冊，頁280。

40. 同上。（89）

41. 同註34。

42. 榮爾仁：〈公益工商研究所創說經過〉，《公益工商通訊》第一卷第一期（民國卅六年四月十五日），頁4—5。

43. 同註34。

44. 《榮家企業史料》，下冊，頁280。

45. 同前書，頁572。

46. 《茂新、福新、申新總公司卅週年紀念冊》。

47. 《榮家企業史料》，下冊，頁223。

48. 同前書，頁570。

49. 同前書，頁223。

50. 同前書，頁334。
51. 同前書，頁571。
52. 《榮家企業史料》，下册，頁280。
53. 同註34。
54. 〈創辦學校略史〉，《茂新、福新、申新卅週年紀念册》，（上海：世界書局印行，民國十八年），頁1。
55. 同上註，頁1—2。
56. 上註，頁3。
57. 同註27。
58. 同註52，頁2。
59. 同上註，頁2—3。
60. 同註52；另榮德生的《樂農行年自訂紀事》民國八年條亦有記載。
61. 《樂農行年自訂紀事》，頁49。
62. 〈申四、福五〉卷三（R12-3），《榮家企業歷史資料》，上海社會科學院經濟研究所藏檔。
63. 黃漢民：〈略談榮家企業的人才培養問題〉，《經濟學術資料》1982年第2期，頁25。
64. 〈中國紡織染工程學院創辦經過〉，《公益工商通訊》第一卷第二期（民國卅六年四月三十日），頁3—4。
65. 同上註。

66. 《榮家企業史料》，下冊，頁571—572。

67. 黃漢民、許維雍：《榮家企業發展史》（上海：人民出版社，1986年12月），頁244—245。

68. 同註27。

69. 秦四聶仲勛：〈復興後的申新四廠〉，《紡織周刊》第五卷第八期，民國廿四年三月。

70. 上海銀行：〈申新一、二、三、五、八廠調查報告〉（民國廿三年），《上海銀行檔案》引自《榮家企業史料》上冊，頁569。

71. 申三總管理處：〈申新第三紡織公司勞工自治區概況〉，《無錫雜誌》第21期，民國廿三年十一月。

72. 同註67。

73. 榮鴻元、榮爾仁：〈茂、福、申新社會事業基金創設緣起〉，《公益工商通訊》第二卷三期（民國卅六年五月十五日），頁4—5。

74. 同註62。

75. 榮爾仁：〈公益工商研究所創辦經過〉，《公益工商通訊》第一卷第一期（民國卅六年四月十五日），頁4—5。

76. 〈人鐘月刊社社章〉，《人鐘月刊》第一卷第一期（民國廿年九月一日），頁1—2。

77. 同註62。

78. 榮鴻元：〈發刊辭〉，《公益工商通訊》創刊號（民國卅六年四月十五日），頁3。

79. 《申九半月》第一卷第一期（民國卅八年八月十五日）。

80.〈擬領荒島蕩地爲自治基本產請分期繳價呈〉，《張季子九錄，先治錄》卷二，第9頁。

81.張公權：〈榮宗敬和榮德生專傳〉（榮鴻慶先生藏稿）。

關於虞集的二三事

勞延煊

一、虞集的眼疾

元末明初，曾經流傳着一種不正確的說法。那就是，當元文宗議立太子之際，虞集草詔，中言妥歡帖木兒不是明宗之子，因而得罪了前者。於是，到了妥歡即位後，乃下令將虞集逮捕至大都，並以皮繩拴腰，馬尾縫眼。集兩目由是喪明云云。（註一）明人程敏政，亦以其手澤字跡之不整而一再說：

卷內虞公書名模糊不清，蓋虞得罪毀目後，凡製作多門生代書，惟自署其名，示不僞耳。觀者悉之。（註二）

奎章閣侍書學士青城虞文靖公一紙，爲汪用衡詩序，行款敧仄，字體模糊，蓋失明時所作。

關於目力不濟，而需要請人代書這一點是沒有問題的。爲他寫行狀的趙汸就曾替他寫信給蘇天爵與王守誠二人，寫成以後，虞集「首末外封名皆自署。」（註三）趙汸特別提到他：

目眚後字畫多倚側重疊，然筆意猶髣髴可見。代書泛出門生侍史，得於口授，故時有訛字。（註四）

這段材料現在還可以找到實證：臺灣故宮博物院藏宋代緙絲一幅，上有虞集「至正甲申」年（一三四四）隸體題款，（註五）筆蹟端正，但與通常所見伯生手澤不類。根據趙汸所說，我們似乎可以斷定那題款是別人代書的。

虞集的視力，在供職中朝時即有問題，他的「十一月二十夜思仲常弟」一詩裏有「還京聞訃在秋餘，老淚無多眼易枯」的句子。（註六）虞槃死在泰定四年（一三二七），所以虞集病目之苦應早於此時。不過在兩年之前，即「泰定乙丑」（一三二五）時，他還在何澄的《歸莊圖》上題了長達八行的跋文，字體工整，並沒有攲斜的現象。（註七）由此可知，那時即使他的視覺已發生問題，還沒有達到十分嚴重的程度。

然而，他在「送李彥方閭憲」一詩的序中已經表示：

> 集臥病，目眚尤甚。

說明這時目力確在急遽減退中。按李端由藝文監出任福建廉訪副使，是在他和虞集等人纂修經世大典完畢的那年，亦即至順二年（一三三一）。（註九）也就是說，在一三二五到一三三一年之間的這段時間裏，虞的視力開始起了相當大的變化。這一點在趙汸所作的行狀中引用了虞集本人的話，因此交代得很明白：

> 時公以目疾丐解職，不允，乃上章舉治書侍御使馬伯庸自代，其辭曰：「……乃者，目生內障，今歲彌深，文字不分，視瞻如隔，或蒙召對，每懼顛躋……而臣得以桑榆遍求醫藥，稍全目力，可竭心思，追尋末學之微，歌詠聖朝之盛。」（註十）

這與以上所引「目眚尤甚」的話正可以互相發明。此外，元史成遵傳恰巧也提到在至順辛未年（一三三一）：

> 遵馳見虞集……集方有目疾，見遵來，迫而視之曰：「適觀生文，今見生貌，公輔器也。」（註十一）

以上三事都發生在文宗死去以前。據此數條，可知虞集早在一三二七年左右即為眼疾所苦，到了一三三一年，他的視力顯然有了急遽的退化，這時不但看書寫字有問題，就連看人亦須「迫而視之」才能看清楚。由於資料不足，我們只能推測他的問題大約是白內障之類的老人眼疾。但不論是什麼毛病，都決不是等到順帝即位後才開始的。他在至順壬申年（一三三二）初，也就是文宗去世前不到一年的時候所寫春帖子之一中感歎道：

春風吹雪著髭鬚，目力都妨讀舊書。（註十二）

又一次提到視覺衰退的事。同時，在他回鄉後，還重覆地說：

歸田以來，稍得安閒。而目疾相嬰，學不加進。於立德立言之事無有也。是以所作事過即罷，不復記錄。（註十三）

歸田以來，百慮消盡……而余目障成痼，略不能辨波磔點畫於茫渺之際。（註十四）

把這些資料串聯在一起，不難看出他眼病的由來已久，是自然老化現象。

其實，伯生在別的詩句中歎息自己目力不濟之處也還很多：

擬敍別懷題紙尾，目昏書字愧敧斜。（註十五）

書爲目昏空對簡，酒因囊澀久停杯。（註十六）

老眼欲枯那忍讀，春霜秋雨一菴居。（註十七）

這些都和「馬尾穿眼」扯不上任何關係。此外，他在歸休回江西後的詩文中一再對元順帝表示懷念和感激（見下），也可以說明並未受到後者的虧待。

二、虞集出仕時期及歸田後的心境

（一）

伯生自大德六年（一三零二）就任大都路儒學教授開始，一直到至順四年（一三三三）告老還鄉爲止，其間除了極短的幾段時期外，在京給事幾達三紀。歸休以後，又渡過了十六年才去世。翻閱關於他生平的記錄，自然不難看出他事業的高峯是在文宗天曆，至順年間。由於此時曾經得到文宗器重，道園學古錄的若干詩篇裏雖有憤懣之思，有時也發牢騷，但在在總不忘君主之恩，例如：

識字頭先白，謀生計轉勞，文園多病渴，常想賜葡萄。（註十八）

他一面感慨工作辛苦，一面以歷史上的兩位四川同鄉揚雄和司馬相如自況，詩中最後一句無疑受了李商隱「侍臣最有相如渴，不賜金莖酒一盃」的啟示。但是，詩中說到「賜葡萄」，就在有意無意間反映出一個不完全是典型華夏的環境。然而，這樣的思想無疑還是正面的，既不很消極，也不意味著對於蒙元朝廷的反感。如此積極的態度，在另一首題爲「八月十五日傷感」的詩裏表達得更爲清晰：

宮車曉送出神州，點點霜華入弊裘，無復文章通紫禁，空餘涕淚灑清秋。苑中苜蓿烟光合，塞外葡萄露氣浮，最億御前催草詔，承恩迴首幾星周？（註十九）

這是他在宮車晏駕以後被送出塞外安葬時的情懷。詩中藉今與昔，燕京與塞外的雙重對比來點出他跟皇帝幽明相隔的悲哀，同時也對過去所受到的倚重加以襯托。那麼逝去的皇帝是指誰呢？雖然他自成宗時即已逐漸嶄露頭脚，但最有知遇之感的，非文宗莫屬。這從「草詔」、「承恩」等字眼中已略窺端倪。又按元史文宗紀，（註二〇）至順三年八月己酉「帝崩，癸丑（十六日），靈駕發引，葬起輦谷。」就時間而言，正符合詩題與「曉送」二字，表明虞集於中秋日寫此詩時，想到第二天早晨皇帝靈輀要離開京城而引起傷感。就地點而言，文宗死後，他的靈襯可以說是被「送出神州」的。其他諸帝死後卻不能這樣說。另外可以指出的是，葡萄和苜蓿都是塞外的東西，用來指朝廷難免會使人感到他似乎沒有認爲蒙元是個典型的華夏政權。

除了這首以外，他另有「挽歌辭」一首如下：

中天太白貫晴虹，頃刻龍飛返上宮。萬國共賓暘谷日，羣臣忍把鼎湖弓。潛蕃回首金山遠，顧命傷心玉几空。聖主已頒哀痛詔，蒼生有淚灑西風。（註二十一）

據我看，這首也是哀悼文宗之作。上一首表達個人的哀傷，這首則爲公開的，官樣的輓詩，因此所用的典故較泛。虞集更有「次韻杜德常典籤秋日西山有感」七絕四首，顯然也是弔文宗的，因爲其中有「從此頻傷八月來」的句子。最後一首說：

每進文章出殿遲，日華西轉萬年枝。甘泉罷幸揚雄老，滿鬢秋風不受吹。（註二十二）

頗有不勝今昔之感。此外，他在文宗死後對出仕似乎有一點感到厭倦，因而才有「鼎湖忽踰年，始克罷趨造」（註二十三）的牢騷。這自然顯示所受禮遇已大不如前了。

就這些詩來看，他對文宗的情感是十分眞摯的。儘管是這樣，他仍然無法完全和蒙元認同。以下的一首七律，從不同的角度再一次揭示出此種心態：

丹閣岧嶢地最親，頻年染翰侍嚴宸。九疑鳳去荒烟外，三月鵑啼野水濱。日落賈生將去宅，江迎庾信獨歸人。五湖不遠閒身在，扶杖風前詠暮春。（註二十四）

這當然也是在文宗去世後不久寫成的。比於長沙王傅，是要指出他與文宗親密的關係。以庾子山自擬，則是有意使人體會到他的南人身分，畢竟和蒙元是有所不同的。最後一聯很明白的表示他在擺脫了職務以後有種輕鬆的感覺，一方面打算南歸，另一方面嚮往著當年曾皙對孔子所形容出的「浴乎沂，風乎舞雩，咏而歸」的境界，並有開門授徒的意思。這種想法和憧憬過去的「承恩」「草詔」有相當程度的對比，也恰恰反映出他對當時處境似乎不無疑懼之感。

事實上，虞集對元廷的情懷確有相當程度的矛盾。他對出仕的結論是：「頫仰五十年，委身田野，莫稱先志。」（註二十五）同時，他一面回憶過去顯赫的履歷並歎息桑榆晚景時的不遇：

樸學清忠荷主知，每驚異論苦相危，只緣自信非鄉愿，俟命從容絕妄思。（註二十六）

看上去這是回想以前得志的一段時期，而對目前的賦閒表示不滿。其中容有不願隨波逐流之意，但決無抗拒的情緒。另一方面，從其他詩句裏他又表達出了別的層面，例如：

花落故園聞子規，春眠未起畫簾低，常年五月居庸道，愁共行人聽亂啼。（註二十七）

僅就字面來看，我們只能說此詩的含義不很明白。因爲這是由在家鄉聽見杜鵑而回憶起從前扈駕上都途中聞子規而引起的愁思。至於愁思是「杜鵑啼血」而引起鄉愁的一類還是「望帝化杜宇」而哀歎國亡的一類，我們僅看本詩還看不出來。這個問題的解答，須從別處去找。在一首題爲「次韻竹枝歌答袁伯長」的七絕裏，他先藉短序引出作詩的緣起說：「伯長歌竹枝以促歸棹，且言僕故鄉與竹枝古調相近，約同賦，以發他日千里命駕之意，因用其韻。」原詩如下：

江水江花無盡期，安得同舟及此時？燕山春燕更北去，南人休唱鷓鴣詞！（註二十八）

如果單讀序，只能體會到虞袁二人或許是由於燕京苦寒，因之而興起想返回江南故鄉的「蓴鱸之思」，但進一步讀到詩的本身，就可以發現他們的情緒絕對不是如此單純。稍微熟悉舊詩傳統的人，一眼就可以看到詩的首句是從杜甫名篇〈哀江頭〉化出來的。那麼，杜詩中「人生有情淚沾臆，江水江花豈終極？黃昏胡騎塵滿城，欲往城南望城北！」等句自然就是不言而喻的了。杜甫爲長安失陷而傷感，虞、袁如果也有「淚沾臆」的傾向，那就是由「誰謂神州竟陸沉」的感觸而引起的。江水江花固然沒有盡期，虞袁二人心理的悲哀又如何？杜甫當年沿着曲江潛行，虞集此詩也許在太液池邊踟躕。「黃昏胡騎塵滿城」的感受，在本質上容有不同，其爲胡騎則一。從「它日千里命駕」的字裏行間，又恰恰可以體會出他們當時不稱意之感。入句「燕山春燕更北去」的意義雖然有一點含混，但是王褒〈燕歌行〉詩裏的以下諸句，或可作爲虞詩此句之詮釋：

……自惜別如春燕分，經年一去無相親。不復漢地關山月，唯有漠北薊城雲……遙聞陌上採桑曲，猶勝邊地胡笳聲。向暮使人泣，還使閨中空竚立。桃花落地杏花舒，桐生井底寒葉疎。試爲來看上林雁，應有遙寄隴頭書。（註二十九）

「春燕分」指別離而言。通篇的旨意不但是要描述燕山，江南之間的區別，更要點明身在薊北的窮愁之感。王褒詩中典故都很平常，不需一一指明。根據這幾句詩給我們的啓示，就可以知道「燕山春燕更北去」是指二人中的一人從燕都扈駕去上都，因此而離別的事了。然而兩人的分手實無關宏旨，詩裏還要敷陳的，至少有以下四點：(一)使讀者由「哀江頭」中胡人入侵長安的旨意聯想到蒙古滅宋；(二)引導讀者環繞杜甫原詩中的「黃昏胡騎塵滿城，欲往城南望城北。」兩句著意。這也就是說，作者一方面要把蒙漢之間的界限劃清，一方面要暗示讀者，正像當年杜甫在長安避兵時的不辨南北一樣，他這時心情也充滿了迷惘。雖身在元廷（北），卻是懷念着亡宋（南）；（三）跟王褒類似，他們也都在爲北方征服者服務；（四）藉出句「南人休唱鷓鴣詞」來表示他們所受的壓迫與歧視，雖在心中總有亡國的悲傷，但這種悲傷卻無法自由表達出來。他們對「南人」在元朝地位之低落感到不平的心態，從這一句更可窺出端倪。除此以外，這一句似乎還有更深一層的示意。辛棄疾膾炙人口的那首題爲「書江西造口壁」的《菩薩蠻》，由《鶴林玉露》的作者羅大經作了如下解釋：

蓋南渡之初，虜人追隆祐太后御舟，至造口，不及而還。幼安自此起興，「聞鷓鴣」之句，謂恢復之事行不得也。（註三十）

我們雖不能肯定虞集一定讀過《鶴林玉露》，但這樣的說法當時必定十分流行。虞集身爲宋朝顯宦後人，他父親虞汲又曾參加過宋末勤王活動（見下），類似的解釋應是耳熟能詳的。據此看來「鷓鴣」一辭在此處的含義便相當明顯了。

在一首題爲「刷馬歌」的詩中，虞集顯露出了另一層不平之感：

……世祖開基肇太平，昔日大宛俱拱北。如雲之馬西北來，飛控鶩塵徧南陌。豢養年深生息蕃，即今詔刷無遺迹。青絲絡頭千萬輩，戢戢駢頭死槽櫪。一程瘠毒一程愁，比到燕山肥者瘠。吾觀天廄十二閑，五花成隊春斑斑。監官餵養盛芻豆，年年騎去居庸關。聖朝誰信多盜賊，卻慮騎氣藏凶奸。駑駘盡從天上去，驊騮豈得留人間。漢人南人窘徒步，道路相從俱厚顏。我今已是倦遊者，東家蹇驢何必借。布襪青蹊取次行，正喜不遭官長罵。鄉裏健兒弓弩手，詔許征鞍常穩跨。嶺南烽火亂者誰，何事至今猶梗化。君不見，漢文皇帝承平時，千里之馬將安之。又不見，項王一騎烏江渡，到頭不識陰陵路。（註三十一）

從「我今已是倦遊者」一句看來，此詩大致寫於已退休的時候，其中思路的頭緒是十分清楚的。主要意思一是從忽必列以後，馬政與其他各方面都有每況愈下的情形。二是當時盜賊的猖狂已到了極爲嚴重的程度。三是蒙古色目人騎馬，漢南人只得老着臉皮步行。這充分表現種族畸視。四是由於南方盜賊衆多，必須把乘馬的優先權給鄉勇等類的兵民。五是朝廷對此類問題的表現是束手無策。這就引起虞集的感慨：在承平時，有材幹者並發揮不了什麼作用。相反地，戰亂時期如缺乏良好的謀略，即便擁有烏騅之馬最後還是不免一死。總起來看，都是在發洩胸中的怨氣。

南士在彼此投贈詩詞中所發的牢騷頗不在少，虞集也不例外。他曾題柯九思畫多幅，其中之一說：

……百年離亂亡故物，敝篋江南誰復收。新圖篔簹枝葉脩，使我不樂思昔侯。碧雞祠前杜宇叫，玉女井上叢篁幽……楊雄無家不歸老，蠨蛸蟋蟀寒相求……（註三十二）

詩裏對宋代的懷念，似乎是一句又接一句。而且把文化淪亡的責任完全放在蒙古人身上。此外，楊雄一典再三的出現也值得注意。例如在「書上京國子監壁」中有「楊雄不曉事，守道恓恓者，玄經百無徵，白髮謾盈把。」（註三十三）其中頗有自譴之意。這和趙孟頫詩中「揚雄識字苦，玄曼著書愁」的著意如出一轍，都是或多或少地在暗示着悔出的意念。此外，「思昔侯」應是暗示他父親虞汲生前事蹟（見下）。

（二）

《道園遺稿》中收有「次韻答袁伯長學士」的五言古詩十首，詩的來歷是這樣的：首先，徐明善（一二五〇——？）（註三十四）寫了「襆詠」十首，袁桷次韻答之。之後貢奎兄弟也加入了唱和。（註三十五）於是袁桷再寫十首答貢氏兄弟。寫了以後，他意猶未盡，「三次韻酬周儀之虞伯生十首」，（註三十六）虞集答詩是這一系列中最後之作，讀後頗可揣測他當年仕元時之心態。茲錄之於左。為便於閱讀起見，在每一首之後稍加評釋，其他人的詩則擬在另文中加以論述。

衡門有一士，閉戶守玄一。修之三十載，深不願世述。晶光無淪降，赫赫抱靈質。終然不可揜，煦物若春日。

此詩主要在於讚美袁桷，為虞集答詩開端。中述袁桷三十歲以前雖不曾出仕，但由於他的學養，終於脫穎而出，並作出貢獻。

斗酒相勞苦，聊樂不為怠。菹醢備百索，嘉此歲無害。馳驅廢稼事，每為同里慨。縣官庶能念，中歲得半代。

虞集在此一面敘述二人之間的友情，一面開始顯示對蒙古統治者的不滿與憤慨。「驅馳廢稼事」不僅指因畋獵使莊稼受損，而且也暗示出遊牧與農耕文化之間的矛盾，所以才要替老百姓們打抱不平。「縣官」是皇帝的代辭。（註三十七）此處是希望皇帝能夠體念到民間疾苦。詩中說「庶」能念，正是指責皇帝目前還不能致力於百姓的意思。

春花好顏色，持以勸君酒。君今不識察，後竟似今不。悲歌無囀喉，拙舞不運肘。生不與世諧，死寧同世朽。

此首意在互相慰藉彼此之生不逢時，在艱苦的環境中，又不願卑躬屈節的逢迎周遭的同僚與上司，這恰是無法與這幫人相處的原因。生前已如此，死後之名自然是難以期冀的了。末二句的意思可能是由杜甫「前出塞」中「功名圖麒麟，戰骨當速朽」而來。杜詩的用意是如果一個人不能達到「功成畫麟閣」的目的，那就寧願要他遺留在戰場上的枯骨儘早腐朽。此處憤慨不平的構思非常顯明：唯其是有生之年不屑奉承斗筲小人，所以寧可不要生前身後之名。

少年學爲琴，豈惜爲君撫。知音不在今，在昔或可數。遠遊竟不値，歸將託幽阻。念子獨我求，龍門作風雨。

這首詩表達生不逢辰之意更爲深入一層。由於頭兩句中用了個模棱的「君」字，所以是雙關的。他非但要說明他跟袁桷友誼之無間，更要表白他十分願意把才能獻給皇帝，無奈皇帝不像鍾子期那樣知音。「昔」「今」，很明白是指宋和元兩個朝代而言。詩的下半幅用了楚辭中的詞語及含義。「遠遊竟不値，歸將託幽阻」指他出山後既不能實現理想，唯有歸隱一途。雖不能像屈原一樣在遠遊時「託配仙人，與俱遊戲」，但仍然要「思慕舊故」。（註三十八）此外，他也由此表達了陶淵明飲酒詩中「在昔曾遠遊，直至東海隅」的爲貧而仕的旨意。「龍門作風雨」用了「哀郢」的典故：「顧龍門而不見」、「哀故都之日遠」，（註三十九）又更進一步標出故國正遭逢着一場大風暴。

雞鳴當知晨，草綠當知春。出山復懷歸，永愧先幾人。飛蓬離本條，縱浪隨風塵。流水東入海，逝者何踆踆。

此首第一二句當反解爲「雞不鳴時應知不是早晨，草不綠時應知不是春天」才能與上下文吻合。三四兩句無疑是在自譴出仕之不智，因此才會「懷歸」而愧對洞燭機先的人。後半幅以飛蓬和流水來比喻身不由己，從而引出時不我與的意念。

兩丘各岧嶤，荒隧下深迫，狐狸號其顚，儀秦此幽宅。二子昔在世，往復相十百。所以學仙人，劇飮謝天厄。

十首詩中，以此首含義最爲晦澀。猜想大約指京中官僚彼此鈎心鬥角的事實。自己在莫可奈何的情況下，豈但會思及「悠悠迷所留，酒中有深味」的境界，而且可以藉此來躲避禍患。

跕屣鳴趙瑟，揚眉鼓秦弦，遠奔萬金室，窈窕若雲烟。安知碧草晚，飛光無復年。聲名竟不立，淪落世羞傳。

「跕屣」是倡優女子的作爲（註四十），「揚眉」應有同意而恰好是揚眉吐氣意思的反面，「鳴趙瑟」，「鼓秦弦」更是指替別人作事。像這樣的生涯轉瞬就消逝了，將來也羞於爲人所記載。這自然是使他們終身感覺遺憾的事情。

疏傳出漢廷，決去豈不偉。未能忘懷樂，日問金餘幾。陶生行乞食，何有口腹累。鄧郎臨死時，不復作簪屣。

本詩提及疏廣歸老受漢宣帝及太子贈金一事，其用意似乎是要藉此自況，表示要師法疏廣，不願爲子孫置產。否則就難免步鄧通後塵，落到「一簪不得著身……不得名一錢，寄死人家」的地步。（註四十一）再深一層的意思即是朝廷有予奪的大權。不過更值得我們玩味的是「陶生行乞食，何有口腹累」這十個字。乍看之下，這好像是說陶淵明不爲五斗米折腰，雖難免乞食，卻不爲口腹所累。但這並不是虞集著意所在。要了解其着重點，須從老子「吾所以有大患者，爲吾有身。及吾無身，吾有何患！」的觀點出發。換句話說，一個人雖不應被物質上的享受所牽累，但他的客觀存在本身正是最大的累贅。唯其如此，他的精神負擔才會是雙重的：一方面要盡到儒家「不虧其體，不辱其身」的孝道，另一方面又充分體驗出道家對生命本身所持的保留態度。在這種情形下，對於他不得仰仗朝廷的施與這種苦衷如沒有一定的同情，至少也會有一番認識。這一點還可以引袁桷原詩以資佐證：

　　龔生夭天年，苦節亦良偉。輪困閱書傳，此事寧有幾。口腹非過謀，形骸乃眞累。所以商山翁，終復着漢屣。（註四十二）

這裏他眞是在慨而言之，含義再清楚不過了！人都貪生，像龔勝那樣寧願絕食死去而拒事二姓的人歷史上到底是少之又少。追根究底，還是受了形體之累才要求生存，正如老子所强調的那樣。當年四皓之所以願意拋棄隱居生活而偕出商山，一方面是由於衣食，另一方面則非常希冀施展他們自己的一番抱負。對於虞集，袁桷等人的行爲與心境，也應該有這樣的理解才是。

　　少年頗獲落，偃蹇無所承。長大不得食，常持一半氷。昔爲井中泥，今爲井上甑。未得復故初，灌輸效微能。

此首開始純屬客氣套語，不需解釋。三四句意爲出仕乃是爲了謀生，然而並未能被重用。五六兩句可以說是此詩關鍵，含義相當重要。虞集寫此詩時，不僅想藉此來暗示王粲「登樓賦」中「懼匏瓜之徒懸兮，畏井渫之莫食」這兩句話。（註四十三）而且要點到「井渫」一句的出典易經井卦裏的若干內涵。按井卦的卦辭，爻辭中說：

改邑不改井，無喪無得。往來井井，汔至亦未繘井，羸其瓶，凶。

初六，井泥不食，舊井無禽。九二，井谷射鮒，甕敝漏。九三，井渫不食，爲我心惻。可用汲，王明，並受其富。（註四十四）

「昔爲井中泥」是在射影其中所包含的意思，即是說從前怕不爲朝廷見用，而「今爲井上瓴」是說他如今則像在井口汲水的瓦罐一樣。從前像匏瓜，「焉能繫而不食!」現在卻是「羸其瓶」，「甕敝漏」，哀傷自己受到客觀環境的摧殘。此外，從九三的爻辭中還可以推測出另一層的含義。王弼注說：「當井之義而不見食，脩己之全而不見用，故爲我心惻也。」朱熹在討論此卦時也說：「九三，以陽居陽，在下之上而未爲時用。」（註四十五）在這些材料裏，我們不難看出，他們確實由於自己的潛力沒有能夠得到應有的發揮而感到沮喪。

梧桐失故蔭，丹鳳蓄餘戀。去之千仞端，十載始來見。高秋竹無實，忽忽恐復遠，昆丘玉爲田，爲子採芝箭。

頭兩句暗示宋代之亡對袁桷而言，就好像丹鳳之失去梧桐蔭蔽一樣。因此，他隱居了十年以後才出山。鳳鳥須食竹實，而此時正碰到深秋，竹不結實，於是怕他又要離開。如何才能勸阻呢，唯一解決辦法是到崑崙山玉田裏採摘芝苗代替竹實。但除了表面的意義外，芝箭還有療疾藥劑的含義。這樣的意思虞集在別處也用過，例如「邵庵老人畫像自贊」（註四十六）中就有「聊採靈芝，以遺遠者」的辭句。這似乎也有爲國家診治痼疾的意味。袁桷於泰定初辭歸，（註四十七）所以這十首詩的下限應是延祐泰定之際。此時二人不得意的心理是易於覺察出來的。

（三）

僅從虞集的傳記文獻中雖看不出多少跡象，然而他在泰定天曆之間的一段時期裏顯然仍有鬱鬱不得志之感，在一首題爲「泰定甲子上京有感次馬伯庸待制」的詩裏，他寫道：

翰音迎日轂，儀羽集雲路。寂寞就書閣，老大長郎署。爲山望成岑，織錦待盈度。我行起視夜，星漢非故處。（註四十八）

翰音就是雞鳴，這裏表示一大早就被喧嘩的儀仗所驚擾，然而皇帝羽林儀仗的壯觀與喧嘩卻適足以烘托出他們兩位翰林待制的落寞來。「老大長郎署」句是用張衡「思玄賦」中「尉龐眉而郎潛兮」一典。李善注引漢武故事云：「（顧駟）三世不過，故老於郎署。」（註四十九）「望成岑」、「待盈度」都是用不同的形像來表示「焉能繫而不食」的情緒。「星漢非故處」也就是斗轉星移之意。把這些放在一起看，全篇很明白地承現了懷才不得見用而日居月諸的感歎。

道園學古錄與道園類稿中都收入了題爲「詠貧士」的六首五言古詩。由於這些都是「自傳性」的，特別值得注意。在此用了學古錄的版本，因爲類稿中缺少一項極爲重要的資料——寫作的年代。讓我們先看題爲「天曆戊辰前續詠貧士一首」的頭一篇：

目昏畏附火，枯坐寒窗中。破褐著絮重，虛豆兼冰崇。病骨於此時，浮屠屹撐空。呼兒檢餘曆，記日待春風。雖欣解凍近，翻驚紀年窮。貰酒欲自廣，無錢似陶翁。（註五十）

詩中有若干點應加以說明。首先，戊辰年（一三二八）九月十一日文宗改元天曆，因此是在文宗即位後寫的。這一點特別值得注意。其次，就題目來看，「前續」必需是在此以前他已有同樣題目的詩，否則如何能稱爲續？可能由於某種原因（例如牢騷太甚）而被刪掉了。復次，就內容來看，即使承認有「詩的破格」因素在內，我們仍無法不對他貧窮程度與由此而形成的心理狀態感到驚詫。我們知道虞集在這個時候的職務包括翰林直學士，知制誥，同修國史，兼經筵官及國子祭酒。（註五十一）然而他還以無法禦寒的關係，迫不急待的盼望春天到來。

老骨寒不寐，夜長況風聞。心悸危欲折，跼蹐敗絮中。雞鳴當晨參，馬疥芻不充。山童衣百鶉，喚之愧匆匆。求火掃木葉，庭樹亦已空。決起不敢怠，曙光屋南東。苟遂牛馬性，歸放春草豐。

閱此可以看出當時薪俸之不足以養廉，無怪乎當時貪汚風氣之盛行。像他這樣的朝官，尙不能有足夠的床具禦寒，沒有能力買飼料餵乘馬和買衣服給僮僕，連生火取暖也要靠揀落葉。因此寧可被送還故鄉，還可以多發揮點作用。這種心態，和趙孟頫詩中「滄洲白鳥時時夢，玉帶金魚念念非。準擬明年乞身去，一竿重理舊苔磯。」所表示出的可以說是完全一致。（註五十二）

歸蜀越關隴，棧閣危登天。適越河濟隔，堰水氷丈間。饑寒迫旦暮，舟車計茫然。東家有一叟，欲在初不言。早朝聽詔畢，喚馬閶闔前。童奴受宿戒，向暖爭相先。聞之嗔兒子，我何爲汝牽。屨無千金賈，吾足安暇憐。（註五十三）

此首同別首不一樣的地方在於他的前半幅純粹出諸想像，他要回四川，只不過是一種希冀而已。在壬申年（一三三二）初，他還嘆息的說：「祇今江上無茅屋，何日成都有薄田！」以後到了江西，就更沒有能力歸蜀了。譴責兒子，只不過在借題發揮而已，主旨還在對於現況加以歎息。

爲政貴察色，讀書在研覃。司視既不明，兩者無一堪。尙不逭吏責，爲師固宜慚。聖世無棄物，況茲久朝簪。決去豈我志，知止亦所諳。頗聞南山下，菊根浸寒潭。濯餌千日期，冰臚復淸涵。老馬果識道，更服鹽車驂。（註五十四）

此時虞集政務，教學兼顧。可是由於執政者不能瞭解他的所作所爲。他認爲這兩方面都是在白費時間。即使還沒有受到責備，良心上仍覺欠安。但這個錯誤決不應由他個人來負担。雖說是「聖代無隱者」，現在卻並非聖代，又何況在朝廷中時期已久。去官並非他的素願，然而他必須遵從大學裏所强調的「知其所止」而有所作爲。隱居生活在這種情形下是很有吸引力的。更不要提到他的才華被掩沒就像識途老馬卻被用來拉沉重鹽車一樣，不僅是浪費，也是一種屈辱。最後，我們應對驂字加以注意。驂是三馬駕車之意。那麼他是否有暗示像他這樣受屈的人不止一個呢？

天風夕號怒，霜日殊淸姸。探架得古書，前日手所編。柰何視茫茫，字若萬蟻緣。精意成寂寞，惆悵還棄捐。於惟仲尼衰，淸夢不復然。小子未聞道，何以卒歲年。

此處眞正含義在於作「逝者如斯乎」的感歎，他精力不濟，目力更是衰退（見上），眞可以說像兩千多年前的孔夫子一樣也是有着「甚矣吾衰也！」的心理。加之他的理想沒有人欣賞，由此引起被拋棄的感覺。即使是這樣，他還不甘心無聲無臭的渡完餘年。因爲尙未聞道，當然不能說「夕死可也」那樣的話。

在「又一首答舍弟見和」的「詠貧士」詩裏，虞集談到他們父子兩代涉世的經歷：

蜀侯昔罹憂，嶺海萬死中。詩書庶不泯，焉思祿位崇。爾來五十年，所以恒屢空。涉世惟信道，卓然立頽風。漫仕非我能，偶貧豈人窮。深耕定有獲，歸歎兩衰翁。

首二句指他父親虞汲而言，在趙汸為虞集寫的行狀中雖故意寫得語焉不詳，但先提到虞汲「宋亡自海上還，隱於臨川之崇仁。」然後追述虞汲於咸淳間隨從他岳父楊文仲守衡州，集即於壬申歲（一二七二）在旅次出生。底下有這些關鍵性的句子：

乙亥（一二七五）楊（文仲）公守漳州，明年趨嶺外，參政（即虞汲）亦在行。公（虞集）三歲即知詩書，干戈中無書册可攜，母夫人口授……聞輒成誦。九歲北還至長沙……又五歲始來崇仁。（註五十五）

除此以外，我們可以把伯生在一篇題為「書先世手澤後」短跋裏的幾句話拿來作為補充：

先宋既亡，先參政歸自海上。力不足以適吳，以至元甲申之歲（一二八四）復至崇仁……今五十二年矣。二公與先公先後去世已久。（註五十六）

把行狀敍述，跋文，和詩合在一起看，就知道所謂「蜀侯昔罹憂，嶺海萬死中」正是指他父親出生入死地參加了宋末勤王工作。一直到最後一刻，也就是帝昺滔海死後，適當虞集九歲那年，他父親才舉家北還長沙。五年後，當至元二十一年（一二八四），由於沒有能力到蘇州去，所以才潛返崇仁。在那裏，「稍起家教授，有知人之鑒」這正是「詩書庶不泯，焉思祿位崇」著意所在。虞汲這種對南宋的忠誠，因史料故為隱諱，所以並未能得到應有的注意。但這是非常重要的信息，對於進一步瞭解虞集有很大的幫助。所謂「爾來五十年」是說從他父親返崇仁以後到他寫此詩的這一段時間，這以後才是敍述他自己的經驗。其中雖未表示對元廷積極的不滿，然而牢騷滿腹，除去為他自己出仕作解釋外，並說明他去朝廷服務是經過一番選擇的。就目前的貧困而言，那只不過是「君子固窮」，此後他們兄弟兩個精力衰退的老人，就只得靠躬耕謀生了。（這當然有點過甚其辭。）無論如何，詩中後悔出仕的思想是清晰可見的。另外，他在一首給他兒子虞安民的詩裏描繪了一個不同的角度：

憶我蚤歲離親側，足自跋跋心惻惻。中年祿廩不及養，人羨淸華已驚惕。歸來老病五年餘，閔子謀食躬犂鉏。蓬蒿羅生果窳異，蛛網微細仍縈紆。（註五十七）

意思是當年懷著兢兢的心情出外謀生，等到有點成就時，卻已無法對雙親作口體上的奉養，於是，心裏就對被別人歆羨的社會地位採取相當程度的保留。所謂「人美淸華已驚惕」除去悔恨未能爲雙親頤養天年外，自然也還包含着悔出的成份在內。歸休之後，經濟情況不佳，還須靠貧窮的兒子養活，這就更爲加深了心中的歉疚。話雖如此，他在這一段時期卻也對以前的「淸華」有所懷念，這一點將留在最後討論。

在題爲「至正改元辛巳寒食日示弟及諸子姪」的兩首七言絕句裏，他對自己的處境有極爲直率的表示如下：

疾風吹雨作春深，抱膝西窗獨自吟，百世詩書千古事，只憑孫子不虛心。

江山信美非吾土，飄泊棲遲近百年，山舍墓田同水曲，不堪夢覺聽啼鵑。（註五十八）

詩成於一三四二年，下距他去世只不過有六年的時間。最可注意的是，由於這兩首不是普通的酬酢之作，而是寫給自己家人看的，所以寫得非常坦誠眞摯。在第一首裏，主要先將對於客觀環境的感想訴說出來。「抱膝」如果用的是諸葛亮的典故，那麼自然便會使人聯想杜甫「登樓」裏的「北極朝廷終不改，西山寇盜莫相侵，可憐後主還祠廟，日暮聊爲梁甫吟」的這幾句來。梁甫吟的含義雖然自來即是聚訟紛紜，但如他想由此引申，以朝廷與寇盜作一對比，那麼，誰是前者誰是後者的問題，就十分値得玩味了。這一首的末兩句當是想藉「文王孫子，本支百世」的意思表示虞氏是一個有學養的世家，傳統源遠流長。雖然目前處在不利的環境中，只要子孫爭氣，整個家族的前途倒毋庸憂慮。

再看第二首。這首語調之直率，實在可以令人驚訝。就虞集在蒙元朝廷裏擔當過的職務和他享有的地位而言，應當是可以使他滿足的了，然而事實上卻並不如此。這不但與他所寫的官式文章（例如經世大典序錄）有着一百八十度的歧異，即使拿來和他平日所寫的詩文比較一下，也可看出極大的不同。此詩成於他歸老後在故鄉崇仁居住的時期。（從理論上說，我們可以勉强把「非吾土」解釋成崇仁並非眞正故鄉，故鄉應該是四川的仁壽。但這樣的解釋仍須照顧到「不堪夢覺聽啼鵑」一句。）既然已經歸老故園，他本不應與當年周顗一樣，在對飲之時，歎息「風景不殊，正自有山河之異。」（註五十九）那麼，讓他感喟的應當是：從幼年到此際，一直在異族統治之下，所以雖然人在家鄉，仍使他想到登樓賦裏「雖信美而非吾土」的意念。有生以來的日子，也就不覺得十分有意義。所以才使他有「飄泊棲遲」的感覺。然而最令人難堪的，莫過於在夢醒愁留的時候，興起了「啼鵑亡國恨，歸鶴故鄉情」的感觸。（註六十）這種思想對元初不遇的南士（如張觀光、何中等人）而言是不足爲奇的，但由虞集來表示，似有稍加解釋的必要。

虞集是宋度宗咸淳八年（一二七二）出世的，越七年而宋始亡。由於他出身於相當顯赫的家世，加上他對父親的參加勤王工作一定有較深印象，復以受到江西宿儒吳澄的教誨，自然會培養出一定程度的民族意識。到他入仕元廷時，已是三十開外的中年人了。有着這樣的背景，如果對於故宋懷抱着相當的憧憬，並對元朝具有一點保留，應該是不足爲奇的。然而，「遺民不世襲」，連文文山的繼子文陞都接受了元室任命，遑論其他的人。虞集雖自成宗大德年間即已仕元，但一直到文宗時才受皇帝的禮遇以及重視，因此，他的心理上如果有點不平衡，我們是可以瞭解的。此外，即使他在受到文宗極端信任之時，仍接二連三的受到同僚的傾軋。等到文宗去世，由順帝皇位繼承的問題又引起了一定程度的問題。從此進一步而導致了種種傳聞。這種種過節，使他不得不韜光隱晦，「暮年歸休江南，又十有六年。」（註六十一）晚年的賦閒，加上他經濟上的拮据，難免會更加增長上述的那種矛盾心理，終於使他把長時間中悒鬱在心裏的思想不加隱諱地發洩出來。

（四）

我們知道，當他在朝顯遇之際，即已被人指摘過心懷親宋思想。行狀裏有如下一段：

用事者患其知遇日隆，漸多論建，思有以間之，而譖言興矣。賴公夙誠雅望，敭歷有自，故不能有所中傷。嘗被旨撰一佛寺記，其處有前代遺跡。適進對，上問曰：「人言汝前代相臣子孫，今爲是文，適美前事爾。」公對曰：「前代遠矣。其臣庶子孫，不忘本初者已鮮。有能思其祖父，而不忘其祖父所事者，必忠孝之士也。臣不足以及此。能爲陛下言此者，必忠孝人矣。今臣等幸以疎庸，際遇聖時，致位通顯，澤流後世，庶幾子孫世世不忘朝廷厚恩，則誠犬馬至願。故臣以非忠孝之人，不能爲是言。」上目一侍臣歎異之。（註六十二）

徧閱道園學古錄及類藁，虞集所撰「佛寺記」共三篇，其中兩篇與宋代無涉，但「集慶路重建太平興國禪寺碑」中有如下字句，確實可以被人指爲「美前事」：

至宋太平興國中，太宗得〔寶〕誌公密讖石中，符其國運。有「神降其宮，親與之」語。蓋誌公云。太宗

異之，號寶公曰「道林眞覺菩薩，」更名寺曰「太平興國，」賜田以食其人。（註六十三）

根據我們以上的討論再來看這一段，他說宋代遺民「不忘本初者已鮮」，於當時事實不盡符合。而所謂「有能思其祖父，而不忘其祖父所事者，必忠孝之士也，」實在可說是夫子自道。其他的話，一部份是言不由衷，另一部份顯然是爲了要敷衍攻訐他的人（看樣子大約是一個蒙古侍臣）而說的。這一回元文宗居然百分之百的接受他的辯解，倒也是件十分有趣的事。從這一點不但可以看出文宗對他極端的信任，同時也可以看出虞集對於「保獲色」運用的成功。至於徵引齊梁時代高僧寶誌「密讖」裏的語句，使人們藉此得以想到宋代建立時期的國運，這是否事出有因，已無法加以論斷。無論如何，從這件小小的公案中，我們可以看出來，即使在事業巔峯時期，他在言行上仍然必須小心翼翼。

然而，元代南方士人的心理畢竟是複雜、矛盾的，往往還帶一點患得患失的成份在內。這樣的矛盾，在虞集身上也很容易觀察到。擧例而言，他常常在表示民族情懷以及發牢騷之餘，仍舊難以忘卻在朝時的榮耀。關於對文宗感懷的事，已略如上述。就連對惠宗，他也有類似的情緒。我們可以先看他題爲「甲戌四月十七日至臨川充雲寺祝聖壽，齋罷爲賦此詩」的七律：

郭西寺門雙石頭，水檻相對林塘幽。白花過雨落松暝，黃鳥隔溪鳴麥秋。衰朽虛蒙宣室問，淹遲實愛小山留。爲貪佛日同僧話，滿袖天香念舊遊。

再看「即事——四月十六日」：

臥病丘園忽五年，千官此日正朝天。縣公稱壽邀相共，野老扶藜拜不前。帶拭文犀看舊賜，髮垂明鶴愧初

筵。莫言小邑天光遠，朝蓋靈芝色五鮮。（註六十四）

第一首作於一三三四年（順帝元統二年）。前半首所描繪的田園恬靜，適與後半首反映出的世俗之感形成了强烈的對比。頸聯中「衰朽虛蒙宣室問」指的是那年他被召還朝而「疾作不能行」，（註六十五）因此上表謝恩，表示「臣敢不力求藥石，思致涓埃。宣室縱還，何補聖聰之達。康衢有頌，深知帝力之加。」（註六十六）雖然在下聯中他引用淮南小山賦一典，（其實意思也很含混——難道有「山中兮不可以久留」的意思麼？）想藉此敷陳出一種樂於徜徉山水的氣氛，然而「宣室問」、「念舊游」等詞語卻不可避免地給人以熱中名利的印象。這樣，讀者雖然會由「同儕話」的暗示而聯想到李涉的名句「又得浮生半日閒」，但同時又會感到那樣的境界與詩的下半幅極不調和。至於第二首，根據「臥病丘園忽五年」的話，大約是兩年或三年後寫的，詩中懷念舊日繁勝的情緒極爲明顯。更看其中一些詞語：犀帶雖不一定是順帝個人舊賜，「初筵」當然指妥歡帖木兒即位後「用至大故事，召諸老赴上京議事，公在召列」的那回事而言。同時，從字裏行間卑躬感恩的語調，我們可以看出他對順帝並非沒有感情。這也適足以作爲「馬尾縫眼」傳聞不可靠的另一個證據。

儘管以上所引的材料甚爲有限，但從中卻不難覺察到兩個饒有興趣的現像。第一，無論在朝和去職，虞集都在作品中顯露出民族思想。這種顯露雖有有意和無意之別，耿耿於懷之情操則一。第二，在朝中担任「清要之職」的時候，他往往有極大的抑鬱和不滿。然而，等到一旦懸車告老而「角巾私第」時，卻又難免對過去的日子有無窮的憧憬和懷念。如此微妙的感情，毫無疑問反映了當時相當數量知識份子錯綜複雜的心態。

若干年前，我曾經引用過虞集的詩句，想藉以說明他在某種程度上，代表南方知識份子從「何須更上新亭飲，大不如前灑淚時」的哀宋心理，轉換成「南渡豈殊唐社稷，中原不改漢衣冠」的擁元心理。而由這也體現了元代南方知識份子心理的典型，（註六十七）由於當時受了對虞集的傳統評價影響較深，同時又未能將他歷年的詩篇逐一加以咀嚼，因此所得到的結論雖不能說完全錯誤，卻難免有以偏概全的傾向。在本文中，我選擇地分析了一些虞集的詩，試探能否從中哀測出他心態上較爲隱晦的角度來。就整個元代知識階級層來說，這僅是極小的一個環節。更爲全面的研究，請俟異日。

附註：

註一：瞿佑，《歸田詩話》（知不足齋叢書本）卷中，頁十八上至下。

註二：《篁墩文集》（四庫全書珍本）卷三十六，頁十四上至下。

註三：《東山存稿》（四庫全書珍本）卷五，頁十一下。

註四：同書卷五，頁十二下。

註五：《國立故宮博物院藏品選目》，頁一五二。

註六：《道園學古錄》（四部叢刊本，以下簡稱《學古錄》）卷三，頁五下。

註七：《文物》一九七三年第八期，圖版陸。

註八：《學古錄》卷一，頁十二上。

註九：陳旅，《安雅堂集》（中央圖書館影印鈔本）卷三，頁八上。

註十：《東山存稿》卷六，頁十七下至十八上。
註十一：《元史》卷一八六，頁四二七八至四二七九。
註十二：《學古錄》卷四，頁八下。
註十三：同書卷二十九，頁十二上。
註十四：同書卷四十，頁十下。
註十五：《道園遺稿》（四庫全書珍本，以下簡稱《遺稿》）卷二，頁三十一下。
註十六：同書卷三，頁六十一上。
註十七：同書卷五，頁二下。
註十八：《學古錄》卷二，頁十一上至下。
註十九：同書卷三，頁十七上。「苑中苜蓿」或指柯立夫師曾討論過的「誓儉草」而言，待考。
註二十：《元史》（中華書局標點本）卷三十六，頁八零六。
註二十一：《遺稿》卷三，頁四下。
註二十二：《學古錄》卷四，頁十上。
註二十三：同書卷二十七，頁五下。
註二十四：《遺稿》卷三，頁七下。
註二十五：同書卷三，頁四十七下。

註二十六：《學古錄》卷三十，頁九上。
註二十七：《遺稿》卷五，頁十上。
註二十八：《遺稿》卷五，頁一下。
註二十九：《文苑英華》（中華書局一九六六年影印本）卷一九六，頁五上。
註三　十：《鶴林玉露》（稗海本）卷四，頁十六下至十七上。鄭因伯先生對於這首詞寫作的前因後果有精闢的考證（見「辛稼軒的一首菩薩蠻」一文，《從詩到曲》頁一五零至一五四）。雖然鄭先生證明了羅大經以來說法之不可靠，但與此處的推論並無衝突。
註三十一：《遺稿》卷二，頁二十一上至二十二上。
註三十二：《道園類稿》（新文豐出版公司影印明覆刊元本）卷四，頁七上。陶宗儀說，柯九思每作書，虞集必題（世界本輟耕錄，卷七，頁一一六），學古錄中確實收了不少這樣的詩。
註三十三：《學古錄》卷一，頁四下。
註三十四：生平略見《元詩紀事》（鼎文書局歷代詩史長編翻印本）頁一五一。
註三十五：貢奎和詩見《雲林集》（四庫全書珍本）卷二，頁二上至三上。
註三十六：袁桷三次和詩均見《清容居士集》（四部叢刊本）卷三，頁十三下至十八上。
註三十七：《史記》（開明本）卷五十七，頁一七五引司馬貞《索隱》：「縣官，謂天子也。」
註三十八：王逸《楚辭補注》語，見（四部叢刊本）卷五，頁一上。

註三十九：同書卷四，頁十五上，頁十六上。
註四　十：《史記》卷一二九，頁二二七。
註四十一：《漢書》（開明本）卷九十三，頁三零五。
註四十二：《清容居士集》卷三，頁十八上。
註四十三：《文選》（四部叢刊本）卷十一，頁三上至三下。
註四十四：《周易》（四部叢刊本）卷五，頁七下至八上。
註四十五：朱熹，《周義本義》（中國書店一九八七年影印本）卷二，頁二十七下。
註四十六：《學古錄》卷三十，頁十六上。
註四十七：蘇天爵，《滋溪文稿》（中央圖書館影印朱墨合校鈔本）卷九，頁三十上。
註四十八：《學古錄》卷一，頁五下。
註四十九：《文選》卷十五，頁十上。
註五　十：《學古錄》卷一，頁五下。
註五十一：《東山存稿》卷六，頁六上。
註五十二：趙孟頫，《松雪齋文集》（四部叢刊本）卷四，頁十六上。
註五十三：《學古錄》卷四，頁八下。
註五十四：同書卷一，頁四下。

註五十五：《東山存稿》卷六，頁三上。同書卷六，頁四上。歐陽玄所撰的虞雍公神道碑對此更諱莫如深，僅云：「乙亥見山（楊文仲）移守漳州，參政（虞汲）伉儷同行。丙子宋亡，公五齡，夙慧。避地，無書藉……九歲還長沙……又五年，居崇仁故寓。」（四部叢刊本圭齋集卷九，頁廿五上）這樣卻反而顯露出掩飾痕跡。

註五十六：《學古錄》卷四十，頁九下。

註五十七：同書卷二十八，頁七上。

註五十八：同書卷三十，頁九下。

註五十九：《世說新語》（四部叢刊本）卷上之上，頁二七上。

註六　十：張觀光，《屏巖小稿》（四庫全書珍本）頁十四下至十五上。

註六十一：危素，《危太樸文續集》（新文豐影印嘉業堂叢書本）卷一，頁十四下。

註六十二：《東山存稿》卷六，頁十八下至十九上。

註六十三：《學古錄》卷二十四，頁十二上。

註六十四：同書卷二十九，頁十六下。頁十八上至下。據元史（卷三十八，頁八一五），順帝誕生於延祐七年四月丙寅。是年四月庚戌朔，丙寅適當十七日。第二首作十六日，殆爲一時筆誤。

註六十五：《圭齋文集》卷九，頁二十六上。

註六十六：《學古錄》卷四十，頁十九下。

註六十七：見《中國文化研究所學報》第十卷，頁一五七至一五八。

儒家倫理美德系統的詮釋及其與中國現代化之關係*

劉國強

前言

自中國門戶於一八四〇年的鴉片戰爭被西方的炮火轟開後，現代化便成了中國百多年來的目標。自强運動，百日維新，立憲運動，國民革命，五四運動，共產革命以及現在鄧小平的四化，無不直接或間接環繞着現代化的目標而發。雖然經過種種努力，中國距離現代化還遠。在過去的百年現代化過程中，中國文化主流的儒家思想受到了西方文化的衝擊而節節敗退。五四運動對儒家全面攻擊摒棄。一九四九年後，中共對儒家的態度基本是否定的。雖然在大陸香港及台灣還有爲數甚少的新儒家仍在高學儒家的旗幟，整個而言儒家是在逆境和低潮中。

*作者按：本論文原作爲英文，曾在一九八八年十月卅一日至十一月二日在西德波恩（Bonn）舉行的國際儒學會議（International Confucius-Sympsium--Confucianism and China Modernization）上宣讀。現將翻譯本交《新亞學報發表。

由於近年東亞國家及地區——日本、南韓、台灣、新加坡和香港——經濟飛躍發展，引起了不少西方學者對儒學的新興趣。這些東亞國家都有着濃厚的儒家文化背景。社會學家，追隨韋伯（Max Weber）之後，開始研究：究竟儒家文化，尤其是儒家倫理，是否對這些國家的經濟繁榮有積極的作用。說東亞的繁榮與儒家倫理或美德完全沒有關係似乎是難以想像的，正如比得・伯格（Peter Berger）說：

……現在有愈多的證據顯示：實在很難想像說，有一些源於儒家思想的價值，譬如說對人間世的積極態度，講究紀律和自求多福的生活方式；對權威、節儉的重視，以及對穩定家庭生活的强烈關切等等，竟跟東亞人民的工作倫理和整個社會態度沒有任何關係。[1]

本論文的目的

本論文的目的是對儒家倫理的基礎及系統結構提供一詮釋，並根據此一詮釋，作者希望能對儒家倫理與中國現代化之關係，有所啟發。

(一)儒家倫理的基礎及系統結構

(1)對儒家倫理的一些批評

當我們思索甚麼是儒家倫理及美德時，我們會很快的想到如仁愛、義，孝，悌，忠，信，服從，勤勞，節儉，和諧，現世積極性等。而且，我們很容易把這些美德與中國傳統社會的家庭中心，農業經濟及君主政治連系在一起。批評儒家的人時常認爲儒家倫理是與中國傳統社會的社會、經濟、政治制度相結合的一種倫理道德觀，已經過時了，對二十世紀的今天不再適合了。比如孝悌的價值只會產生狹隘的家庭主義及裙帶關係，這只有妨礙現代化；忠心及服從只會鼓勵權威主義，減弱人們創發、冒險及競爭的精神，而工、商業及技術的進展都在在需要這些精神。人們還會批評儒家的價值取向不利於資本主義的經濟發展，因爲儒家重義輕利，而自利動機卻是現代資本主義背後的動力。

雖然不能說這些對儒家的批評完全錯誤，但這些批評很多是基於對儒家倫理美德的誤解或認識不足才產生。的確，對儒家倫理美德沒有深入和足夠的了解，任何討論關於儒家倫理與現代化的關係，都會是表面或片面的。

⑵「仁」是儒家倫理美德的基礎

簡要的說，儒家以倫理及德行的基礎在於人性。人性的核心是「仁」[2]。人不是一個獨立的個別實體，而是一個關係的中心[3]。個人的個體性與獨特性是在關係中發展與完成；個人自我是在所遭遇的不同關係與境況中實現仁來完成。

仁是一種潛質而非已現實的性質。也就是說，仁並沒有一個不變的現實形式。仁可以通過不同的行爲及活動形式來實現或表現。不說謊是仁的一種表現，但爲了拯救朋友的性命而說謊也是一種仁的表現。忠於自己國家的政府是一種仁的表現，但忠於殘暴的政府卻是一種大不仁。

不同的美德是人在不同的關係及境況中實現了仁，故各種德目只是給予在不同關係及境況中實現了的仁的名稱。各種德目或美德同時成了在各種關係與境況中的道德標準。圖A可以幫助說明。

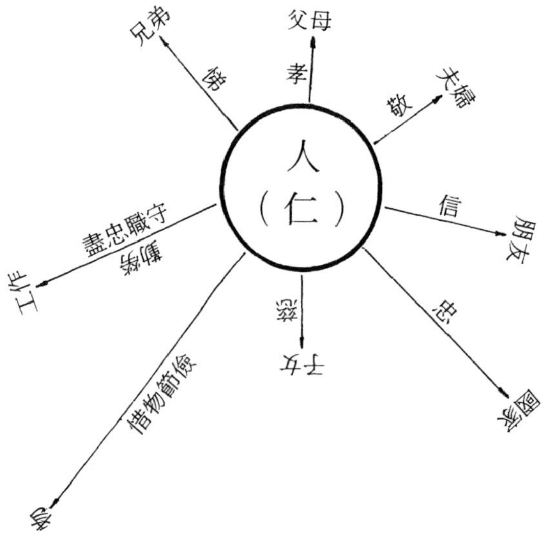

圖A

圖A顯示中間的圓圈代表一個個人，他的本質就是仁。不同的箭頭代表個人對向於不同的關係。箭頭的長短表示親疏遠近關係。短的較親近，長的較疏遠。個人本乎仁以對待每一關係上的對象，即產生不同的德行。比如個人本乎仁對父母，則表現爲孝道，而有孝德；本乎仁向於兄弟，則表現爲悌道，而有悌德；本乎仁以用物，則能惜物而盡物之性，不至於浪費，而有儉德。

(3)人的存在是一自我擴大的歷程

爲甚麼體現或實踐仁便會是美德或合乎道德呢？這是因爲仁同時是主體性、創生性及超越性。當仁發動時，一種關切之情便會生起，以超越現實自我之限制，包涵所有遭遇的對象，對象便進入主體，與主體結合，形成新的自我存在，自我存在便在這樣的不斷創造中擴大與完成。

(4)仁最先表現於家庭

人不是抽象的存在。人必存在於某一具體的環境——物理的、生物的、社會的及文化的。因此，仁的具體表現必須受到（但不是絕對地受到）個人的環境之限制。人的物理及生理的構造可以說是人較爲恒常不變的環境，經歷百萬年才有些微的變化。[4]人的社會及文化環境較人的物理生理環境變化爲大。在人身體的現有物理及生殖系統條件下，嬰兒須經過男女交媾及長時期在母親子宮中發展後才出生[5]，而且人類的嬰兒較其他動物的嬰兒需要父母更長時間的養育和保護。不論是母系社會還是父系社會，人類嬰兒首先接觸的是同血統的近親，尤其是父母兄弟。也許社會的進化證明父系社會較母系社會更適合於對幼少的照顧。但這不是問題的焦點。問題的焦點在於：在現時人的生理結構條件下，一個人很自然的首先向自己的父母及兄弟姐妹表現仁，也就是說，首在家庭中表現仁。作爲一個具體的存在，就算個人立誓要仁愛天下一切人，也只能從某點做起，所以很自然且合理的，儒家重視孝悌，以其爲行仁之本[6]，而以家庭爲社會的基本單位。對於儒家來說，家庭是人繼續實踐擴充仁的起點。儒家所重視的五倫關係中，三倫是來自家庭的關係。

(5)重和諧、重學習、重現世根源於儒家基本原則

實踐仁既然同時是一自我擴大的歷程，也必然是一要求和諧的歷程，否則對象或客體不能成爲主體自我的一部分。對立，鬥爭或競爭的最後目的也是爲了最終的和諧。所以儒家傳統强調和諧多於對立與鬥爭。爲了伸展仁及自我存在的擴大，學習的要求是不能避免的。在儒家傳統，學習主要是道德的知識，因爲學習道德可以引導人實踐正確的行爲來直接實現仁。

很多學者也指出，儒家以「天道」是「超越的」同時是「內在的」。這是很正確的。對於儒者來說，表現仁同時也就是表現天道，因爲仁性是由天命於人之性。這是儒家天人合一之旨。所以儒家的宗教或終極關懷與現世的關懷是不能分開的。基於此一種終極信仰而來的現世性格，使儒家倫理美德皆導向於現世的興盛與繁榮。

(6)儒家倫理的三個層面

在此，我們須要注意儒家倫理美德作爲一個系統思想可包括三個層面。最基本的一層是儒家的基本原理，即表現或實現仁的原理。孝、弟、忠、信、仁（作爲一德之仁，見注2）、義等道德的普遍原則是仁的表現的不同模式，是屬於中間的層面。這些道德的普遍原則是較恒常的。如儒家的社會規範及禮制，則是屬於表層的東西，例如，三年之喪，八佾之舞，冠、婚、喪、祭等禮。這些表層的規範禮制是較相對的，可變化的。

了解儒家原理規則的這三層區分，對於探討儒家倫理與中國現代化之關係甚爲重要。在我們探究每一個層面與中國現代化的關係前，我們須先看看甚麼是現代化，及須對中國近百年現代化的路子作一簡要的回顧。

㈡甚麼是現代化？

雖然經過了二十世紀下半期社會科學家的不斷討論，但對「現代化」一詞仍然未能有一致的定義[7]。現代化無疑是一走向「現代性」的歷程。問題在於甚麼是「現代性」。「現代性」與「傳統」的對立並不單純在於時間的不同——過去與現代的對立。基於不同的進路的了解，現代化或現代性可以有不同的面貌。一個經濟學家會根據一個國家的總產量來衡量她的現代性；一個政治科學家會以她的民主化程度來衡量；一個社會學家會以她的都市化，層級治事化（bureaucratization）來衡量，一個心理學家會以人民的心理及行爲模式來衡量。總而言之，現代化或現代性並不是一種簡單的現象。

然而，有三種區分對現代化或現代性的了解是有所幫助的。第一，是外在進路與內在進路的區分。所謂外在進路，包括所有社會、經濟、政治及制度的觀點。在外在進路下，我們可以說現代化基本上是工業化、都市化、層級治事化，民主化，教育普遍化，及快速信訊等。所謂的內在進路包括人們的心理，行爲模式，與及價值取向的觀點。在內在進路下，我們不能忽略，現代化著重表現工具理性（instrumental rationality）[8]，自由及冒險精神，與及普遍的與成就的取向（universalistic-achievement orientation）上[9]。

第二，是決定論與非決定論的區分。根據馬克思主義，現代化只能是一種由非人的歷史力量所決定的普遍現象，這種非人的歷史力量是「生產模式」（mode of production）。這樣說來，人的意志及自覺努力對於達成現代化所起的作用，如果不是完全不重要的，也只能是次要的。這是決定論必然引出的結論。非決定論的觀點則肯定人的意志及自覺努力對現代化的實現有高度作用。史華茲（Benjamin Schwartz）根據韋伯的觀點，解釋現代化爲「有系統地，實質地和有目的地應用人類的精力於理性地控制人的物質及社會環境，以冀達到各種目的」[10]。這是對現代化的一種非決定論觀點的很好例子。

第三，是有價值取向（value-oriented）與無價值取向（value-free）的區分。在無價值取向的觀點下，現代化被視爲一無法避免的社會變遷歷程。不論我們喜歡或不喜歡，傳統社會一定要走向現代社會的階段。「現代」是我們這個歷史時期的特色，就正如「封建」是中古時代的特色一樣。我們不能站在現代社會的角度說傳統社會不好，或站在傳統社會的角度說現代社會不好。無論如何，歷史的發展如此，傳統的一定要讓位給現代，正如現代的也將一定要讓位給「後現代」（Post-modern）。無價值取向的觀點與決定論的觀點有密切關連。有價值取向的觀點則視現代化爲一導向於人類幸福的社會變遷歷程。所以傳統的與現代的並非處於完全絕對對立的地位，有些傳統的價值應該保留，並且被吸收到現代裏，也應避免科技工業及工具理性的過度發展或走入歧途，帶來人類的災難。

在探討現代化時，單一的外在進路或內在進路都是不足夠的，必須兩者兼備才全面。本文作者認爲以決定論或/和無價值取向的觀點來分析現代化是毫無結果的；也就是說，以非決定論和有價值取向的觀點來看現代化，討論才有意義。

㈢對中國近百年現代化道路的簡要回顧

⑴由自强運動到五四運動

中國的現代化是在鴉片戰爭及平定太平天國之亂（一八五〇至一八六四）後開始，是由於當時的士大夫知識分子如曾國藩、李鴻章、張之洞等人認識到西方軍事技術的厲害。自强運動的目的只在於模仿學習西方的武器及技術，所以自强運動只是一種表面層次的現代化，並沒有接觸到西方文化的較深層面。「師夷之長技以制夷」是整個自强運動的根本精神。

滿清皇朝被日本在一八九五年的中日甲午戰爭擊敗，爲自强運動響起了喪鐘，也表示表層的現代化是不足夠的。一八九八年康有爲梁啟超的百日維新運動向前推進了一步，醒覺到需要對中國的政治、法律、教育等機構制度作出改革。百日維新不幸因慈禧的干預而突然告終。

一九〇五年日本戰勝强大的俄國，證明了日本明治改革與現代化的成就。滿清皇朝鑒於日本之勝利與時局的逼迫，便欲學日本行立憲君主制，於是推行立憲運動。另一方面，孫中山先生則積極推行倒滿革命運動。雖前者行溫和手段，後者行激烈手段，然而兩者均求中國政治制度的仿效西方以全面改革，也就是說兩者均較百日維新運動更深一層地推行西化。

在五四運動之前，無論改革者或革命者，雖然都是主張着不同程度的西化，但均無冀圖全面否定中國傳統文化。經過了不斷的失敗與戰敗；終於出現五四時代的全面否定傳統文化。對於五四時代的知識分子而言，現代化便是全面西化。中國共產黨繼承了五四的態度，馬克思主義取代了儒家的正統地位。從中國現代化道路的觀點來說，五四及共產黨的知識份子急於摒棄傳統，向西方求解救之藥，但對於傳統文化卻是缺乏深刻反省的。只有少數新儒家對中西文化的基本不同作出了深刻反省。[11]

(2)在中共政權下的中國現代化

中共取代國民黨在大陸的統治權，並不意味現代化的歷史目標有所更改。在一九四九年三月五日中華人民共和國成立前不久，毛澤東在第七屆中央委員會二次會議上，即曾要求把「佔國民經濟總產值百分之九十的分散個體的農業和手工業經濟……逐步地而又積極地引導它們向着現代化和集體化的方向發展」[12]。另一篇在一九五七年發表的著名文章「關於正確處理人民內部矛盾的問題」裏，毛氏要求將中國「建設成爲一個具有現代工業、現代農業和現代科學文化的社會主義國家」[13]。同一文章的最後一節是關於「中國工業化的道路」。一九五八年的大躍進，是毛澤東渴望中國快速現代化的一種缺乏耐性的表現。那個時期，鋼鐵的產量成了現代化的指標。「一年內翻一番」、「一天等於二十年」的口號表現了的只是盲目熱情而非現代化所需要的理性與老練。十年文革的大災禍對中國現代化而言是一大倒退。毛死後以及「四人幫」下台，四個現代化成爲中國的逼切任務。四個現代化是農業、工業、國防及科學技術的現代化，全是技術層面的。因此不少觀察家已經注意到四個現代化與自強運動甚爲相似。中共無意觸及思想及政治制度的現代化，因爲他們不能容忍任何對共產主義意識型態及權力的挑戰。持不同政見者魏京生提出第五個現代化，即民主化，作爲對四個現代化的限制提出批評，魏京生後來卻不公平地被判下獄。與清末百日維新運動比較，四個現代化是退步多於進步。

根據中共中央文件的文字裏[14]，可以淸楚看到，在中國領導人心目中，中國當今的現代化是西方技術加經濟發展。中國領導人總把首三十年來共產黨統治所產生的一些反乎理性的事情輕描淡寫地歸咎於個別領袖，尤其是四人幫，而不願接觸到共產主義的意識型態和基本的制度問題。根據馬克思主義的意識型態的內在邏輯[15]，以及中國領導人所强調的四個堅持[16]，使人感到中國領導人相信在現代化的道路上，中共在七十多年前已正確地爲中國選擇了馬克思哲學與意識型態[17]。對於他們來說，中國的現代化是社會主義的現代化（中國領導們的確是時常如此强調）。既然前提已假定無須對哲學、意識型態及政治制度作基本重建，社會主義現代化只需向西方吸取先進技術和增加生產力。爲了增加生產力和發展經濟，鄧小平及其他高層領導，也認識到經濟需要改革。爲了吸收資本主義市場經濟的優點以發展社會主義現代化，中國領導們也準備作某些機構的改革。在一九七八年十二月十一屆三中全會後，經濟機構的改革即着手進行，首先在農村作農業的改革，然後在城市對工廠、商業及企業進行改革。農村的經濟改革是相當成功的，但在城市卻遭遇了不少困難。比如價格及通貨膨脹的問題便須要解決。究竟中國現時的經濟改革能否成功並推進中國現代化還是有待觀察。但共產主義的政治結構，人們獨斷的心態以及幹部的貪汚腐化，使人對四化的前途未敢樂觀，除非中國能採取更大膽和更基本的改革。

㈣儒家倫理與中國現代化的關係

⑴需要對儒家傳統作深切反省

我們以上對儒家倫理美德作出基礎和系統的分析，對現代化的意義作出綜合反省，也對近百年中國現代化的道路作出了回顧，現在讓我們探究儒家倫理美德與中國現代化的關係。

由自強運動到共產主義革命，西方逐漸地顯露於中國，由表面的層次到深入的層次——由表面的軍事力量和技術到政治制度到整個文化。每一次我們中國人都覺得我們不如西方。西方的軍事力量及技術勝於中國是明顯的，中國有些機構制度不及西方也可以很容易看得出來，但要說整個中國文化不如西方恐怕不容易決定。從中國現代化的歷史發展角度來看，我們可以說五四及共產主義運動的知識份子們對儒學傳統及西方文化都未有足夠的反思。所以中國大陸現在的文化熱是一種邏輯的及令人鼓舞的發展，如果沒有政治上的干預，將會最終對儒家思想與中國現代化的關係產生洞見。

若要對儒家倫理美德有充足的反思，一定須要把儒家原理及規則的各個層面分別與現代化的關係作出分析。現存的關於儒家倫理美德與現代化關係的紛紜意見，很多時是由於未能把儒家倫理美德的各個層面的原理規則作出區分所致。有些儒家的規範與禮教無疑是會妨礙現代化的發展。一些由儒家思想價值在特定歷史社會條件下形成的人格及心理傾向也可會限制現代化的發展。

另一方面，也很容易看出，儒家倫理美德中的如勤勞、節儉、信用、忠心、盡忠職守、和諧、仁愛，對現代化一定有某種積極的作用，因爲這些美德是人類合作與社會存在所必需的。然而，只是從這一種意義來肯定儒家倫理美德與中國現代化有某種積極的關連，是不足夠的。因爲如勤勞、節儉、信用、盡忠職守、仁愛等美德也不是只有儒家才推崇，其他宗敎或文化傳統也推崇這些美德的。韋伯在探究基督敎倫理與資本主義精神的關係時，不單止指出基督敎徒的「現世苦行主義」（'this-worldly asceticism'）美德如嚴格的自我紀律、節儉的生活方式、不求逸樂、儲蓄、盡責等，是資本主義企業家背後的道德動力及能源，而且他更指出，這些清敎徒的美德是建築在基督敎更基本的一些信仰——即天職（calling）與預定論（predestination）上。這些美德備受推崇，因爲它們使基督徒在現世的工作上得到成功，而現世工作上的成功正表示基督徒盡了天職，是上帝所預定的選民。

⑵儒家的基本原理直接對現代化有積極作用

因此，要探究儒家倫理美德與中國現代化的關係，一定不能忽略對儒家基本原理的分析。基於我們前面的詮釋，儒家倫理美德的基本原理比基督敎倫理中天職及預定論的基本預設更直接關連於現代化，這是因爲儒家基本原理的現世性格（this-worldly character）。儒家以超越同時是內在。實現人的本性，即實現仁，也即同時實現天道。換言之，在現世中實現仁同時是儒家的終極關懷。而實踐仁必涵蘊肯定及支持一切提高人類幸福的制度及發展。既然現代化最低限度在物質層次上的確帶來人類很大的幸福，站在儒家基本原理立場，除了防止現代化走入歧途外，是絕對不會反對現代化的。如果我們接受史華茲根據韋伯的觀點對現代化所下的定義（見前第㈡部），則顯然的，儒家的基本原理對現代化是有利的，因為要實踐仁是涵蘊著主觀的意志與自覺的努力以達到理性的目的。所以現代化的過程中，儒家基本原理提供了一種積極主動的精神，是一種不可缺少的內在動力與資源。

⑶儒家的倫理美德也須一些調整

根據我們以上對儒家倫理美德系統的詮釋，道德倫理或美德的普遍原則是在不同環境關係中表現仁時的不同模式，所以每一儒家倫理美德都有其限制[18]。當一個人具有某種類的美德時，他便會形成某種人格或心理傾向，而成為他在一特定環境中的長處，但換了新環境，他的美德及所形成的特定人格及心理傾向，也會變成他的限制。也就是說，中國人在儒家思想及傳統社會的經濟、社會、政治結構下所形成的某些人格心理傾向，到了二十世紀，當中國經歷急劇的社會變遷時，也可能會對中國的現代化構成不利的因素。但這並不等於說儒家基本原理，及整個儒家倫理美德的普遍原則對現代化均產生妨礙。重要的是對儒家倫理美德有基本深入的了解，然後作出適當的調整。就是基於儒家的基本原理，把一些在傳統社會中不曾成為主要地位的美德加以重視提倡。如韋伯所稱的工具理性，與及對客觀知解知識（如科技，自然界，邏輯思維等）的重視等。孔子孟子並沒有完全忽略[19]，但在傳統的中國社會裏，的確只有目的理性、道德知識受到重視，工具理性、客觀知解知識並沒有受到應有的重視。事實上，有了正確的目的，卻不理會或重視達成目的的各種手段的因果關係，及各種客觀知識，這也是一種懶惰，所以重視工具理性，重視客觀知識，本身也是一種美德，不純粹是知性意義的。

在傳統社會的簡單社會、經濟、政治結構裏，目的與手段的關係並不太複雜，工具理性不受重視，問題不會太大。仁往往即在道德的行爲中直接表現，故傳統的學習也以道德的學習爲主。然而到了工業社會的出現，目的與手段的關係變得更複雜，儒學傳統的好學美德也應受到調整，而須同樣重視客觀知識的學習，不要以爲只要具有善意，不出於私心，便一切責任都完成了。學習客觀知識與善用工具理性是在現代社會中實踐仁的必須條件，也是現代化的必須條件。

(4)儒家家庭倫理美德可以有利於現代化

在另一方面，家庭倫理美德如孝、悌、等在現代化中仍有其不可磨滅的價值，只要人類的物理生理結構沒有基本改變，家庭倫理美德的價值則不變。如果我們不了解和實踐孟子的教導把仁擴而充之，而只把仁的實踐限於家庭及親族，家庭主義與裙帶關係便無法避免。

但如果我們眞能了解擴充仁是一無限的歷程，不限於家庭與親族，則不會出現家庭主義與裙帶關係和妨礙中國的現代化。適得其反，如果人們能自覺儒家强調擴充仁的基本原理，家庭倫理美德將有利於現代化。家庭倫理美德的精神不單能使家庭內的人際關係凝固和親切，擴展到團體時，也可以使團體內份子間關係的凝固與親切，助長了團體內的合作，鬥志與效率。日本的企業機構是很明顯的例子，也是日本現代化成功的一個重要因素。[20]然而，日本人過於强烈的「局內人」與「局外人」的分別意識[21]，卻會對日本，尤其是整個世界在未來的現代化歷程中產生危害。但如果日本人能加强吸收儒家擴充仁的基本原理精神，以她强大的經濟力量幫助其他發展中及未發展的國家進行現代化，則更有利於日本本身及整個世界步向更合理的現代化。可見儒家的家庭倫理與現代化並無必然的衝突，與擴充仁的基本原理配合，更有助於現代化的理性發展。

(5)儒家規範與禮制並非不可修改

至於儒家倫理美德系統表面層次中的規範與禮制，雖然也是重要的，但並不構成儒家倫理美德的核心部分。有需要時，儒家規範與禮制是可以修改的。儒家的規範及禮制是與傳統的社會、經濟、政治結構分不開的，固然有些足以妨礙中國的現代化。五四時代知識份子對儒家文化的批評，很大部分是集中在這表面層次上的。只要我們能從這個層次的僵固形式解放出來，儒家倫理美德（包括由基本原理與普遍原則）所產生的精神，即可變成現代化的一種動源。只要我們看看海外華人，通常在移居地住上一兩代後，都能興旺起來，商業活動或子女的教育都較當地人成功，這是爲甚麼呢？主要是因爲他們一方面具有儒家的倫理精神，另一方面他們遠在海外，不再受到傳統社會的僵化制度禮教所束縛，較能自由地運用儒家的美德以適應新環境。

又例如儒家的忠心與服從的美德，如果不限於傳統社會的君臣關係，在一個民主制度的架構下，這些美德是可以增加效率以達到國家現代化的共同目標。日本、南韓、新加坡、台灣、香港都表現了這種特性。

總而言之，儒家表層的規範與禮制是可以在基於儒家基本原理的大前提下，經過仔細落實的研究，而重新加以建構，以配合由現代化帶來的社會變遷。

⑹重建儒家基本原理的共同信念

道德的教訓或價值一定要深入民心，成爲人活生生的美德才產生效用。而道德的教訓或價值之是否能深入民心，要視乎這些道德價值所根據的基本原理或信念是否爲人們自覺地或不自覺地接受。基督清教倫理美德之力量正在於他們對上帝的信仰。如果一旦人們懷疑上帝的存在，清教倫理即失去力量。

如果韋伯斷言近代西方資本主義興起的背後精神在於基督教倫理是對的話，中國人既然沒有信仰基督教上帝的傳統，而且西方資本主義與現代化帶來的工業文明，不止把現代人鎖進鐵籠[22]，而且更帶來宗教信仰的低落與上帝的死亡，中國的現代化看來很難從基督教倫理中得到力量。雖然中國現代化可以在某方面學習西方，但必需另有動力的泉源。

中國目前四個現代化的重大困難之一，是人民沒有積極性以及幹部的貪污腐化。雖然中共中央大力提倡「社會主義的精神文明建設」，積極推行「五講四美」，「全民文明禮貌月」等運動[23]，但收效看來並不太好。很多小說與報導，都形容中國人普遍懶散、浪費、貪心、欺詐與漫無目的；儒家的美德，存在的已不多了。這固然是共產主義制度使然，也是因爲中國人已失去了共同信仰。儒家的基本原理已在五四運動及共產黨統治中被打碎了。馬克思的辯證唯物論曾經是共產主義革命和中共早期統治的動力與共同信仰，但現在對普遍中國人已失去了吸引力。然而，在中國現代化的道路上，忽視對共同信念的重建是十分短視的。日本在現代化的過程中，並沒有失去了他們對傳統的共同信仰，也因此而並沒有失去了面對現代化時的一股精神凝固力量。

中國現代化的動力泉源不在基督教倫理。實事求是的說，也無法在馬克思辯證唯物論中確立，只能從中國文化傳統，儒家傳統中去找。但這並不是建議中國政府明天便把儒家立爲官方哲學，這不止現實上看來不會出現，即使可能，這樣做，對儒學，對中國都沒有好處，因爲儒家倫理美德一經政治化、教條化便會失去活力，反可成爲現代化的阻力。中國政府要做的，是清楚意識到，五四以後雖然否定儒家傳統，但事實上對儒家傳統卻缺乏足夠的反思，只要中國政府提高及容許儒學的自由研究反思，不要用政治教條來限制，則中國人將會更了解儒家倫理美德的潛力及其對中國現代化的積極作用，並將重新通過他們的自由意志，確立對儒家基本原理的共同信念，則儒家倫理美德對中國的現代化將發生一定的積極作用。

注釋

1. 《中國論壇半月刊》，台北1984年10月，第222期，頁22。
2. 「仁」的概念有不同層面的意義。最顯淺的一個意義，是指仁愛，即德行的一種，如孔子答樊遲問仁謂「愛人」，或以仁與義、禮、智對擧，皆以仁爲一德之仁。深一層的意義，仁是指統攝諸德的總體觀念，即仁包括各種德行，各種德行皆爲仁的部分表現，如孔子說：「仁者必有勇」，「能行五者（恭、寬、信、敏、惠）於天下爲仁矣」，皆涵此一層意義。更深一層的意義，也是哲學的、形而上的意義，仁是指天地間最根本的生生之道，落在於人，就是人的天命之性，即人性中最根本、最核心的性向，如孟子說：「仁，人心也」、「仁也者人也」，朱子說：「仁是天地之生氣」，皆涵這一層的意義。

3. 這是儒家人性論所必導致的看法。杜維明教授常常强調這一點，見他所著的 Confucian Thought: Selfhood as Creative Transformation, Albany: State University of New York Press, 1985, pp. 14, 126, 127, 128.

4. 英國的生物學家朱利安・赫胥黎（Julian Huxley）曾經指出，宇宙的進化分開三個階段及層面。最初的階段及層面是物理的或非有機的，第二階段及層面是生物的或有機的，第三階段及層面是人類和心靈的。物質的層面之進化是非常緩慢的，重要的變化都需要十億或百億年的時間。生物層面的進化，重要變化也需要千百萬年的時間。所以，理論上說，人類身體的物理及生理是可以變化的，但緩慢得對人類基本道德不構成影響。關於宇宙進化的三層面，可參見赫胥黎著 Knowledge, Morality and Destiny, N.Y.: Mentor Book 1957, p. 223.

5. 在可見將來，普遍採用人工授精、體外受精和無性生殖（cloning），以代替自然的男女交媾來繁殖下一代看來不會出現。

6. 「孝悌也者，其爲仁之本與！」《論語・學而》

7. 例如，Marion Levy, Cyril Black,Samuel Eisenstadt, Reinhard Bendix, Manfred Halpern, 各人對「現代化」都有不同的界定。見 Byung Tai Hwang 的博士論文，Confucianism in Modernization: Comparative Study of China, Japan and Korea 美國加州大學柏克萊分校，1979, pp.631-632。

8. 韋伯以工具理性爲資本主義運作所據的理性。可參考 Raymond Aron, Main Currents in Sociological Thought 2, Penguin, 1967, reprinted 1971, pp. 186-188, Max Weber, The Protestant Ethic and the Spirit of

Capitalism 1930, London: Unwin paperbacks, 1987, pp. 75-76.

9. 金耀基著，《從傳統到現代》，台灣商務印書館，1967, 頁97-98。

10. Benjamin Schwartz, "Modernization and Its Ambiquities", 引自 Marius B. Jensen 編的 Changing Japanese Attitude Toward Modernization, 普林斯敦大學出版社，1965, 東京：Charles E. Tuttle Co. 1982, 頁 23-24。

11. 如梁漱溟先生二十年代著《東西文化及其哲學》，唐君毅先生於五、六十年代著有《中國文化之精神價值》、《中國人文精神之發展》、《人文精神之重建》等書。

12. 《毛澤東選集》，北京，1969, 卷四，頁 1322。

13. 同上，卷五，1971, 頁 366。

14. 可參考《堅持四項基本原則反對資產階級自由化——十一屆三中全會以來有關重要文獻摘編》，北京，人民出版社，1987。

15. 因馬克思主義認爲社會的上層建築，是由經濟結構下層建築即生產關係所決定。

16. 四項堅持是：堅持社會主義、堅持無產階級專政，堅持共產黨領導，堅持馬克思列寧及毛澤東思想。

17. 共產黨成立於1921年。

18. 例如，孝道不可用來對朋友或妻子；而性情忠厚服從的人很多時會缺乏批判的態度；重視仁愛和人與人之關係，也較容易導致忽略法制等。

19. 如《論語・述而》，11章；《論語・子罕》，39章；《孟子・盡心上》，26章。

20. 中根千枝著《日本的社會結構》，林顯宗譯，台北水牛出賜社，1984, 第二章。

21. 同上。

22. 韋伯（Max Weber），The Protestant Ethic and The Spirt of Capitalism, 1930, London: Unwin, 1985, 頁181。

23. 如1982年5月28日，中共中央關於《深入持久地開展「五講四美」活動爭取社會主義精神文明建設的新勝利》的通知。1986年中共第十二屆中央委員會第六次全體會議通過的「中共中央關於社會主義精神文明建設指導方針的決議」。參註14。

明初四朝田賦的折納物

林燊祿

中國是以農立國的，以往稅收主要的來源是田賦。明代也不例外。明代的田賦，一年分兩次繳納，叫做「夏稅、秋糧」。隨着時代的發展，夏稅、秋糧的項目，從洪武（1368-1398）時的四種，擴展到弘治（1488-1505）、萬曆（1573-1620）時的四、五十種。但是其中有一大部分，就它們的歷史來源說，並不屬於田賦的範圍，同時這些項目也沒有普遍性。所以，最能代表明代田賦的項目是麥和米兩項；[1]小麥是夏稅的主體，米是秋糧的主體，米、麥通稱「本色」，但可以用別的物品，如：絲、絹、錢、鈔或銀等替代，叫做「折色」[2]。

明初的經濟，有很濃厚的自然經濟的色彩。大概因爲元末貨幣經濟已經崩潰，新的貨幣系統還沒有確立的緣故，加上元末明初戰爭激烈，物質需求比較殷切，明初的賦役，也傾向於實物的征收。但是實物的征收，當品類和份量都固定了的時候，往往由於環境的變遷，令到所收的物品，不能適切地符合當時的需要；又或因運輸的困難，災傷的突發，以及其他的因素，便需要用改折的方法來調整了。

從〈明史稿〉「食貨志」和〈明史〉「食貨志」的記載看來，田賦的改折似乎在洪武七年（1374）或九年（1376）纔首次施行，[3]其實在洪武三年（1370）便因「賞軍用布，其數甚多」，而由南直隸松江府的秋糧中，改折了布三十萬匹應用。[4]自此以後，田賦的改折便逐漸頻繁起來（見表一至九）。

表１：太祖朝田賦的折納物

年		月日	西曆	折納物	品種數	資料來源		
洪武	3	9辛卯	1370	布	1	第3冊	卷 56	頁1
	6	9庚子	1373	綿布	1	4	85	1
	7	4甲申	1374	金　銀　錢　布	4	4	88	6
		5癸巳		他物		4	89	3
	9	4己丑	1376	銀　錢　鈔　綿布　苧布　麻布　絲　絹	8	4	105	4
	15	6庚午	1382	鈔	1	5	142	4
	17	7丁巳	1384	金	1	6	163	4
		12壬子		金　銀　海貝　布　漆　朱砂　水銀	7	6	169	3
	19	1戊寅	1386	布　帛	2	6	177	1
		3己巳		金	1	6	177	4
		4己亥		鈔	1	6	177	7
		5己未		金　銀　布　絹　鈔	5	6	178	1
	20	5甲子	1387	鈔　布　絹	3	6	182	1
	21	1甲午	1388	綿布	1	7	188	3
	27	2甲午	1394	綿布	1	8	231	6
		3甲寅		白金	1	8	232	4
	30	10癸未	1397	鈔　金　銀　絹　綿布　苧布　綿花	7	8	255	3

說明：

1. 本表是倣市古尚三〈明代貨幣史考〉（東京鳳書房發行，1977）第４章“明朝の寶鈔制度の經過と物價調整”第３節“明朝の物價調整政策”，二“田租所納品種の推移と折納鈔”，第19表“太祖洪武年間（1368—1398）の折納の趨勢”，頁108，再加補充製成。
2. 本表中“洪武７年５月癸巳”條，“15年６月庚午”條，“17年12月壬子”條，“27年３月甲寅”條，市古尚三表中都沒有記載。可能是：一、所折納的物品不明，如７年條；二、“雲南、貴州の特別區域應除計ぱ”（清水泰次〈中國近世社會經濟史〉西野書店發行，昭和25年，第３章“折納”，第２節“折納の展開”，頁77。按：市古尚三製表的資料取自清水泰次所著書）如“17年”條。但也有原因沒法猜想的，如“27年”條。
3. 本表“９年”條市古尚三表中作“銀、綿、苧布、麻布、絹、絲”；“19年３月”條作“金、銀”。
4. 市古尚三表中原有“31年３月甲戌”條，但查〈實錄〉該條所記“免鳳陽、懷遠縣去年田租。先是耆民胡官一等詣闕言：歲旱，稼穡不收，租稅無所出，願以銀、鈔、布、帛代輸”。是始求折而終免，因此除去。
5. 本表資料全部根據中央研究院歷史語言研究所出版的〈明實錄〉校印本，（簡稱：“所本”，以下同）的〈太祖實錄〉。

表２：太祖朝田賦折納物的分類統計表

年	月日	西曆	折							納									物	類次
			(1) 金	(2) 銀	(3) 錢	(4) 鈔	(5) 海貝	(6) 絹	(7) 絲	(8) 綿布	(9) 苧布	(10) 蔴布	(11) 綿花	(12) 布	(13) 帛	(14) 漆	(15) 朱砂	(16) 水銀	(17) 他物	
洪武 3	9辛卯	1370												○						1
6	9庚子	1373								○										1
7	4甲申	1374	○	○	○									○						4
	5癸巳																		○	
9	4己丑	1376		○	○	○		○	○	○	○	○								8
15	6庚午	1382				○														1
17	7丁巳	1384	○																	1
	12壬子		○	○			○							○		○	○	○		7
19	1戊寅	1386												○	○					2
	3己巳		○																	1
	4己亥					○														1
	5己未		○	○		○		○						○						5
20	5甲子	1387				○		○						○						3
21	1甲午	1388								○										1
27	2甲午	1394								○										1
	3甲寅			○																1
30	10癸未	1397	○	○		○		○		○	○		○							7
折納物的次數			6	6	2	6	1	4	1	5	2	1	1	6	1	1	1	1		45

說明：
1. 本表是倣市古尚三〈明代貨幣史考〉，第20表，頁109—110，再加補充製成。
2. 表中“○”符號表示當時的折納物。
3. 折納物種類不明的，不算在類次內。

表3：太宗朝田賦的折納物

年		月日	西曆	折	納	物	品種數	資料	來	源
永樂	元	3甲午	1403	麥	豆		2	第9册	卷18	頁6
		12乙酉		鈔			1	10	26	4
	2	1庚申	1404	豆	菽		2	10	27	4
		8己丑		帛			1	10	33	8
		10辛未		布	帛		2	10	35	2
	3	2癸巳	1405	鈔			1	10	39	6
		11乙未		麥	豆		2	10	48	1
	5	3甲申	1407	鈔			1	11	65	5
	8	2甲子	1410	鈔			1	12	101	6
		6辛亥		布	帛	粟	3	12	105	3
		9甲申		布	鈔		2	12	108	3
		10庚子		鈔			1	12	109	2
		12己未		鈔			1	12	111	6
	9	7丁亥	1411	鈔			1	12	117	4
	10	1乙未	1412	粟	米		2	12	124	2
		己酉		鈔	帛		2	12	124	4
		甲寅		鈔			1	12	124	5
		6乙未		米			1	12	129	1

11	2戊辰	1413	鈔		1	13	137	4
	11辛丑		鈔	帛	2	13	145	3
	12癸亥		鈔	帛	2	13	146	2
13	6己卯	1415	金	帛	2	13	165	1
	12丙子		鈔	帛	2	13	171	2
14	6己卯	1416	鈔	帛	2	13	177	1
17	2丁亥	1419	鈔	帛	2	14	209	1
21	1丙午	1423	鈔	豆	2	14	255	1

說明：

1. 本表是倣〈明代貨幣史考〉，第21表（Ａ），頁119，再加補充製成。
2. 本表中“永樂元年３月”條，“２年１月”條、“３年２月”條、“11月”條、“８年２月”條、“９月”條、“10年１月乙未”條、“甲寅”條、“６月”條、“11年11月”條、“14年”條，市古尙三表中都沒有記載，今據“所本”補上。
3. 市古尙三表中的“永樂２年２月（癸巳）”條、“10年１月（庚戌）”條，“所本”都不載，因此除去；又“５年11月”條、“10年２月”條、“15年４月”條，都是求折得免，因此也除去。
4. 市古尙三表中的“永樂８年９月”條，當作“８年10月”；“８年11月”條，當作“８年12月”，“11年３月”條，當作“11年12月”。（據“所本”）
5. 市古尙三表中的“永樂８年６月”條，本作“布、帛”；“21年”條；本作“鈔”；“13年６月”條，本作“鈔、帛”，今據“所本”改。
6. 市古尙三表中原有“永樂22年”事共５條，但都是成祖死後，仁宗繼位後的措施，所以擬作另表。

表4：太宗朝田賦折納物的分類統計表

年	月日	西曆	折納物 (1) 金	(2) 鈔	(3) 布	(4) 帛	(5) 米	(6) 麥	(7) 粟	(8) 豆	(9) 菽	類次
永樂 元	3甲午	1403						○		○		2
	12乙酉			○								1
2	1庚申	1404								○	○	2
	8己丑					○						1
	10辛未				○	○						2
3	2癸巳	1405		○								1
	11乙未							○		○		2
5	3甲申	1407		○								1
8	2甲子	1410		○								1
	6辛亥				○	○			○			3
	9甲申			○	○							2
	10庚子			○								1
	12己未			○								1
9	7丁亥	1411		○								1
10	1乙未	1412					○		○			2
	己酉			○		○						2

	甲寅			○								1
	6乙未						○					1
11	2戊辰	1413		○								1
	11辛丑			○		○						2
	12癸亥			○		○						2
13	6己卯	1415	○			○						2
	12丙子			○		○						2
14	6己卯	1416		○		○						2
17	2丁亥	1419		○		○						2
21	1丙午	1423		○						○		2
折納物的次數			1	17	3	10	2	2	2	4	1	42

說明：

1. 本表是倣市古尚三〈明代貨幣史考〉，第21表（Ｂ），頁120，再加補充製成。
2. 表中“○”符號表示當時的折納物。

表5：仁宗朝田賦的折納物

年月日	西曆	折納物	品種數	資料來源
永樂22 9庚寅	1423	鈔 布	2	第15冊，卷2下，頁4
10壬寅		布 鈔	2	15 3上 1
癸卯		鈔	1	15 3上 2
丙午		鈔	1	15 3上 3
癸丑		鈔	1	15 3下 1

說明：

1. 本表是把〈明代貨幣史考〉，第21表（Ａ），頁119的後５項割裂，再加補充製成。
2. 本表中“９月”條、“10月壬寅”條，市古尚三的表都作“帛”，今據“所本”改。
3. 本表資料取自〈明實錄〉的〈仁宗實錄〉。

表6:仁宗朝田賦折納物的分類統計表

年　月　日		西曆	折納物		類次
			(1) 鈔	(2) 布	
永樂22	9庚寅	1423	○	○	2
	10壬寅		○	○	2
	癸卯		○		1
	丙午		○		1
	癸丑		○		1
折納物的次數			5	2	7

說明:

1. 本表是把〈明代貨幣史考〉,第21表(B),頁120的後5項割裂,再加補充製成。
2. 表中"○"符號表示當時的折納物。

表7：宣宗朝田賦的折納物

年	月	日	西曆	折納物	品種數	資料來源		
洪熙元	6	甲寅	1425	麥	1	第16册	卷 2	頁 3
	7	戊子		鈔	1	16	4	4
		辛卯		鈔	1	16	4	7
宣德元	2	辛巳	1426	布	1	16	14	6
	3	庚戌		鈔	1	16	15	1
	6	癸酉		布　絹	2	17	18	4
		丁亥		綿布	1	17	18	9
	11	戊申		布　鈔	2	17	22	14
2	6	庚午	1427	布　鈔	2	17	28	11
	10	甲子		鈔　他物	1	17	32	3
3	4	丁巳	1428	綿布　苧布　細絲　大麥　綿花　米　豆　紅花子	8	18	41	5
4	6	癸未	1429	布　鈔	2	19	55	3
	7	丁未		小麥	1	19	56	2
	9	壬子		絹　綿布　苧布　絲　鈔　綿花絨	6	19	58	3
5	6	己丑	1430	鈔	1	19	67	7
	10	癸酉		布　絹　綿花　茶　鹽　農器　土物　物貨	6	19	71	3
	12	丙戌		鈔　小綿布	2	19	73	6
	+12	丁未		鈔　布　絹	3	19	74	3
6	3	戊辰	1431	綿布　黃豆	2	20	77	3

	5	己巳		粳米	1	20	79	4
		庚午		絹　布　鈔	3	20	79	4
7	2	庚戌	1432	大小綿布　大小絹　大小三稜布　生絲　綿　綿花絨	6	20	87	5
	3	丙寅		鈔　布	2	20	88	6
8	5	丙子	1433	土產　綿布	1	21	102	7
9	1	丁酉	1434	土產　紵絲　綾羅　布　絹　綿	5	21	108	2
	5	乙未		土產　苧布	1	21	110	12
	8	庚戌		豆　粟　小麥	3	21	112	2
	10	甲寅		絲　絹	2	21	113	3
		丙辰		大小綿布	1	21	113	6

說明：

1. 本表是倣〈明代貨幣史考〉，第22表(A)，頁121，再加補充製成。
2. 本表中"洪熙元年6月"條、"宣德元6月癸酉"條、"4年6月"條、"7月"條、"5年10月"條、"6年5月"條、"9年1月"條、"8月"條、"10月甲寅"條、"丙辰"條，市古尚三的表中都不載，今據"所本"補上。
3. 本表中"宣德2年6月"條、"3年4月"條、6年3月條、"7年2月"條、"8年5月"條的記載，和市古尚三的表中所載不同，今據"所本"改。
4. 本表中"宣德元年3月庚戌"條，〈中國近世社會經濟史〉，頁78作"戊申"，今據"所本"改，又"3年4月"條缺"丁巳"，也據"所本"補上。
5. 市古尚三表中"宣德元年正月"條，根據"所本"記載，"（四川龍州），因饑窘借給（人民），官粮4,000⁺石，連年荒歉，不得還官，乞以鈔代輸"，事不關田賦，因此除去；又"5年9月"條；因是求折得免，而"10年10月"條則是英宗即位後的措施，也一幷除去。
6. 本表資料取自〈明實錄〉的〈宣宗實錄〉。

表 8：宣宗朝田賦折納物的分類統計表

年	月日	西曆	折納物																			類次
			(1) 鈔	(2) 絹	(3) 綾羅	(4) 絲	(5) 布	(6) 綿布	(7) 苧布	(8) 梭布	(9) 綿	(10) 綿花	(11) 米	(12) 麥	(13) 粟	(14) 豆	(15) 茶	(16) 鹽	(17) 紅花子	(18) 農器	(19) 他物	
洪熙元	6甲寅	1425												○								1
	7戊子		○																			1
	辛卯		○																			1
宣德元	2辛巳	1426					○															1
	3庚戌		○																			1
	6癸酉			○			○															2
	丁亥							○														1
	11戊申		○				○															2
2	6庚午	1427	○				○															2
	10甲子		○																		○	1
3	4丁巳	1428				○		○	○			○	○	○		○			○			8
4	6癸未	1429	○				○															2
	7丁未													○								1
	9壬子		○	○		○		○	○			○										6
5	6己丑	1430	○																			1
	10癸酉			○			○					○					○	○		○	○	6
	12丙戌		○					○														2
	+12丁未		○	○			○															3
6	3戊辰	1431						○								○						2

	5己巳												○									1
	庚午		○	○				○														3
7	2庚午	1432		○		○		○		○	○	○										6
	3丙寅		○				○															2
8	5丙子	1433						○													○	1
9	1丁酉	1434		○	○	○	○				○										○	5
	5乙未								○												○	1
	8庚戌													○	○	○						3
	10甲寅			○		○																2
	丙辰							○														1
折納物的次數			13	8	1	5	9	9	3	1	2	4	2	4	1	3	1	1	1	1		69

說明：

1. 本表是倣市古尚三〈明代貨幣史考〉，第22表(B)，頁122，再加補充製成。
2. 表中“○”符號表示當時的折納物。
3. 折納物種類不明的不算在類次內。

表9：明初四朝田賦折納物的分類統計表

朝代	次數	折										納																物		類次
		貨幣類					絹布類										食物類							其他						
		金	銀	錢	貝	鈔	絹	絲	布	綿布	苧布	麻布	梭布	帛	綿	綿花	米	麥	粟	豆	菽	茶	鹽	漆	紅花子	朱砂	水銀	農器	他物	
太祖	17	6	6	2	1	6	4	1	6	5	2	1		1		1								1		1	1		1	45
太宗	26	1				17			3					10			2	2	2	4	1									42
仁宗	5					5			2																					7
宣宗	29					13	9	5	9	9	3		1		2	4	2	4	1	3		1	1		1			1	5	69
總數	77	7	6	2	1	41	13	6	20	14	5	1	1	11	2	5	4	6	3	7	1	1	1	1	1	1	1	1		163

說明：

1. 爲了方便統計，曾將某些種類相近的項目合併，如：綿花絨併入綿花項，綾羅併入絹項。
2. 本表根據表1—8的資料製成。

根據〈明實錄〉的記載，由太祖至宣宗期間，田賦改折共施行了七十七次，每次折納物的種類和數目都不完全一樣，合起來，除了不明的項目，如：「他物」、「土產」外，共有十六種（綾、羅撥入絹類，棉花絨撥入棉花類）。倘若不計重複的種類（如：綿布、苧布、麻布、梭布，同屬布類），也該有十一、二種吧。種類雖然不少，單就各種貨幣來說，顯然有「單一化」地納鈔的趨向。至於實物方面的折納，可能因為各地物產的不同；又或因政府需求的不同，品種仍然繁多。但是，絹、布始終是這方面折納的主要物。

田賦折成絹、布，在明初四朝施行改折的過程中，頻繁地出現，無疑和明初自然經濟的背景有密切的關係。同時中國傳統的稅收觀念，也有一定的影響。所謂「布縷之征，粟米之征，……」[5]今把「粟米」改折「布縷」，在稅收「原則」上總算不是「越軌」的行動。在支出方面，布帛的大量使用，[6]也是一個重要的因素。

田賦折納的貨幣，太祖時，共有金、銀、錢、鈔、貝五種。貝即海肥，只在雲南一帶流通，[7]可視作例外。金、銀、鈔的折納頻率相同（各六次），而錢的次數則比較少（兩次）。錢在明初，原是通行貨幣中的一種。太祖鑄錢，比印鈔還要早。[8]雖然在洪武二十七年（1394），錢也隨着金、銀的命運，被太祖頒令禁用，[9]但總比金、銀在洪武八年（1375）禁用，[10]遲了將近二十年。可是，在洪武九年以後，田賦折納過程中，錢再沒有出現了。甚至在洪武十七年（1384），折納金、銀，和十九年（1386）折納金、銀、鈔，也沒有錢在內。這明顯地和「禁用」無關。因為：一、這時候錢還未禁用；二、這時候金、銀已經禁用了，但仍然用作折納物。原因恐怕和錢的鑄造量和流通量有關係。太祖鑄錢，早在即位之前，至洪武二十七年頒令禁用，也有三十四年的歷史，但其間卻多次停鑄（見表十）。到永樂六年（1408），太宗纔再次開鑄永樂通寶錢，[11]在九年（1411）「令差官於浙江、江西、廣東、

表10：太祖朝設局鑄錢罷鑄和禁錢

年	月　日	西曆	經　過	資料來源		
至正21	2己亥	1361	置寶源局於應天，鑄大中通寶錢。	第 1冊	卷 9	頁 1
24	4壬戌	1364	置貨（寶）泉局於江西，鑄大中通寶大小五等錢。		14	10
洪武元	3辛未	1368	命戶部及行省鼓鑄洪武通寶錢，其制凡五等。	2	31	1
	7辛未		命戶部各行省罷鑄錢，未幾，復令鼓鑄。		32	7
4	2丁卯	1371	命鑄大中、洪武通寶大錢爲小錢。	3	61	2
6	10壬辰	1373	置北平寶泉局。	4	85	8
7	9庚辰	1374	命廣西行省置寶泉局。		93	3
8	3辛巳	1375	罷寶源局鑄錢。		98	3
	9己巳		革福建行省寶泉局，罷鑄錢。		101	2
9	6己卯	1376	罷各布政司寶泉局，停鑄錢。		106	7
10	5丙午	1377	命各布政司復設寶泉局，鑄小錢。	5	112	3
20	4丁酉	1387	停寶源局鑄錢。	6	181	3
22	6癸丑	1389	恢復（寶源局）鑄錢。	7	196	4
	甲子		復置江西、河南、廣西、陝西、山西、山東、北平、四川寶泉局、與淅江、湖廣、福建、廣東所置並同。			5
26	7丙午	1393	罷各布政司寶泉局，在京則仍舊鼓鑄。	8	229	1
27	8丙戌	1394	禁用銅錢。		234	2

說明：

1.　本表資料取自〈明實錄〉的〈太祖實錄〉。

福建四布政司，鑄永樂通寶錢」。[12]此後，宣德八年（1433），南京工部和浙江等布政司，又鑄宣德通寶錢。[13]直到十年（1435）十二月，英宗即位，用錢的禁令方纔解除。[14]在這段時間裏面，既然常常停鑄，鑄錢的數量顯然非常之少。再看停鑄的理由，除了洪武八年的罷寶源局和九年的罷寶泉局，是和推行鈔法頗有關係外，[15]二十年（1387）的停寶源局鑄錢，則是因爲「乏銅」，而二十六年（1393）的因「擾民」而罷各布政司寶泉局，恐怕也是「乏銅」的緣故。[16]由於銅的缺乏，鑄錢便缺少了原料，也不能進行了。所以，明代鑄錢的數量比漢、唐、宋都少。[17]如果照洪武九年所定的折率，米一石折錢千文，[18]一次的改折動輒數千石，甚至過萬石，[19]這樣，錢便會在短時間之內大量地流入政府，民間因此更缺乏錢，交易困難，社會經濟難免受到嚴重的影響。因此，當需要進行改折的時候，便不考慮再折錢了。

太祖以後的太宗、仁宗、宣宗三朝內，銀、錢作爲田賦的折納物，在〈明實錄〉的記載中，絕跡不見。[20]折納金的記載，倒還有一次，在永樂十三年（1415）六月。但是，這次折納物中的「金」可能是「鈔」的錯寫，[21]也說不定。其實金的價值太高，而且比較稀少，秦漢以後，已經很少用作流通的貨幣。加上太祖在洪武八年推行鈔法時，禁止民間用「金、銀、物貨交易，違者治其罪」，[22]自然影響到把「金」作爲折納物的可能性。

只是銀，本從唐末以來，即用來做交易的媒介。但當政府發行紙幣過多，紙幣的價值因而低跌的時候，政府便禁止銀作貨幣來流通，强制人民使用紙幣，好讓紙幣的價值得以穩定。[23]雖然在洪武八年，「大明寶鈔」的發行纔是第一次，當然還談不上發行過多，但是銀也在太祖推行鈔法的前提下，被禁用了。雖然金、銀被禁用作交易，可是田賦的折納金、銀，在洪武八年以後的太祖統治期間，並沒有就此消失，甚至和折納鈔的次數比較，也差不多

（金、銀各四次，鈔五次）。這也不必奇怪，究竟折納不同禁用，因爲折納金、銀，在積極方面，可以使鈔和金、銀間兌換的次數增加，鈔的流通度因而提高；消極方面，可以把民間的金、銀集中到政府的手上，使金、銀的流通量減少，[24]人民在難有選擇的情況下，只好用鈔做交易和折納的工具，鈔的流通度便擴張起來了。比較難以明白的是，在洪武八年推行鈔法時，竟給告捕僞造大明寶鈔者賞銀二百五十兩，[25]似乎和禁用銀的原則有些違背。

如果把明初四朝田賦折納貨幣和實物的類次作一比較，實物的折納（一〇六類次），明顯地佔了優勢；甚至只拿布帛（七十八類次）來比較，貨幣（五十七類次）還是不及。但是，單獨一項來說，貨幣中的鈔的折納類次（四十一），則是其他折納物比不上的。理由可能是：一、元末明初雖然一度因爲戰爭激烈和鈔法的崩潰，出現了自然經濟的反動現象，但是隨着戰爭的平息，貨幣系統的建立，自然經濟便逐漸被貨幣經濟所替代；二、明太祖大力推行鈔法，壓抑實物和其他貨幣作交易的媒介，其後，太宗、仁宗和宣宗都繼承了太祖的意向，所以，鈔在折納的類次方面，藉着政治的力量冒出了頭來。

大明寶鈔在明初四朝，由於得到政治力量的推動，成爲當時首要的貨幣；在田賦折納物的類次方面，也比其他的折納物爲高。可是，自從太祖發行了大明寶鈔以來，實鈔的流通，往往遭遇到很大的阻力，[26]價值一直在下跌，[27]政府雖然一再設法維持寶鈔的價值和流通，[28]但是人民始終對寶鈔缺乏信心，反而喜歡採用金、銀、銅錢和實物做交易的媒介。[29]這種情況的出現，實應歸咎太祖在發行寶鈔時，不明白鈔在元代初期能夠通行，後期趨於崩壞的道理，竟用無本、無額、有出無入、不能兌換的寶鈔做流通的貨幣，結果不數年而鈔法大壞。[30]英宗即位，無可奈何地解除了使用銀、錢的禁令。[31]寶鈔的作用，到了這個時候，除了折支王祿和官軍俸糧等外，便沒有甚麼實際的用途了，[32]而它在貨幣中的首要地位，也被銀取代。

銀能夠取鈔的首要地位而代之，固然由於它在貨幣方面的歷史淵源；其次，銀的價値比金低，卻比錢高，最是適中，和錢相輔流通，可收「子母相權」的效果。雖然明初礦冶開採得到銀的數量並不太多，但據估計也約有二千五百多萬兩，[33]加上前朝流傳下來的，流通量大抵不成問題。而政府從礦稅抽取所得，不下七百五十三萬餘兩。[34]而且賦稅折銀和行用庫在罷設前用鈔向人民「市銀」的收入，也應有相當的數量。自從實施銀禁後，只好積存不用。在這段時間內也沒有大量消費銀子的記錄。解除銀禁後，這些銀子的使用自然得到合法的地位。至於鈔「頗爲流通」，不錯是宣德末年的事實，[35]但和銀禁的解除究有多大的關係，卻不能斷定。因爲鈔既然頗爲流通，何不繼續推行鈔法；而且宣德八年，絹一匹仍然折鈔四百貫[36]下跌到爲洪武三十年（1397）太祖所擬定的折價的一百三十多倍。[37]政府再不能自欺欺人，只好改變了對鈔和銀的態度，在正統元年（1436）把田賦大量地改折金花銀。[38]自此以後，田賦折納銀的情況愈來愈多，在英宗朝便已超過了鈔；成化十年（1474）以後，除了特殊的情況外，銀已成爲田賦唯一的折納物了（見表十一至二十）。[39]

表11：英宗朝田賦的折納物

年	月　日	西曆	折　納　物	資料來源（冊）	卷	頁
宣德10	9乙酉	1435	豆　麥　雜粮	第22册	卷　9	頁 5
	10壬寅		銀		10	3
	庚申		鈔			7
	辛酉		豆			8
正統元	2丁未	1436	布		14	5
	3戊子		銀　布　絹段		15	9
	5己巳		綿花		17	2
	6丙午		鈔	23	18	4
	8庚辰		金　帛		21	6
	9辛丑		鈔貫		22	6
	辛亥		黃豆　菉豆			11
	10辛巳		銀		23	7
2	2甲戌	1437	白金　布　絹		27	5
	4辛未		銀		29	4
	7壬寅		銀		32	4
	8乙亥		布　絹　綿花		33	4

	11庚子		豆　麥		36	3
	12乙亥		驢　騾		37	6
3	1己亥	1438	米		38	4
	8乙丑		布　絹　銀	24	45	5
	10丁丑		闊布		47	8
	11乙巳		布		48	6
4	2辛丑	1439	銀		51	1
	己未		闊白綿布			4
	8丁亥		布　鈔		58	3
	11庚申		大麥　蕎秫　小麥　黃豆　黑豆　菉豆		61	3
5	3乙巳	1440	銀　金	25	65	1
	癸亥		銀			10
	5壬子		布		67	5
	庚申		布			7
6	3乙卯	1441	布　絹		77	5
	5戊午		布　絹　絲　綿		79	11
	8己巳		綿布		82	1
	丁亥		小麥　綿布　布			8
	9丙辰		綿布	26	83	4
	10丙寅		闊布		84	1

	辛巳		銀　布			5
	癸未		布　銀			6
	+11丁亥		布		86	8
7	2癸巳	1442	綿布		89	1
	6辛卯		鈔		93	1
	乙未		布			2
	甲辰		布　鈔			4
	庚戌		銀　布			5
	7己卯		布		94	6
	癸未		布　鈔			7
	9乙酉		銀		96	8
	10癸巳		鈔		97	3
8	3戊辰	1443	銀		102	5
	丙子		鈔			9
	4戊戌		粟　米	27	103	5
	5丙辰		鈔		104	2
	辛酉		鈔			3
	8丙申		銀		107	4
9	4丁酉	1444	銀		115	7
	己酉		銀　布　絹			9

	5壬戌		銀		119	4
	7丙戌		靛青			5
	10壬子		綿布		122	2
	癸酉		鈔			7
	12丁未		銀　布		124	1
10	5辛丑	1445	鈔	28	129	8
	6庚申		鈔　布		130	5
	8壬戌		鈔		132	7
	10壬寅		綿花		134	1
	己未		鈔			7
	12甲寅		銀		136	5
11	1辛巳	1446	鈔		137	3
	5辛巳		綿布		141	6
	6癸丑		鈔		142	6
	8戊申		鈔		144	3
	9癸巳		芻　粟　布　帛		145	8
12	1庚辰	1447	銀		149	4
	5壬子		鈔	29	154	5
	8癸亥		布　鈔　雜豆		157	2
13	4戊午	1448	銀		165	1

	壬申		鈔　布			5
	5己酉		布　鈔		166	7
	8壬戌		銀		169	2
14	5丙戌	1449	雜豆	30	178	3
	6壬戌		菽　粟		179	6
	7辛巳		豆		180	2
	癸巳		料豆　草束			5
景泰元	1甲午	1450	鉄蒺藜	31	187	11
	甲辰		馬匹			18
	+1戊申		綿布		188	5
	8戊戌		米　豆　雜草		195	17
	9癸卯		銀		196	1
2	1丙寅	1451	麥　豆	32	200	13
3	3庚子	1452	銀		214	3
	7戊申		銀　米　豆	33	218	8
	庚戌		羊皮			9
	戊午		銀　布			12
	12甲午		布　紗		224	7
4	1丙子	1453	官驢		225	11
5	1甲子	1454	綿布	34	237	3

	6	2己丑	1455	鈔			250	7
		己亥		銀				11
	7	2戊申	1456	綿布			263	3
		6庚戌		銀			267	4
天順	2	+2己卯	1458	銀		36	288	6
		6戊辰		綿布			292	5
		10壬午		銀　布			296	7
	3	4丙子	1459	雜粮		37	302	6
		11癸巳		銀			309	2
	4	1庚子	1460	雜粮			311	5

說明：

1. 本表資料取自〈明實錄〉的〈英宗實錄〉。

表12：英宗朝田賦折納物的分類統計表

年	月 日	西曆	折納物																													
			(1) 金	(2) 銀	(3) 鈔	(4) 絹	(5) 絲	(6) 綿布	(7) 闊布	(8) 綿花	(9) 布	(10) 帛	(11) 米	(12) 大麥	(13) 小麥	(14) 麥	(15) 黃豆	(16) 菉豆	(17) 黑豆	(18) 豆	(19) 蕎秫	(20) 粟	(21) 菽	(22) 雜粮	(23) 芻	(24) 草	(25) 馬	(26) 驢	(27) 騾	(28) 羊皮	(29) 靛青	(30) 鉄蒺藜
宣德10	9乙酉	1435														○				○				○								
	10壬寅			○																												
	庚申				○																											
	辛酉																			○												
正統元	2丁未	1436									○																					
	3戊子			○		○					○																					
	5己巳									○																						
	6丙午				○																											
	8庚辰		○									○																				
	9辛丑				○																											
	辛亥																○	○														
	10辛巳			○																												
2	2甲戌	1437		○		○					○																					
	4辛未			○																												
	7壬寅			○																												
	8乙亥					○				○	○																					
	11庚子															○				○												
	12乙亥																											○	○			
3	1己亥	1438											○																			
	8乙丑			○		○					○																					

	10丁丑								○								
	11乙巳										○						
4	2辛丑	1439		○													
	己未							○									
	8丁亥				○						○						
	11庚申											○	○	○	○	○	○
5	3乙巳	1440	○	○													
	癸亥			○													
	5壬子										○						
	庚申										○						
6	3乙卯	1441				○					○						
	5戊午					○	○			○	○						
	8己巳							○									
	丁亥							○			○						
	丙辰							○									
	10丙寅								○								
	辛巳			○							○						
	癸未			○							○						
	+11丁亥										○						
7	2癸巳	1442						○									
	6辛卯				○												
	乙未										○						
	甲辰				○						○						
	庚戌			○							○						
	7己卯										○						

	癸未			○				○			
	9乙酉		○								
	10癸巳			○							
8	3戊辰	1443	○								
	丙子			○							
	4戊戌								○	○	
	5丙辰			○							
	辛酉			○							
	8丙申		○								
9	4丁酉	1444	○								
	己酉		○		○			○			
	5壬戌		○								
	7丙戌										○
	10壬子					○					
	癸酉			○							
	12丁未		○					○			
10	5辛丑	1445		○							
	6庚申		○					○			
	8壬戌			○							
	10壬寅						○				
	己未			○							
	12甲寅		○								
11	1辛巳	1446		○							
	5辛巳					○					
	6癸丑			○							
	8戊申			○							

	9癸巳					○	○					○		○					
12	1庚辰	1447	○																
	5壬子			○															
	8癸亥			○		○				○									
13	4戊午	1448	○																
	壬申			○		○													
	5己酉			○		○													
	8壬戌		○																
14	5丙戌	1449								○									
	6壬戌										○	○							
	7辛巳									○									
	癸巳									○				○					
景泰元	1甲午	1450																○	
	甲辰														○				
	+1戊申				○														
	8戊戌						○			○				○					
	9癸卯		○																
2	1丙寅	1451							○	○									
3	3庚子	1452	○																
	7戊申		○					○		○									
	庚戌																○		
	戊午		○			○													
	12甲午			○		○													
4	1丙子	1453														○			
5	1甲子	1454			○														
6	2己丑	1455		○															

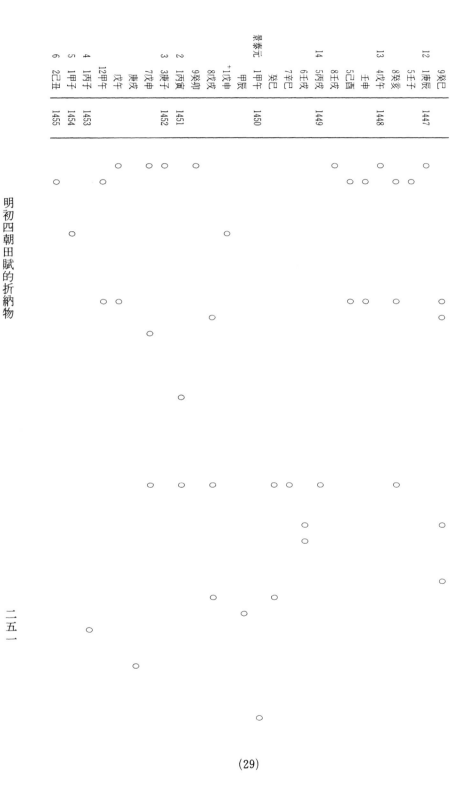

	己亥			○																												
7	2戊申	1456						○																								
	6庚戌			○																												
天順 2	+2己卯	1458		○																												
	6戊辰							○																								
	10壬午			○							○																					
3	4丙子	1459																								○								
	11癸巳			○																												
4	1庚子	1460																								○								
折納物的次數			2	33	24	7	1	11	2	4	30	2	4	1	2	3	2	2	1	10	1	3	1	3	1	2	1	2	1	1	1	1

說明：

1. 爲了方便統計，曾將某些種類相近的項目幷作一類，如：絹段作絹類，雜豆作豆類。
2. 表中"○"符號表示當時的折納物。

表13：憲宗朝田賦的折納物

年	月　日	西曆	折　納　物	資	料　來	源
成化 2	+3丁亥	1466	銀	第40冊	卷　28,	頁 3
	11戊寅		銀　布　鈔		36	4
3	1丁丑	1467	油　蠟		38	3
4	12丁亥	1468	折價	41	61	1
5	9壬辰	1469	銀　布	42	71	4
6	5辛巳	1470	豆		79	2
	9辛卯		銀		83	3
7	4癸丑	1471	豆　草	43	90	3
	9丁亥		銀　布		95	5
	12戊寅		馬草		99	4
9	5丙午	1473	銀	44	116	4
10	2戊辰	1474	輕齎		125	3
	6甲戌		銀		129	4
11	9辛未	1475	銀	45	145	8
12	9庚戌	1476	銀		157	6
	丙辰		銀			9
	10甲申		銀	46	158	6
13	5丙子	1477	銀		166	3
14	5甲申	1478	銀		178	5
	12己丑		銀	47	185	1
	壬辰		銀			1
15	6戊申	1479	銀		191	5
	12甲戌		銀		198	5
16	9戊戌	1480	銀		207	4
17	6庚戌	1481	銀　大布	48	216	2
	10乙巳		銀		220	2

18	3庚寅	1482	闊白綿布		225	6
	9己亥		銀		232	1
19	1癸辰	1483	蠟　香		236	3
	7壬子		米　豆		242	4
	8戊子		銀		243	13
20	4甲申	1484	銀	49	251	8
	7庚子		銀		254	4
	辛亥		工宜　鈔貫			7
	8甲子		銀　闊布		255	2
21	8丁亥	1485	銀		269	2
22	4己亥	1486	銀	50	277	7
	10己丑		銀		283	3

說明：

1.　本表資料取自〈明實錄〉的〈憲宗實錄〉。

表14：孝宗朝田賦的折納物

年	月　日	西曆	折納物	資　料	來	源
化成23	10己丑	1487	銀	第51册，卷	5，頁	5
	12癸巳		銀		8	14
弘治	5己卯	1488	銀		14	10
2	2辛卯	1489	銀	52	23	1
	庚子		銀			4
	4癸丑		銀		25	7
	5甲子		銀		26	2
	9戊午		銀		30	2
3	6辛丑	1490	銀	53	39	4
	8戊戌		銀		41	6
	9戊寅		銀		42	2
4	11庚寅	1491	銀		57	4
5	3乙未	1492	銀		61	15
	6己酉		銀	54	64	3
	7丁酉		銀		65	7
	12甲辰		銀		70	1
6	2癸亥	1493	銀		72	10
	4己酉		銀		74	8
	7庚子		銀		78	2
	8乙酉		銀		79	4
	10戊辰		銀		81	1
7	6壬午	1494	銀		89	8
	9丁亥		銀	55	92	1
	11辛卯		銀		94	2
	12甲子		銀		95	2
8	4丙子	1495	銀		99	7
	11乙酉		銀		106	5
9	4癸巳	1496	銀		102	5
	6辛未		銀		114	1
	9壬申		銀	56	117	6

	丙戌		銀			118	6
	戊戌		銀				7
10	8辛未	1497	銀			128	2
	丁丑		銀				4
	10丙子		銀			130	3
11	12壬子	1498	銀		57	145	9
12	5甲申	1499	銀			150	8
	10丙辰		銀	布		155	14
14	+7丙申	1501	銀		58	177	9
15	2丁未	1502	銀			184	1
	10辛酉		銀		59	192	6
16	2壬寅	1503	銀			196	5
	4庚子		銀			198	1
	丁未		銀				3
	9甲子		銀			203	1
	10丁未		銀			204	3
	戊申		銀				5
	甲寅		銀				7
17	2丙午	1504	銀		60	208	5
	戊申		銀				6
	3辛未		銀			209	4
	8壬申		銀			215	6
	11己丑		銀			218	1
18	2己巳	1505	銀			221	9
	戊寅		銀				11
	3甲午		銀			222	3
	癸卯		銀				9
	庚戌		銀				13
	辛亥		銀				15
	4戊寅		銀			223	11

說明：

1. 本表資料取自〈明實錄〉的〈孝宗實錄〉

表15：武宗朝田賦的折納物

年	月　日	西曆	折納物	資料來源		
弘治18	5壬寅	1505	銀	第61册，卷	1，頁	6
	8辛酉		銀		4	9
	己卯		銀			16
	10乙卯		銀		6	1
	11癸未		銀		7	2
	己丑		銀			5
	甲午		銀			8
正德元	4癸丑	1506	銀	62	12	3
	8庚午		銀		16	8
	9甲辰		銀		17	12
	12己巳		銀		20	5
21	10己亥	1507	銀	63	31	9
3	3乙巳	1508	銀		36	2
	10丁亥		銀		43	6
	壬辰		輕賫			8
	11壬戌		銀		44	8
	12甲戌		闊白綿布		45	3
	壬午		銀			5
4	2癸亥	1509	銀		47	1
	庚寅		銀			9
	3己亥		銀		48	2
	6辛酉		銀		51	1
	10甲寅		銀	64	56	7
	12甲辰		銀		58	6
	壬子		銀			10
6	4辛巳	1511	銀	65	74	1
	11辛酉		銀		81	4
7	1癸丑	1512	輕賫		83	1
	12辛亥		銀		95	2
8	9庚午	1513	銀	66	104	1

	11乙丑		銀		106	1
9	3丙戌	1514	銀		110	6
	10丁未		銀		117	4
10	+4庚午	1515	銀	67	124	5
12	7丁酉	1517	銀	68	151	6
	8癸亥		銀		152	6
13	12癸酉	1518	銀		169	2
14	8甲子	1519	銀	69	177	2
	11辛卯		銀		180	1

說明：

1. 本表資料取自〈明實錄〉的〈武宗實錄〉。
2. 折納物不詳的則不取。

表16：世宗朝田賦的折納物

年	月　日	西曆	折納物	資	料　來	源
正德16	6癸未	1521	銀	第70册，	卷　3，	頁 2.
嘉靖元	3壬子	1522	銀	71	12	2
	9丁卯		銀		18	5
	12癸酉		銀		21	1
	乙酉		銀			1
2	8辛丑	1523	輕賫	72	30	3
	9甲午		銀		31	9
	10戊戌		銀		32	1
	己未		銀			6
3	2己亥	1524	銀		36	1
	10癸巳		銀	73	44	1
4	12丙申	1525	銀		58	1
5	1戊子	1526	銀		60	1
	癸丑		銀			8
	9戊子		銀	74	68	6
	庚戌		銀			12
6	1丙申	1527	銀		72	4
	7庚午		銀		79	7
7	1甲午	1528	銀		84	5
	9壬午		銀	75	92	4
	乙酉		銀			8
9	11己酉	1530	銀	77	119	16
10	9辛酉	1531	銀		130	4
	丙子		銀			7
11	10丙戌	1532	銀	78	143	6
	11丙午		銀		144	1
12	10丙申	1533	銀		155	7
13	5壬辰	1534	銀		163	4
	9丙子		銀	79	167	3
14	9辛酉	1535	銀		179	2
	10壬子		銀		180	6
	11己巳		銀		181	3

	12庚戌		銀		182	4
15	1庚午	1536	銀		183	2
	11戊午		銀	80	193	2
18	11庚申	1539	銀	81	231	5
19	2辛未	1540	銀		234	2
	4壬戌		銀		236	1
20	1己亥	1541	銀	82	245	2
	11丁酉		銀		255	4
22	2壬辰	1543	銀	83	271	3
	6庚辰		銀		275	2
	11壬戌		銀		280	5
23	8己丑	1544	銀		289	3
	9壬子		銀		290	4
	10壬辰		銀		291	8
	12丙子		銀		293	3
	甲申		銀			6
27	12戊甲	1548	銀	85	343	1
28	7辛未	1549	銀		350	1
31	2丁丑	1552	銀	86	382	6
32	9己未	1553	銀	87	402	4
	10己卯		銀		403	2
33	7戊辰	1554	銀		412	4
34	2壬辰	1555	銀		419	10
37	1癸酉	1558	銀	88	455	3
	2辛卯		銀		456	2
	戊申		銀			6
	3庚戌		銀		457	1
	癸酉		銀			7
	6丙申		銀		460	6
39	9壬辰	1560	銀	89	488	6
43	+2壬申	1564	銀	91	531	3
	7己未				536	6

說明：

1. 本表資料取自〈明實錄〉的〈世宗實錄〉。2. 折納物不詳的則不取。

表17:穆宗朝田賦的折納物

年	月 日	西曆	折納物	資料	來	源
隆慶元	12丁卯	1567	銀	第93册,卷	15,頁	2.
2	8戊子	1568	銀		23	3
3	9戊子	1569	銀	94	37	8
	10甲辰		銀		38	1
	丙午		銀			3
	甲寅		銀			4
4	5已卯	1570	銀		45	4
	10己酉		銀		50	7

說明:

1. 本表資料取自〈明實錄〉的〈穆宗實錄〉。
2. 折納物不詳的則不取。

表18：神宗朝田賦的折納物

年　月　日		西曆	折納物	資　料	來	源
萬曆 2	1乙酉	1574	銀	第97冊，卷	21，頁	1
4	2辛卯	1576	穀	98	47	13
	4乙丑		銀		49	1
	7丁酉		銀	99	52	6
	9癸卯		銀		54	4
5	2丁丑	1577	銀		59	7
	11甲戌		銀		69	6
6	8壬午	1578	銀	100	78	2
7	3壬子	1579	銀		85	3
	辛未		銀			9
10	7甲子	1582	銀	101	126	3
	9辛酉		銀		128	2
11	12甲子	1583	銀	102	144	3
13	3己卯	1585	銀	103	159	3
14	7庚戌	1586	銀		176	17
15	1癸丑	1587	銀	104	182	5
17	1辛未	1589	銀	105	207	8
	3辛亥		銀		209	1
	戊午		銀			4
	6戊子		銀		212	6
	乙巳		銀			12
20	6己丑	1592	銀	107	249	1
21	9戊辰	1593	銀		264	13
23	6丙午	1595	銀	108	286	1
	7己卯		銀		287	2
	11己巳		銀	109	291	1
24	2辛亥	1596	銀		294	6
28	2戊寅	1600	銀	111	344	6
	12癸未		銀	112	354	3
31	3辛巳	1603	銀	113	382	8

	7甲子		銀		386	3
	10丁亥		銀		389	2
	丁酉		銀			5
33	3己卯	1605	銀	114	407	2
	4己酉		銀		408	2
	7丁酉		銀		411	15
	10丙寅		銀		414	11
38	7甲辰	1610	銀	117	473	1
	10乙亥		銀		476	2
41	6戊申	1613	銀	119	509	5
	7己未		銀		510	2
	10己丑		銀		513	3
43	8甲午	1615	銀	120	535	7
	10癸亥		銀		538	8
	11乙未		銀		539	10
44	8癸亥	1616	布		548	5
	9己丑		銀		549	4
45	10己未	1617	銀	121	562	8
46	3壬午	1618	銀		567	7

說明：

1. 本表資料取自〈明實錄〉的〈神宗實錄〉。
2. 折納物不詳的則不取。

表19：光宗和熹宗朝田賦的折納物

年	月日	西曆	折納物	資料來源			
泰昌元	8戊申	1620	銀	〈明實錄〉第123冊，	〈光宗實錄〉卷	3，	頁13.
天啓 5	9庚申	1625	銀	130	〈熹宗實錄〉	63	17
	12丙子		銀	131		66	4
7	3辛未	1627	銀	133		82	3

說明：

1. 本表資料取自〈明實錄〉的〈光宗實錄〉和〈熹宗實錄〉。
2. 折納物不詳的則不取。

表20：毅宗朝田賦的折納物

	年	月	日	西曆	折納物	資料來源
崇禎	2	2	8	1629	銀	〈度支奏議〉第 6函，〈浙江司〉第 1册，頁 5，（缺題）
		8	23		銀	2 〈堂稿〉 7 77，"漕粮積欠懇乞嚴追比重考成疏"。
	3	1	21	1630	銀	17 〈湖廣司〉 1 47，"題覆川貴總督南粮耗腳疏"。
			28		銀	7 〈四川司〉 2 35，"題覆南部就便兌給運軍行月粮銀疏"。
		12	15		銀	15 〈雲南司〉 9 71，"題運弁劉羽侯等曾經虜患平價折抵疏"。
	4	41	15	1631	銀	8 〈四川司〉 3 79，"覆南督部次水兌南粮改折三年疏"。
		11	7		銀	7 2 51，"題覆桃源海州灾傷緣繇疏"。
						8 4 48，"覆桃源知縣龔奭條陳疏"。
			21		秈米	69，"覆蘇松等府准以秈米運疏"。
	5	1	12	1632	銀	16 〈雲南司〉 13 66，"覆總漕鹽城水災漕粮半折疏"。
		11	5		銀	8 〈四川司〉 5 13，"覆南台謝秉謙軫卹江北災民疏"。
					銀	80，"覆鹽城與化等州縣水災賑卹疏"。
			25		銀	94，"覆泗民被溺安集蠲卹疏"。
		12	25		銀	107，"再覆江北州縣水災賑卹蠲折疏"。
	6	2	2	1633	銀	6 〈册庫〉 1 49，（無題）
			2		銀	27 〈新餉司〉 36 32，"覆督臣議裁班兵鹽菜復給工犒（疏）"。
	13	5	28		銀	〈野史無文〉卷3，"烈皇遺事"上，頁17。
		9戊子			秈米	〈國榷〉第 6册，卷97，頁5876。
	14	8乙丑		1641	麥	〈明實錄附錄〉第 1册，〈崇禎實錄〉卷14，頁10。
		12癸卯			麥	〈國榷〉第 6册，卷97，頁5910。
	15	1丁亥		1642	麥	98 5915。
		2甲寅			豆 麥	5918。
	16	10庚辰		1643	銀 草	99 5998。

說明：

1. 本表資料除取自〈明實錄附錄〉的〈崇禎實錄〉外，尚取自談遷〈國榷〉（古籍出版社，北京，1958），畢自嚴〈度支奏議〉（崇禎 6 年刊本，台灣中央研究院歷史語言研究所傅斯年圖書館藏）和鄭達〈野史無文〉（北京中華書局，1960）。
2. 折納物不詳的則不取。

注釋

1. 梁方仲「明代『兩稅』稅目」（收在〈明代社會經濟史論集〉，第3冊，頁82-98）；又：「明代戶口、田地及田賦統計」（收在〈明代社會經濟史論集〉，第2冊，頁216-226和頁229-232）；又：〈中國歷代戶口、田地、田賦統計〉上海人民出版社，1980）「表說」18，頁502-503。

2. 清王鴻緒〈明史稿〉（橫雲山人集，敬慎堂刊本）第21冊，卷79，「志」60，「食貨」2，頁11載，「洪武七年（1374）以徽、饒、寧國不通水道，輸稅爲艱，令以金、銀、錢、布代輸夏稅。九年（1376）天下稅糧，自奉詔除免外，令民以銀、鈔、錢、絹代輸，……願入粟者聽之。於是，謂米、麥爲『本色』；而諸折納稅糧者，謂之『折色』」。又：清張廷玉等〈明史〉（北京中華書局，1974）第7冊，卷78，「志」54，「食貨」2，頁1894載，「洪武九年，天下稅糧，令民以銀、錢、鈔、絹代輸。……願入粟者聽。十七年（1384），雲南以金、銀、貝、布代秋租。於是，謂米、麥爲『本色』；而諸折納稅糧者，謂之『折色』」。

3. 見注1。

4. 〈明實錄〉（台中央研究院歷史語言研究所校印本，民57）第3冊，〈太祖實錄〉，卷56，頁1，「洪武三年（1370）九月辛卯」條。

5. 〈孟子〉（四部叢刊本，上海涵芬樓借清內府藏宋刊本影印）卷14，「盡心」下，頁11。

6. 見注4。又：〈明實錄〉，第4冊，〈太祖實錄〉，卷85，頁1，「洪武六年（1373）九月庚子」條載，「詔直隸府、州及浙江、江西二行省，今年秋糧令以綿布代輸，以給邊戍」。

7. 彭信威〈中國貨幣史〉（上海人民出版社，1965）第7章，「明代的貨幣」，第1節，「貨幣制度」2.，「錢幣」，頁649。

8. 太祖第一次頒令鑄錢，是在元至正二十一年，1361，（見〈明實錄〉，第1冊，〈太祖實錄〉，卷9，頁1，「辛丑二月己亥」條）。初次「詔造大明寶鈔則在洪武八年，1375，（見〈明實錄〉，第4冊，〈太祖實錄〉，卷98，頁1，「洪武八年三月辛酉」條）。

9. 〈明實錄〉，第8冊，〈太祖實錄〉，卷234，頁2，「洪武二十七年（1394）八月丙戌」條。

10. 〈明實錄〉，第4冊，〈太祖實錄〉，卷98，頁1，「洪武八年三月辛酉」條。

11. 清嵇璜〈續文獻通考〉（商務印書館，十通本）第1冊，卷11，「錢幣」5，頁2868。

12. 明申時行等〈大明會典〉（台新文豐出版社影印，民65，據萬曆間刊本）第2冊，「戶部」18，「庫藏」2，「錢法」，頁8。

13. 〈明實錄〉，第21冊，〈宣宗實錄〉，卷106，頁13，「宣德八年（1433）十月甲戌」條。按〈大明會典〉作：宣德九年，1434（仝上，頁9）。

14. 〈明實錄〉，第22冊，〈英宗實錄〉，卷12，頁5，「宣德十年（1435）十二月戊午」條載，「廣西梧州知府李本奏，律載寶鈔與銅錢相兼行使，今廣西、廣東交易用銅錢，即問違禁，民多不便，乞照律條，聽其相兼行使。從之」。

按：由洪武二十七年禁用錢，至宣德十年解除禁令前，其間有數次鑄錢的記錄，未知是否當鑄錢的命令頒下時，用錢的禁令跟着便解除；或是鑄了錢，存留而不用。

按：黃彰健先生認爲，「洪武二十七年雖曾禁使用銅錢交易，但此一命令至洪武三十年五月頒〈大明律誥〉時應已作廢。因是年所頒明律固明定錢、鈔可同時使用；……明英宗時廣東有司引律請准使用銅錢，恐係在此以前，不久朝廷又新頒禁令，而此一新頒禁令爲實錄所漏書」。

15. 〈明實錄〉，第4册，〈太祖實錄〉，卷98，頁1，「洪武八年三月辛酉」條載，「詔造大明寶鈔。時中書省及在外各行省，皆置局以鼓鑄銅錢。有司責民出銅，民間皆毁器物以輸官鼓鑄，甚勞；而姦民復多盜鑄者；又商賈轉易，錢重道遠，不能多至，頗不便。上以……鈔，其法省便，易於流轉，可以去鼓鑄之害，遂詔中書省造之」。又〈明史稿〉第21册，卷81，「志」[62]，「食貨」[4]，頁15載，「（太祖）初造鈔時，停罷寶源、寶泉局」。（并參表10）

16. 〈明實錄〉，第6册，〈太祖實錄〉，卷181，頁3，「洪武二十年（1387）四月丁酉」條載，「工部右侍郎秦逵言：寶源局鑄錢乏銅，請令郡縣收民間廢銅，以資鼓鑄。上曰：鑄錢本以便民，令欲取民廢銅以鑄錢，朕恐天下廢銅有限，斯令一出，有司急於奉承，小民迫於誅責，必至毁器物以輸官，其爲民害甚矣。姑停之」。

按：從注15和以上所引的資料看來，所謂「擾民」，不外是因「乏銅」鑄錢而向人民收集「廢」銅，所引起的毛病吧。

17. 參全師漢昇「自宋至明政府歲入中錢、銀比例的變動」（香港新亞研究所，1972，收在〈中國經濟史論叢〉，第1

冊，頁355-368）；又〈中國貨幣史〉，第7章，第1節2.，頁637、646和650注1，654注37。

按：明初鑄錢的確實數額，除了太祖和宣宗間有記載外（見附表一），其餘各年鑄額不詳，但從明代要兼用唐、宋錢，明代歷朝鑄錢的總額（估計）和後來明錢和他朝錢在國內、外所發見或出土數量的比例來看，明初鑄錢的數額，顯然不多。

18. 〈明實錄〉，第4冊，〈太祖實錄〉，卷105，頁4，「洪武九年四月己丑」條。

19. 〈明實錄〉，第4冊，〈太祖實錄〉卷89，頁3，「洪武七年五月癸巳」條載：（浙江台州府）黃巖、臨海、寧海共折小麥三千餘石。又：〈明實錄〉，第7冊，〈太祖實錄〉，卷188，頁3，「洪武二十一年（1388）正月甲午」條載：（山東）青州府折秋糧共三萬三千四百九十五石。

按：以上兩條資料雖然都不是折納錢的例子，但可以看到改折數量的龐大。

20. 明聶豹等〈正德華亭縣志〉（正德間刻本，顯微膠捲R，以下簡稱R，373，香港新亞研究所藏，以下簡稱所藏）卷4，「田賦」上，頁10載，「（宣德）八年，巡撫侍郎周忱奏定加耗折征例，……一、折征，金花銀一兩一錢，准平米四石六斗，或四石四斗」。又：明鄭洛書等〈嘉靖上海縣志〉（傳眞社影印民，21，據嘉靖間刻本，收在〈松江府屬舊志兩種〉，台灣大學文聯圖書館藏）卷2，「貢賦」頁7載，「（宣德）八年，（周）忱奏定加耗折征例，……其折征金花銀一兩一錢，准平米四石六斗，或四石四斗」。（日、堀井一雄「金花銀の展開」，東洋史學研究會，1939，收在〈東洋史研究〉，第5卷，第2號，頁137，注7引〈嘉靖上海縣志〉，卷2，作「戶役」，誤）。

按：〈明實錄〉沒有記載。

21. 〈中國近世社會經濟史〉，第3章，「折納」，第2節、「折納の展開」，頁78，「（永樂）十三年（1415）六月己卯」條作「鈔」，未知有甚麼根據。

22. 〈明實錄〉，第4冊，〈太祖實錄〉，卷98，頁1，「洪武八年三月辛酉」條。

23. 參全師漢昇「元代的紙幣」（收在〈中國經濟史論叢〉，第1冊，頁369-416）。

24. 〈明實錄〉，第4冊，〈太祖實錄〉，卷98，頁1，「洪武八年三月辛酉」條載，「命置行用庫，在京設大使一人，……隸戶部。在外府、州設大使、（副使）各一人」。

又：〈明實錄〉，第15冊，〈仁宗實錄〉，卷3上，頁1，「永樂二十二年（1424）十月壬寅」條載，「革戶部及南京戶部行用庫。初，建行用庫，專市民間金、銀，至是罷市，故革之」。

按：行用庫的設立便具有這個作用。

25. 與注22同。

又：〈大明會典〉，第2冊，卷31，「戶部」[18]，「庫藏」[2]，「鈔法」，頁1所載同。〈明史稿〉，第21冊，卷81，「志」[62]，「食貨」[4]，頁15則作二十五兩。

按：據吳晗「記大明通行寶鈔」（北京三聯書店，1956，收在〈讀史劄記〉，頁303-316）文前所附的「壹貫」的「大明通行寶鈔」圖版，作二百五十兩者是。

參考譚用中「『大明寶鈔』壹貫鈔版之研究」（中國金融出版社，1985，收在〈中國錢幣論文集〉）四、「〈明史〉有誤」，頁295。

26. 見附表2，「大明寶鈔的阻滯」。

27. 見附表3，「大明寶鈔價格表」和附表4，「米折大明寶鈔出入表」。

28. 見附表2，「大明寶鈔的阻滯」的「解決方法」項。

又：參考「記大明通行寶鈔」和〈中國貨幣史〉，頁667-676。

29. 見附表2，「大明寶鈔的阻滯」和附表5，「禁金、銀交易的法令」。

按：附表2直接說明了這個情況；而附表5記載了朝廷多次申明金、銀交易的禁令，兼且刑罰嚴厲，也給了另一方面的證明。

30. 參考「記大明通行寶鈔」，頁303。

按：朱偰「明代信用貨幣之研究」（〈財政評論〉，1939，2卷，1期）第2節，「明代貨幣失敗之原因」，提出了四點：「一、在上者無信用貨幣政策之眼光；二、在下者尚未養成使用信用貨幣之習慣；三、錢、鈔兼行，……民間喜用實幣，以爲可靠；四、明代用銀，較前代更爲發達」，都是些倒果爲因的「原因」，未能探本究源的皮相之見。

31. 〈明實錄〉，第22册，〈英宗實錄〉，卷12，頁5，「宣德十年十二月戊午」條。

32. 〈明史稿〉，第21册，卷81，「志」[62]，「食貨」[4]，頁20載，「寶鈔不用垂百年，課程亦鮮有收鈔者，惟俸糧獨支鈔如故。……神宗時，始折銀支放」。

33. 參考全師漢昇「明代的銀課與銀產額」（香港新亞研究所，1976，收在〈中國經濟史研究〉，中冊，頁209-231）
按：這個數字是把太祖至宣宗朝的銀課總數相加後，再根據明代銀課和產額的比例（銀課約佔銀產額百分之三十左右，見前引書，頁221）求得。

34. 見注33。

35. 〈明實錄〉，第20冊，〈宣宗實錄〉，卷77，頁2，「宣德六年（1431）三月丁卯」條。
又：前引書，卷88，頁1，「宣德七年（1432）三月庚申」條。

36. 〈明實錄〉，第21冊，〈宣宗實錄〉，卷100，頁10，「宣德八年三月庚辰」條。

37. 據〈明實錄〉，第8冊，〈太祖實錄〉，卷255，頁3，「洪武三十年（1397）十月癸未」條載：絹一匹折米一石二斗，鈔二貫五百文折米一石，算得絹一匹該折鈔三貫；再據〈明實錄〉，第21冊，〈宣宗實錄〉，卷100，頁10，「宣德八年三月庚辰」條載：絹一匹折鈔四百貫，算得這下跌的倍數。

38. 〈明史稿〉，第21冊，卷79，「志」60，「食貨」2，頁3。

39. 按：表中多條的折納物，沒有明確地記出，可能是折銀已是當時流行的情況，所以不用明確地說明。為了慎重起見，還是照依〈明實錄〉原文，記下「輕齎」和「折價」等字樣。

THE NEW ASIA JOURNAL

Volume 16 (Part One) Oct. 1991

In Memory of The Late Professor Ch'ien Mu (1895-1990)

(1) The Relationship between American Silver and China's Overseas Trade from the Late Ming to the Mid-Ch'ing Period .... Han-sheng CHUAN

(2) Kuo Chih Ch'i: A Chronology .... JAO Tsung-i

(3) The "Contemporary Prose": An Early T'ung-ch'eng School Perspective .... KWONG Kin Hung

(4) The Life of professor Ch'ien Mu .... YEN Keng Wang

(5) Studies on the Shih Jing, Xiao Ya. Cai Wei (詩經小雅采薇) .... CHEN Sui-tong

(6) The Yungs' Contribution in Education. 1906-1949 .... LEE Muk Miu

(7) Yu Chi (虞集): Some Obscure Facts .... Yan-shuan LAO

(8) An Interpretation of Confucian Virtues and Their Relevance to China's Modernization .... K.C. LIU

(9) Land-Tax Commutation in Early Ming .... LAM Sun Luk

NEW ASIA INSTITUTE OF ADVANCED CHINESE STUDIES

中華民國八十年（一九九一年）十月十五日初版

新亞學報

第十六卷（上）

定價：港幣一百五十元
美金二十元

編輯者 新亞研究所
九龍農圃道六號

發行者 新亞研究所圖書館
九龍農圃道六號

承印者 和記印刷有限公司
九龍官塘巧明街
一一九號三樓A座
電話三四一六八八八

The Relationship between American Silver and China's Overseas Trade from the late Ming to the Mid Ch'ing Period

美洲白銀與明清間中國海外貿易的關係

Han-sheng CHUAN （全漢昇）

Shortly after Columbus discovered America in 1492, the Spanish conquered Mexico, Peru and other parts of South America. During the latter part of the 16th century, silver output in Spanish America greatly increased as a result of the discovery of a rich deposit at Potosi in Upper Peru (now Bolivia) in 1545. As time passed, the silver output in Potosi began to diminish because the mine became exhausted, but in the late 17th century Mexico became a primary world producer of silver.

It is estimated that in the 16th century, Peru accounted for 57.1 percent of world silver output, Mexico 11.4 percent, a total of 68.5 percent; in the 17th century, Peru accounted for 61 percent, Mexico 23.4 percent, 84.4 percent in total; in the 18th century Peru accounted for 32.5 percent, Mexico 57 percent, 89.5 percent in total. Much of this silver was shipped to Spain. The great inflow of islver led to inflation in Spain, so that in the first decade of the 17th century prices were 3.4 time as high as they had been one hundred years before. Since prices in Spain were higher than elsewhere, imports flowed in from other countries, and silver flowed out to pay for the trade deficits. Quite a lot of silver went to neightboring Portugal, partly in return for African slaves. The Dutch also acquired large quantities of silver because of the Spanish trade deficit. Much of this silver were carried by Portuguese, Dutch, etc. to Goa and Batavia and then to China for trade.

The Spanish subdued Mexico in 1519, and later, in 1565, went on to the Philippine Islands from Mexico. Spain's control and colonization of the Philippines greatly depended upon Mexico, and in the next two hundred and fifty years two or three galleons annually sailed from Acapulco, Mexico to Manila to stregthen ties between the two areas. Ships sailing towards Manila carried a large amounts of Peruvian and Mexican silver, while those heading towards Acapulco contained cargoes

of Chinese silks. The Spanish in the Philippines, backed up by the silver rich Americas, thus had very high purchasing power when trading with the Chinese merchants, who were very eager to acquire silver and therefore to develop trade with the Spanish. Because of the export of Chinese silks to the Philippines (and thence to America), large amounts of American silver flowed into China over a long period.

Kuo Chih Ch'i: A Chronology

郭之奇年譜

JAO Tsung-i （饒宗頤）

This chronology is an attempt to give a detailed account of the life of Kuo Chih Ch'i (郭之奇, 1607-1662), who was a famous historical figure of Chao Ch'ou (潮州) in the Southern Ming period. Kuo' life experienced great changes. A bureaucrat quite actively involved in power struggle among different political groups, he was nonetheless a patriot fighting against the Manchu conquest, and eventually sacrificed his own life for this course. Based on materials gathered from Kuo's own writings and other historical sources, including the family genealogy of the Kuos, the author establishes that Kuo could well be deemed among the most important members of the Southern Ming court. Much of the materials are very rare and are exposed for the first time.

The "Contemporary Prose": An Early T'ung-ch'eng School Perspective

桐城派前期作家對時文的觀點與態度

KWONG Kin Hung（鄺健行）

The four leading essayists of the early T'ung-ch'eng School are Tai Ming-shih, Fang Pao, Liu Ta-k'uei, and Yao Nai. In this paper an investigation is made on two seemingly contradictory opinions found in their writings on the "contemporary prose" (*shih-wen,* 時文, or "eight-legged essay 八股文"): at times they appear to be in favour of it, while at times they give the impression that they were simply against it. Their suggestion to blend, stylistically, the "ancient-style prose" (ku-wen 古文) with the "contemporary prose" amounts to nothing less than a recognition of the literary quality of the latter. This paper also attempts to give a detailed account of two notions advanced by the school, namely "to treat the ancient-style prose as the contemporary prose" and "to treat the contemporary prose as the ancient-style prose".

The Life of professor Ch'ien Mu

錢穆賓四先生行誼述略

YEN Keng Wang (嚴耕望)

Professor Ch'ien Mu was born in 1895 in Wu-hsi, Chiang-su Province. The Ch'iens of Chiang-su had once been a family of considerable importance, but continued decline reduced the family to poverty. Ch'ien's great grandfather was but a poor minor scholar and Ch'ien's own formal schooling was driven to a conclusion with the completion of his secondary education. A gifted scholar of exceptionally high calibre, Professor Ch'ien finished reading all the major classics in his youth. At the age of eighteen, he started to work as a school teacher and became a senior teacher of Chinese studies in Soochow Middle School in 1927. The same year saw the completion of his acclaimed investigation on the dates of pre-Ch'in thinkers, later published under the title of Chronological Studies of the Pre-Ch'in Thinkers. In less than three years' time, he found himself in the capital and began his university teaching career, first in Yenching, and subsequently in Peking University. Professor Ch'ien entered a period of arduous and anxious scholarship. Deeply learned and largely productive, he was soon widely recognised as an authority in Chinese history.

With the outbreak of the Second-Japanese War in 1937, Professor Ch'ien moved southwesterly to K'un-ming, Yuen-nan Province with the University and resumed his teaching there. It was during this harsh and forbidding times that he produced the *Outline History of the Nation,* a comprehensive survey of Chinese history written with penetrating insight and stirring patriotism. Soon he joined the staff of the Institute of Chinese Studies in Ch'i-lu University in Cheng-tu. A staunch defender of traditional Chinese values, he was a frequent visitor of the wartime capital Chung-king, where he lectured on the national spirit, and on China's cultural past and its present relevance. These lectures, which earned Professor Ch'ien great popularity and respect, were aimed at boosting morale among his compatriots -- the civilians in general and those who served in the fighting forces in particular. When the war was ended, Professor Ch'ien stayed in Yuen-nan and taught in Wu-hua Institute and Yuen-nan University. This period witnessed a swift of teaching field for Professor Ch'ien. He began to major his attention on the history of Chinese thought. In 1947, a stomach illness brought him

back to his home town of Wu-hsi, whereupon he joined the Chiang-nan University and finished an annotation of *Chuang-tzu*.

The communist takeover of China in 1949 obliged Professor Ch'ien to move to Hong Kong. The following year Ch'ien the historian began to assume the role of educator. The New Asia Institute he founded became the lyceum by which mainland scholars stranded in Hong Kong were offered the task of educating the young who were forced by the same fate to leave their homeland. Fundings for New Asia were few and by no means reliable. Undaunted by these and other difficulties, New Asia, under the leadership of Professor Ch'ien, soon proved an academic institute of admirable distinction, strong in both research and in the production of a new generation of promising scholars. In 1953, the Yale Association in the U.S.A. approached New Asia and provided it with generous grants, with which development became possible. The Yale connection continued and in 1959 Professor Ch'ien was invited to deliver a series of lectures in Yale University. Hong Kong's second university, the Chinese University of Hong Kong, was established in 1963, with New Asia as one of its three component colleges. At this stage, Professor Ch'ien found that he had completed his entire mission in regard to New Asia and he tendered his resignation as Master of the College the following summer. He spent a few more years in Hong Kong, fully applying himself in research.

In 1967, Professor Ch'ien made Taipei his permanent abode, and was elected a Fellowship at the Academia Sinica the following year. He had also served as Presidential Advisor since 1968. The most important work of Professor Ch'ien's during his later years is an exhaustive and indeed monumental examination of Chu Hsi's philosophy. Professor Ch'ien defied his deteriorating health and loss of eyesight to carry on his academic pursuit with a vengeance. Since the Second Sino-Japanese War, Professor Ch'ien had always been on the move, wandering up and down the country. Life had seldom been peaceful for him. Since his marriage with Miss Hu Mei-chi in 1956, he began to lead a more regular and tranquil life and his health improved. Professor Ch'ien died a peaceful death on 30 August 1990 at the age of ninety-six. The richness and significance of Professor Ch'ien's works will remain a major influence to the pupil of Chinese culture for years and years to come.

Shih Jing. Xiao Ya. Cai Wei
采薇新探

CHEN Sui-tong （陳紹棠）

Ever since Wang Guowei (王國維) pointed out that the poem "Cai wei" in Xiaoya of the Shijing (詩經・小雅・采薇) was composed during King Xuan of the Zhou Dynasty, generations of scholars have accepted it without debate. The author of this paper begs to differ and holds that the traditional view which dates the poem during King Wen of the Zhou Dynasty is in fact correct.

The Yungs' Contribution in Education, 1906-1949

無錫榮氏的教育事業

Muk Miu LEE（李木妙）

The Yungs' Enterprise, one of China's modern large-scale private enterprises, was set up by two brothers – Yung Tsung-chin (1873-1938); and Yung Teh-sheng (1875-1952). Its main business was in flour-milling and cotton-spinning. These included Mow Sing, Foh Sing Flour Mills, Sung Sing Cotton Mills and part of their subsidiary enterprises.

Besides running their business, the Yung brothers also laid emphasis on education. They set up, from 1906, many schools in Wusih, Hankow and Shanghai, with the aim of improving local education. Among them were Kung-yi Primary School Nos. 1-4, Jing-hua Girls' Primary School Nos. 1-4, Shanghai Sung Sing Labors' Primary School, Wusih Sung Sing Labors' Primary School, Hankow Labors' Amataur School, Labors' Morning & Evening Schools, Staffs' Training Institute, Mechanists' Training Class, Women Worker's Training Class, Workers' Short-term Training Class, Kung-yi Industrial & Commercial School, Chinese Textitle & Dyeing Industrial School, China's Textitle, Dyeing & Engineering College, Jiang-nan University and Kung-yi Industrial & Commercial Institute and so on. They encouraged education for girls and career educaiton, and they even devoted their efforts on research work and published research reportes & journals. It was unique among other enterprises.

Yung brothers were businessmen. They have not had the opportunity of receiving, formal education, but their investments certainly have made lots of handsome returns. Unlike Chang chien (1853-1926), who was a scholar-gentry, the Yung borthers were sucessful in business and they have not neglected the importance of local education. The contributions of the Yung brothers, when compared with Chang Chien, was really tremendous.

Yu Chi (虞集) : Some Obscure Facts

關於虞集的二三事

Yan-shuan LAO (勞延煊)

While there have been many works devoted to the study of the renowned Yuan scholar-official Yu Chi in recent times, certain facts concerning his life still remain unexamined. In the present article, the author attempts to analyze data found in Yu's own writings (especially his poems) in order to shed light on some of the obscure facts. They include the following: his bad eyesight, his father Yu Chi 虞汲 as a Sung loyalist who, actively participated in the anti-Mongol campaign in the south, the complexity of his feelings toward the Mongol conquerors, and his difficult position as an eminent litterateur in the Yuan imperial court.

An Interpretation of Confucian Virtues and Their Relevance to China's Modernization

儒家倫理美德系統的詮釋及其與中國現代化之關係

K.C. LIU（劉國强）

The aim of this paper is to provide an interpretation of the fundamental and systematic structure of Confucian virtues, and based on such an interpretation the author hopes to throw some lights on how Confucian virtues could be an asset to China's modernization.

The paper composes of three parts. The first part is an interpretation of the fundamental and systematic structure of Confucian virtues. The second part looks into the meaning of modernization and gives a brief review of China's effort to modernization in the past hundred years. The third part is a discussion of the relevance of Confucian virtues to China's modernization.

I

For all Confucians, the foundation of ethics or moral virtues is human nature, the core of which is ren（仁 benevolence or humanliness). A human being is a center of relationships. An individual fulfils or accomplishes himself by realizing ren in different relationships and situations he encounters. Moral virtues are but names given to the different manifestations of ren in different relationships and situations. For examples, to manifest ren towards our parents is filial piety; towards our brothers and sisters is brotherly love; towards friends is trustworthiness. Therefore Confucian ethics or moral virtues as a system consist of basically three levels of principles and rules. To manifest our true nature – ren is the most fundamental principle. The middle level consists of general moral principles or virtues such as filial piety, love, trustworthiness, and loyalty etc. The surface level consists of Confucian rites and norms which are based on the middle general moral principles (which in turn based on ren) while at the same time conditioned by the particular societal and cultural environment of China in the past.

II

Modernization is not a simple phenomenon. The author maintains that in order to understand modernization both external and internal approaches should be applied. The external approach includes all social, economic, political and institutional perspectives which give a picture of modernization as basically consisting of all the phenomena of industralization, urbanization, bureaucratization, democratization, universal education and fast communication etc. The internal approach includes the psychological and behavioural pattern as well as value-orientation of the people which are characterized by this worldly attitude, free and adventuous spirit, and universalistic achievement orientation etc. The author also maintains that it is fruitful to analyse modernization based purely on an undeterministic and value-oriented standpoint.

China started her modernization with the conclusion of the Opium War. The Self-strengthening Movement, the Hundred Days Reform, the Constitution Movement, the Republican Revolution, the May-Fourth Movement, the Communist Revolution, and the Four Modernizations of Deng Xiaooping all directly or indirectly revolved around the goal of modernization. Modernization was first seen as westernization. However, on the road to modernization, there has not been adequate reflection on the basic nature of both Chinese and Western culture. Deng's Four Modernizations is a setback compared even with the Hundred Days Reform.

III

In order to understand the relevance of Confucian ethics or virtues to China's modernization, each level of the Confucian ethical principles and rules should be looked into individually. The fundamental principle of <u>ren</u> implies a conscious effort of the subject to achieve prosperity and the betterment of human conditions in the world. This supplies individual with an active spirit and a this-worldly attitude which form a direct dynamism to modernization. The general Confućian virtues such as familistic love, loyalty, trustworthiness, when unbounded by the social, political structure of imperial China, could turn out to be great asset to modernization. This can be seen in the cases of Japanese coperations and the prosperity of overseas Chinese.

The surface level of Confucian virtues which formed the specific norms and rites of traditional China could be amended and changed whenever necessary. Therefore Confucian norms and rites do not necessarily form real obstruction to China's modernization. The author concludes that on the road to China's modernization, it is important to re-establish a Confucian common faith based on the Confucian fundamental principle of ren. The Chinese government should recognize the historical need of a more adequate and in-depth reflection on confucian tradition and to promote as well as to give a free hand to Confucianism research.

Land-Tax Commutation In Early Ming

明初四朝田賦的折納物

LAM Sun-Luk (林燊祿)

In the two hundred years preceeding the Wen Li period, the government of Ming Dynasty implimented the two-tax law as the basis of its land-tax system. Land-tax was collected first in summer and then in fall. Rice and wheat were collected as land-tax. However, in different time and under different circumtances, taxpayers were asked by the government to commute their land-tax payments from rice and wheat to silk, cloth, copper coins, paper-notes silver and gold. This practice is called by historians as land-tax commutation.

The first land-tax commutation in Ming history was recorded in third year of the Hung Wu period. Henceforward, land-tax commutation was implimented by the Ming Government from time to time. Though the exercise of land-tax commutation was irregular, it directly reflected the government's fiscal policy and its response to society's needs in different times. In some cases, the Ming Government actually used land-tax communtation as a means to regulate the circulation of money.

In this paper the author will make a comprehensive examination of the development of the land-tax commutation from the Hung Wu period to the Xuan De period. By doing this the author wishes to achieve a better understanding of society and economy in the early Ming period.